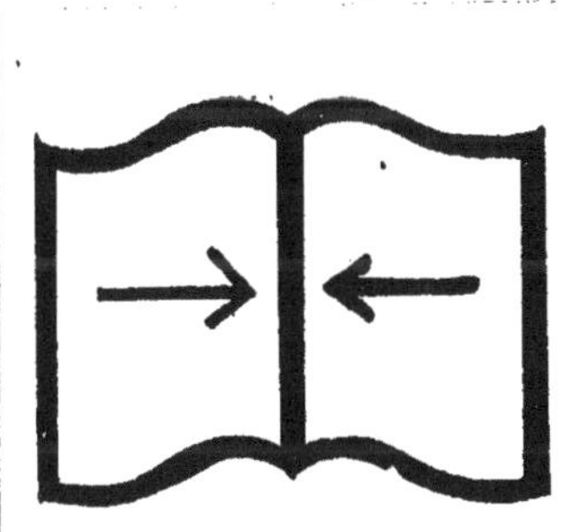

RELIURE SERREE
Absence de marges intérieures

Début d'une série de documents en couleur

VALABLE POUR TOUT OU PARTIE DU DOCUMENT REPRODUIT

DICTIONNAIRE

DES

SYMBOLES

EMBLÈMES & ATTRIBUTS

PAR

M. P. VERNEUIL

AU MOT PLACÉ A SON ORDRE ALPHABÉTIQUE ON TROUVE :
1° L'idée qu'il symbolise ; 2° La liste des choses qui peuvent le symboliser.

PARIS
LIBRAIRIE RENOUARD
HENRI LAURENS, ÉDITEUR
6, RUE DE TOURNON, 6

H. LAURENS, ÉDITEUR, 6, RUE DE TOURNON, PARIS.

MACON, PROTAT FRÈRES, IMPRIMEURS.

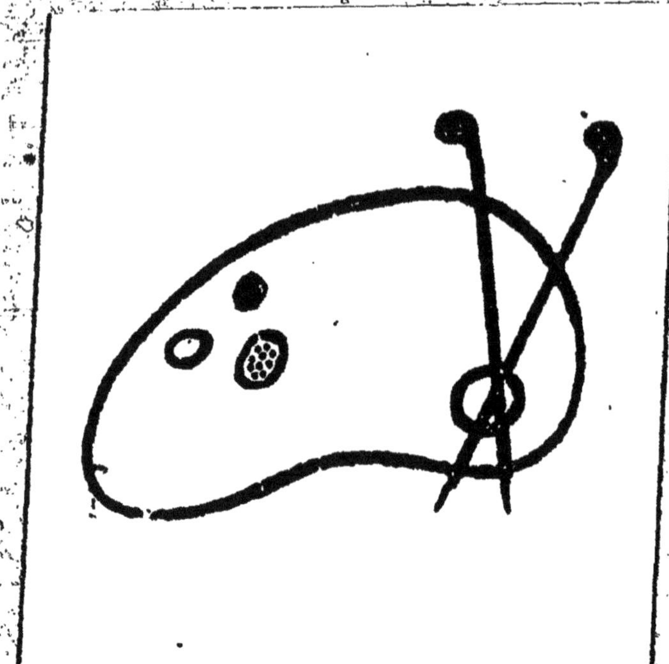

Fin d'une série de documents
en couleur

DICTIONNAIRE

DES

SYMBOLES, EMBLÈMES ET ATTRIBUTS

MACON, PROTAT FRÈRES, IMPRIMEURS

DICTIONNAIRE

DES

SYMBOLES

EMBLÈMES & ATTRIBUTS

PAR

M. P. VERNEUIL

AU MOT PLACÉ A SON ORDRE ALPHABÉTIQUE ON TROUVE :

1° L'idée qu'il symbolise ; 2° La liste des choses qui peuvent le symboliser.

PARIS
LIBRAIRIE RENOUARD
HENRI LAURENS, ÉDITEUR
6, RUE DE TOURNON, 6

PRÉFACE

VANT tout, qu'il nous soit permis de dire ici que ce n'est pas une œuvre d'érudition que nous avons voulu faire ; mais essayant simplement de grouper les renseignements divers qui peuvent être utiles aux artistes, nous avons tâché de leur venir en aide et de les seconder dans les recherches souvent laborieuses, difficiles même, qu'ils se trouvent forcés de faire lorsqu'ils ont à traiter des compositions dans lesquelles l'allégorie, le symbolisme et les attributs doivent jouer quelque rôle. Ces renseignements épars, nous avons tenté de les rapprocher ; de plus, sans rien inventer, nous bornant à énoncer les idées admises, nous avons cherché à les expliquer aussi souvent que cela nous a été possible.

Dans un tel ouvrage, l'impartialité la plus grande s'imposait. Aussi ne devra-t-on pas s'étonner si les renseignements et les significations présentent d'étranges et souvent inexplicables contradictions, suivant les sources diverses où ils ont été puisés. Mais, nous devions nous borner à enregistrer, laissant le lecteur libre de son choix; même au risque de laisser peser sur l'ouvrage un semblant d'incohérence. C'est ainsi qu'on trouvera que la panthère symbolise à la fois la chasteté et la luxure; la colombe : l'innocence, la chasteté et la luxure, etc. Il ne nous appartenait pas de décider ici laquelle de ces significations devait primer; libre à chacun d'arrêter son choix sur telle ou telle.

De même pourra-t-on trouver ce recueil incomplet; mais devant nous limiter, nous avons rejeté les renseignements d'intérêt moins immédiat pour donner seulement les principaux.

De là vient que la mythologie n'a que ses dieux importants énoncés; de même, les seuls grands saints se trouvent cités avec leurs attributs.

Pour les explications accompagnant ces renseignements, nous n'avons voulu que quelques mots, et non de longues dissertations plus ou moins fondées. Une légende ancienne, une croyance, un fait d'histoire naturelle nous contentent et sont, pensons-nous, suffisants.

Pour plus amples renseignements le lecteur se reportera aux ouvrages que nous avons consultés. Nous citerons parmi ceux-ci : *l'Iconographie Chrétienne*, de Mgr Barbier de Montaut ; *les Caractéristiques des Saints*, du P. Cahier ; différents dictionnaires de la fable, et la *Mythologie* de M. Collignon ; enfin, *les langages des fleurs* bien connu de tous.

La forme du dictionnaire a pu nous permettre en outre de donner des renseignements à double effet ; nous entendons par là que tout en disant quels sont les symboles de l'avarice, par exemple, nous enregistrons les significations différentes que peuvent avoir le bouc, le chien ou le crapaud. Non contents de renseigner, nous avons encore la prétention de suggérer.

Nous avons, en un mot, essayé de faire œuvre utile, trop heureux déjà si nous y avons en partie réussi.

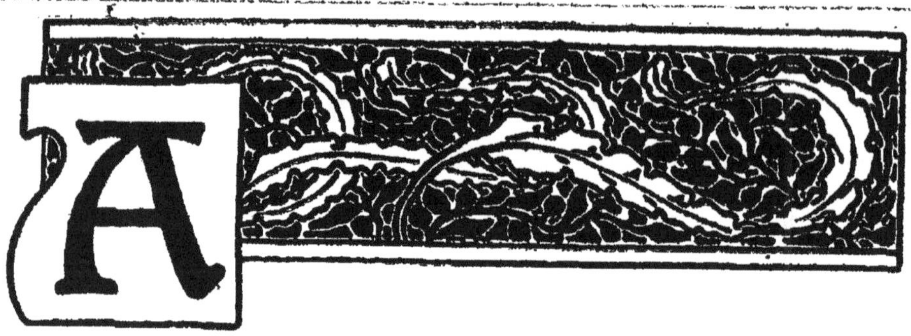

A. La première lettre de l'alphabet était considérée comme de mauvais augure par les Grecs. Elle symbolisait la menace.

α. Première lettre de l'alphabet grec, symbolisant le Christ.

AARON. — **Amandier**. La verge d'amandier d'Aaron fleurit miraculeusement.

ABANDON. — 1° **Anémone**. Zéphyre aimait une nymphe de ce nom. Flore, jalouse, la chassa de sa cour et la changea en une fleur s'épanouissant avant le retour du printemps. Zéphyre abandonna Anémone aux caresses de Borée qui, ne pouvant s'en faire aimer, l'agite, l'entr'ouvre et la fane immédiatement. — 2° **Faux ébénier**.

ABATINE. — Voir : *Inconstance*.

ABATTEMENT. — 1° **Lichen**. — 2° **Sensitive**. Au moindre attouchement les feuilles de cette plante laissent tomber leurs folioles.

ABDIAS. — Prophète. — 1° **Couche**. — 2° **Pain**. Il nourrit les prophètes poursuivis par Jézabel.

Voir : *Prophète*.

ABEILLE. — Voir : 1° *Activité* — 2° *Age d'or* — 3° *Ambroise (saint)* — 4° *Colonie* — 5° *Diligence* — 6° *Douceur* — 7° *Espérance* — 8° *Flatterie* — 9° *Jupiter* — 10° *Justice* — 11° *Obéissance* — 12° *Travail* — 13° *Vierge*.

ABEL. — **Agneau**. A cause de la douceur de cet animal.

ABNÉGATION. — **Améthyste**.

ABONDANCE.

VÉGÉTAUX. — 1° **Blé**. Vient de ce qu'un grain de blé planté se centuple à la moisson. — 2° **Épis**. — 3° **Fleurs**. — 4° **Fruits** qui constituent les trésors de la terre.

MINÉRAUX. — **Or**.

DIVERS. — 1° **Corne d'abondance**. — 2° **Urne**, d'où s'échappe l'eau fertilisante.

Voir : 1° *Amalthée* — 2° *Frica*.

ABRAHAM. Patriarche.

VÉGÉTAUX. — **Chêne.**

ANIMAUX. — **Bélier** qu'il sacrifia à la place de son fils.

DIVERS. — 1° **Compas.** — 2° **Couteau du sacrifice.**

ABSENCE. — **Absinthe.** L'amertume de cette plante symbolise la douleur causée par l'absence.

ABSINTHE. — Voir *Absence.*

ABSTINENCE. — **Palmier**, rappelant le désert où l'abstinence s'impose.

ACACIA. — Voir : 1° *Amitié* — 2° *Amitié constante* — 3° *Amour platonique* — 4° *Élégance* — 5° *Pudeur* — 6° *Sculpture.*

ACADÉMIE.

VÉGÉTAUX. — 1° **Cèdre**, symbolise l'immortalité. — 2° **Grenade**, union. — 3° **Laurier**, symbolise la poésie héroïque. — 4° **Lierre**, symbolise la poésie lyrique. — 5° **Myrte**, symbolise la poésie pastorale. Ces trois dernières plantes s'unissent en une couronne. — 6° **Olivier**, symbole de la paix.

DIVERS. — 1° **Couronne d'or**, récompense décernée. — 2° **Instruments de musique**, car l'Académie s'intéresse à la musique. — 3° **Lime**, qui polit l'œuvre. — 4° **Livres.**

ACANTHE ou *Brauc-Ursine.* Nymphe qui plaisant à Apollon fut changée en cette plante par le dieu.

Voir : 1° *Architecture* — 2° *Art* — 3° *Artifice* — 4° *Beaux-arts.*

ACCORD. — **Alisier**, dont le bois sert à fabriquer des instruments de musique.

ACCORD D'AFFECTION. — **Jonquille.**

ACHILLÉE MILLE FEUILLES ou *Mille feuilles, herbe de Saint Joseph* ou *de Saint Jean.*

Voir : 1° *Animosité* — 2° *Guerrier* — 3° *Soulagement.*

ACONIT FEUILLU. — Voir *Éclat.*

ACONIT NAPEL ou *tue-loup.* — Voir : 1° *Chevalerie* — 2° *Misanthropie.*

ACRIMONIE. — **Chrysoprase.**

ACTIVITÉ.

VÉGÉTAUX. — 1° **Balsamine rouge.** Dans cette plante, la capsule renfermant les graines fait explosion d'elle-même. — 2° **Joubarbe**, qui se propage avec une grande rapidité. — 3° **Lin**, que l'on file. — 4° **Orchis abeille.** Sa fleur ressemble à l'abeille, insecte renommé pour son activité. — 5° **Thym.** Choisi par les Grecs, pour symbole de l'activité, à cause de son parfum fortifiant qui rend l'énergie. Au moyen âge, les dames, pour symboliser l'activité de leurs chevaliers, brodaient sur leur écharpe une abeille bourdonnant autour d'une branche de thym.

ANIMAUX. — 1° **Abeille**, dont l'activité est proverbiale. — 2°

Cerf, à cause de la rapidité de sa course.

ADAM.

VÉGÉTAUX. — 1° **Épis**, car il doit cultiver la terre à la sueur de son front. — 2° **Pomme**, qu'il partagea avec Ève. — 3° **Figuier**, dont les feuilles le couvrirent après le péché.

ANIMAUX. — **Papillon**.

DIVERS. — 1° **Bêche**, pour labourer la terre. — 2° **Peau de bête**, pour se vêtir.

ADÉLAIDE (Sainte). Impératrice. — 1° **Barque**, qui lui servit à s'évader. — 2° **Bourse**, pour faire l'aumône. — 3° **Église**.

ADIEU. — **Pâquerette de Noël**.

ADMIRATION. — **Améthyste**.

ADOLESCENCE. Elle est représentée par **Vénus**.

ADOLPHE (Saint). Évêque de Galicie.

ANIMAUX. — **Taureau**, auquel il fut exposé et qui le respecta.

DIVERS. — 1° **Mitre**, — 2° **Crosse**, attributs des évêques.

ADONIDE. — Voir *Douloureux souvenir*.

ADORATION. — **Soleil nain**. Toujours tourné vers le soleil qu'il semble contempler.

ADOSCA MUSQUÉ — Voir *Faiblesse*.

ADRESSE. — 1° **Chiendent**. — 2° **Ophrise araignée**. Arachné, brodeuse des plus habiles, défia Minerve de l'égaler dans son art. Offensée, la déesse la changea en araignée. La plante ressemble à cet insecte dont l'habileté est bien connue.

ADRIEN (Saint). Martyr.

ANIMAUX. — 1° **Corbeau**, qui protégea ses restes. — 2° **Lion**, auquel il fut exposé.

DIVERS. — 1° **Bras**, qu'on lui coupa. — 2° **Enclume**. — 3° **Épée**, instrument de son martyre. — 4° **Jambes**. — 5° **Main**, qu'on lui coupa. — 6° **Roue**, instrument de son supplice.

ADULATION. — **Pas-de-cheval**.

ADVERSITÉ. — 1° **Bâton** sur lequel elle s'appuie pour se soutenir, écrasée sous les malheurs qui l'accablent. — 2° **Cabane au toit rompu**, car elle n'a même pas de quoi s'abriter. — 3° **Épées brisées**, qui ne peuvent plus la défendre. — 4° **Habits noirs**, car elle porte le deuil des jours heureux. — 5° **Plaies**, car les peines corporelles ne lui sont pas même épargnées.

AFFECTATION. — 1° **Amarante, crête de coq**, vient de la sorte d'affectation que met cette plante à développer sa fleur de façon bizarre. — 2° **Gloire du matin**.

AFFECTION. — 1° **Oseille**. 2° **Poire**. — 3° **Saxifrage**.

AFFECTION DÉVOUÉE. — **Chèvrefeuille**, qui enserre

étroitement la branche qui le soutient.

AFFECTION MATERNELLE. — **Quintefeuille.**

AFFECTION SURVIVANT A LA MORT. — **Courbaril** vert.

AFRIQUE.

ANIMAUX. — 1° **Boa**, animal qui vit dans les forêts d'Afrique. — 2° **Dragon**, animal fantastique qui vomit du feu. Peut-être une allusion à la température brûlante de ce pays. — 3° **Éléphant**, animal caractéristique de ce pays.

DIVERS. — 1° **Bijoux**. Les Africains aiment à se parer et les femmes se surchargent de bijoux. — 2° **Peau noire** des habitants. — 3° **Parasol** pour se garantir de l'ardeur du soleil.

AGATE. Pierre dure veinée de plusieurs couleurs.
Voir : 1° *Bonheur* — 2° *Prospérité* — 3° *Sainteté*.

AGATHE (Sainte). — **Ciseaux** qui ont servi à lui couper les seins.

AGE. — **Arbre de vie.**

AGES. Après la création de l'homme, le temps qui s'écoula fut divisé en 4 âges principaux, correspondant aux états d'âme des hommes. Ces âges sont : l'âge d'or, l'âge d'argent, l'âge de bronze et l'âge de fer.

AGE D'OR. Le premier de ces quatre âges. Il se place sous le règne de **Saturne**, règne tout d'innocence et de justice. Un été éternel était seul connu et la terre produisait d'elle-même la nourriture de l'homme. — 1° **Abeilles**, symbolisant la douceur, l'obéissance. — 2° **Corne d'abondance**, d'où s'échappent des fleurs et des fruits que la terre produisait en abondance. — 3° **Olivier**, symbole de la paix, les abeilles s'y reposent.

AGE D'ARGENT. Les hommes commençant à devenir méchants, la terre refusa de produire d'elle-même ce qui servait à leur nourriture. Saturne alors leur apprit à la cultiver. Les saisons commencent à se faire sentir. **Jupiter** règne alors sur les hommes. — 1° **Cabane** que l'homme doit construire pour s'abriter contre les intempéries. — 2° **Charrue** qui l'aide à cultiver le sol. — 3° **Épis** symbolisant les moissons que l'on récolte.

AGE D'AIRAIN. Le mal fait des progrès constants dans l'humanité. La perversité des instincts oblige l'homme à défendre son bien, et à chercher parmi les métaux la matière des armes qui doivent assurer sa défense. — 1° **Bouclier** qui l'abrite. — 2° **Casque** surmonté d'une tête de lion, car le courage est encore honoré. — 3° **Épine** symbolisant les maux qui commencent à assaillir l'homme.

AGE DE FER. L'humanité est corrompue. Les mauvais instincts triomphent et envahissent tout. La guerre toujours déclarée est l'unique souci des hommes. — 1° **Armure complète**, car les arts de la guerre se sont développés. — 2° **Bouclier**. — 3° **Casque**

surmonté d'une tête de renard, indiquant que les ruses ont remplacé le courage d'autrefois. — 4° **Épée.**

AGGÉE. — Voir : *Prophètes.*

AGITATION. — 1° **Brise** ou *amourette*, graminée fort légère que le moindre souffle de vent agite. — 2° **Sainfoin oscillant**, plante dont les folioles sont toujours en mouvement.

AGNEAU. — Voir : 1° *Abel* — 2° *Agnès (sainte)* — 3° *Apostolat* — 4° *Apôtres* — 5° *Chasteté* — 6° *Christ* — 7° *Colette (sainte)* — 8° *Daniel* — 9° *Douceur* — 10° *Espérance* — 11° *Eucharistie* — 12° *Flegmatique* — 13° *François d'Assise (saint)* — 14° *Humilité* — 15° *Jean-Baptiste (saint)* — 16° *Jeanne de Chusa (sainte)* — 17° *Mansuétude* — 18° *Modération* — 19° *Obéissance* — 20° *Paul (saint)* — 21° *Pierre (saint)* — 22° *Tempérance* — 23° *Vierge.*

AGNÈS (Sainte). — 1° **Agneau nimbé** qui apparait avec elle après sa mort. — 2° **Anneau** que lui apporte une colombe. — 3° **Bûcher** de son supplice. — 4° **Chapelet.** — 5° **Chevelure** qui couvrit sa nudité. — 6° **Couronnes**, au nombre de deux : virginité et martyre. — 7° **Glaive** de sa décollation.

AGNUS CASTUS. Arbrisseau du midi de la France.
Voir : 1° *Froideur* — 2° *Vivre sans aimer.*

AGRICULTURE. — 1° **Arbrisseau fleuri.** — 2° **Bêche** qui sert à cultiver. — 3° **Charrue**, même usage. — 4° **Corne d'abondance** symbolisant les richesses que produit l'agriculture. — 5° **Couronne d'épis**, rappelant les moissons.

AIGLE. — Voir : 1° *Ame baptisée* — 2° *Astronomie* — 3° *Christ* — 4° *Colère* — 5° *Contemplation* — 6° *Divinité* — 7° *Élisée* — 8° *Élu (saint)* — 9° *Empire* — 10° *Foi* — 11° *Force* — 12° *Ganymède* — 13° *Humilité* — 14° *Jean l'évangéliste (saint)* — 15° *Jupiter* — 16° *Justice* — 17° *Libéralité* — 18° *Orgueil* — 19° *Puissance* — 20° *Terre* — 21° *Théologie* — 22° *Vue.*

AIGREMOINE EUPATOIRE. Fleur jaune poussant dans les lieux incultes. — Voir : 1° *Confiance* — 2° *Reconnaissance.*

AIGREUR. — **Épine vinette**, plante hérissée d'épines et à fruits très aigres. La fleur est très irritable et au moindre attouchement les étamines se replient sur le pistil. Le symbole découle de la description.

AIGUE MARINE. — Voir : *Béryl.*

AIGUIÈRE. — Voir : 1° *Bénignité* — 2° *Élisée* — 3° *Tempérance.*

AILANTHE ou *Vernis du Japon.* — **Bienfait du ciel.** Signification provenant de la beauté de cet arbre.

AILES. — Voir : 1° *Air* — 2° *Ambition* — 3° *Amour* — 4° *Astronomie* — 5° *Aurore* — 6° *Auster* — 7° *Chérubins* — 8° *Cupidon* — 9° *Démon* — 10° *Fortune* — 11° *Furies* — 12° *Iris* — 13° *Justice* — 14° *Mercure* — 15° *Mort* — 16° *Nuit* —

17° *Pégase* — 18° *Pitié* — 19° *Poésie* — 20° *Prédication* — 21° *Religion* — 22° *Renommée* — 23° *Séraphins* — 24° *Temps* — 25° *Thomas d'Aquin (saint)* — 26° *Trônes* — 27° *Vélocité* — 28° *Vents* — 29° *Victoire*.

AIR.

VÉGÉTAUX. — **Fleurs** qui avec les oiseaux symbolisent l'air comme élément.

ANIMAUX. — 1° **Colombes**, au nombre de deux et s'affrontant, séparées par un vase chargé de fruits. — 2° **Oiseaux**, habitants de l'air.

DIVERS. — 1° **Ailes** au moyen desquelles on se meut dans cet élément. — 2° **Astres** qui peuplent l'espace. — 3° **Bleu**, couleur de l'atmosphère. — 4° **Couronne**. — 5° **Nuages**, qui flottent dans l'air. — 6° **Vents**, divinités de l'air.

AIRAIN. — Voir : 1° *Combat* — 2° *Durée* — 3° *Force*.

AIRELLE ou *Myrtille*. Appelée encore raisin des bois, cette plante produit des baies d'un noir bleuâtre. — Voir 1° *Perfidie* — 2° *Trahison*.

A JAMAIS. — **Immortelle**. Cette fleur en séchant ne se fane pas et garde ses couleurs pendant plusieurs années.

AJONC. — Voir : *Colère*.

ALARME FACILE. — **Belle de nuit**. Cette fleur redoutant l'éclat du soleil ne fleurit qu'au coucher de celui-ci.

ALBERT (Saint). Carme. — 1° **Crucifix**. — 2° **Enfant Jésus**, qu'il reçoit dans ses bras. — 3° **Lampe** qui éclaire ses veilles. — 4° **Lis**, symbole de virginité. — 5° **Livre**, contenant la règle de son ordre. — 6° **Vaisseaux** par lesquels Messine assiégée fut ravitaillée.

ALCYON. Oiseau de mer. — Voir : 1° *Bienfaisance* — 2° *Désespoir* — 3° *Thétis*.

ALEXANDRE LE GRAND. — **Griffon**. Animal fantastique; probablement allusion à la grande puissance du conquérant.

ALEXIS (Saint). — 1° **Bourdon** de pèlerin. — 2° **Escalier** sous lequel il vécut.

ALGUES. — Voir : 1° *Incertitude* — 2° *Instabilité*.

ALISIER. — Voir : *Accord*.

ALLÉGORIE. — **Voile de gaze**, qui la recouvre, tout en la laissant facilement apercevoir.

ALLÉGRESSE.

VÉGÉTAUX. — 1° **Myrte**. — 2° **Roses**. Ces fleurs composaient généralement les couronnes que l'on se posait sur la tête en signe d'allégresse.

DIVERS. — 1° **Couronnes de fleurs** que l'on mettait dans les banquets et autres circonstances heureuses. — 2° **Feu**. Allusion aux feux de joie allumés dans les réjouissances populaires.

ALLIANCE. — **Arc-en-ciel**. Lorsque le déluge prit fin,

Dieu fit apparaître à Noé un arc-en-ciel figurant et symbolisant l'union du ciel et de la terre.

ALOÈS. — Plante grasse des pays chauds de laquelle on tire une résine fort amère. — Voir : 1° *Amertume* — 2° *Caquet* — 3° *Couleur* — 4° *Souci* — 5° *Superstition.*

ALOUETTE. — Petit oiseau de l'ordre des passereaux. — Voir : 1° *Amour* — 2° *Nisus* — 3° *Trahison.*

ALPHONSE DE LIGUORI (Saint). Évêque. — 1° **Chapelet**, symbole de dévotion. — 2° **Crucifix** sur lequel il médite. — 3° **Discipline** rappelant les châtiments corporels qu'il s'imposait. — 4° **Lis**, symbole de chasteté. — 5° **Livre** de la règle de l'ordre religieux qu'il fonda. — 6° **Ostensoir** rappelant un livre religieux qu'il fit. — 7° **Vierge** qu'il invoquait.

ALYSSE DES ROCHERS ou *corbeille d'or*. Plante crucifère à fleur jaune se cultivant dans les jardins. — Voir : *Tranquillité.*

AMABILITÉ. — **Jasmin blanc.** Plante dont les branches souples se courbent à tous les caprices des jardiniers.

AMABILITÉ DISCRÈTE. — **Jacinthe blanche.**

AMALTHÉE. Jupiter enfant fut élevé par les filles de Mélissus qui le nourrissaient du lait de la chèvre Amalthée. Reconnaissant, le dieu changea celle-ci en une constellation et donna une de ses cornes aux filles de Mélissus, en leur promettant qu'elle leur donnerait abondamment de tout. Ce fut la **corne d'abondance** toujours pleine de fruits et des productions de la terre.

AMANDIER. Arbre de la famille des rosacées, cultivé dans les jardins. — Voir : 1° *Aaron* — 2° *Espérance* — 3° *Étourderie* — 4° *Stupidité.*

L'auréole en forme d'amande est un symbole du **Christ.**

AMARANTE ou *passe velours.* — Voir : 1° *Bienséance* — 2° *Immortalité.* Signification qui vient de son étymologie : *a* privatif et *marainein*, flétrir, c'est-à-dire, qui ne se flétrit pas.

AMARANTE CRÊTE DE COQ. Plante de jardin à floraison folle et de forme bizarre.

Voir : 1° *Affectation* — 2° *Extravagance.*

AMARANTE TRICOLORE. Belle plante aux vives colorations, originaire de l'Inde. Voir : *Amour éternel.*

AMARYLLIS. Belle fleur du midi. — Voir : 1° *Beauté éclatante* — 2° *Fierté* — 3° *Timidité.*

AMBITION.

VÉGÉTAUX. — 1° **Laurier de Montagne.** — 2° **Rose trémière.**

ANIMAUX. — **Lion.**

DIVERS. — 1° **Ailes** symbolisant la rapidité avec laquelle elle veut s'élever. — 2° **Pieds nus.** — 3° **Plumes de paon** dont elle se pare volontiers. — 4° **Sceptre** qu'elle veut conquérir.

AMBROISE (Saint). Évêque de Milan qui lutta contre les Ariens.

ANIMAUX. — 1° **Abeilles**. Lors de sa naissance, des abeilles se posèrent sur ses lèvres. — 2° **Bœuf**, même signification que Saint Luc. — 3° **Cheval** rappelant son apparition dans une bataille. — 4° **Colombe** qui le désigne à l'épiscopat — 5° **Oie**.

DIVERS. — 1° **Fouets** dont il était muni lors de son apparition dans la bataille. — 2° **Soldats** qu'il renverse.

AMBROISIE. Plante des jardins. — Voir : *Amour payé de retour*.

AME.

VÉGÉTAUX. — **Avoine**.

ANIMAUX. — 1° **Aigle** symbolysant l'âme baptisée. — 2° **Papillon**. — 3° **Passereau**. Ces deux derniers symbolisent l'âme qui s'envole à la mort.

AME PENSIVE. — **Primevère**.

AMÉRIQUE. Lorsqu'on la personnifie, elle est vêtue en sauvage.

ANIMAUX. — 1° **Tigre**. — 2° **Tortue** sur laquelle elle est assise.

DIVERS. — 1° **Arc et flèches**, armes des sauvages américains. — 2° **Plumes** dont ceux-ci aimaient à se parer.

AMERTUME. — 1° **Aloès**. Plante grasse de laquelle on extrait une résine fort amère employée en médecine. — 2° **Fumeterre**, signification venant du goût de la plante.

AMÉTHYSTE. Pierre précieuse de couleur violette. Suivant les anciens, cette pierre empêchait l'ivresse. — Voir 1° *Abnégation* — 2° *Admiration* — 3° *Chasteté* — 4° *Humilité*. Cette signification vient de la couleur douce et peu voyante de cette pierre. — 5° *Largesse*.

AMITIÉ.

VÉGÉTAUX. — 1° **Acacia**. L'amitié peut être comparée à cette plante charmante qui répand une douce odeur, et, comme elle encore, est armée d'épines la défendant contre les méchants. — 2° **Grenadier**. — 3° **Lierre**. En Grèce on présentait aux nouveaux époux une branche de lierre symbolisant les liens indissolubles les attachant désormais l'un à l'autre. — 3° **Myrte**. — 4° **Rameau desséché**, autour duquel monte une vigne chargée de raisins; car l'amitié entoure de ses soins même les cœurs desséchés.

DIVERS. — 1° **Main** posée sur le cœur. — 2° **Urne** sur laquelle elle pleure ses amis décédés.

AMITIÉ CONSTANTE. — **Acacia**.

AMITIÉ PARFAITE. — **Grenade**.

AMITIÉ RÉCIPROQUE. — **Violette double**.

AMITIÉ VRAIE. — **Géranium à feuilles de chêne**.

AMOS (Prophète). — **Brebis**, car ce prophète était berger.

AMOUR.

VÉGÉTAUX. — 1° **Marguerite** que les amoureux effeuillent en l'interrogeant. — 2° **Myrte**. Arbuste dont les feuilles sont toujours vertes. A Rome, le temple de Vénus était entouré de myrtes. — 3° **Roses**. La rose est le principal symbole de l'amour.

ANIMAUX. — 1° **Alouette**. — 2° **Caladre**. Le regard de cet oiseau fabuleux avait la propriété de guérir les malades. Aussi en avait-on fait le symbole de l'amour.

DIVERS. — **Diamant**, la pierre la plus précieuse et la plus pure.

AMOUR ou *Éros* (en grec). Fils de Vénus et de Jupiter. — 1° **Ailes** marquant son inconstance. — 2° **Arc et flèches** dont il est armé, et avec lesquels il blesse les hommes. — 3° **Bandeau** dont il a les yeux couverts, car l'amour est aveugle. — 4° **Carquois**, car il fait toujours de nouvelles victimes. — 5° **Dauphin**. Son empire s'étend aussi bien sur la mer que sur la terre. — 6° **Fleurs**. — 7° **Nudité**. Il est toujours représenté nu. — 8° **Torche** avec laquelle il embrase les cœurs.

AMOUR ARDENT. — **Topaze**.

AMOUR CACHÉ. — 1° **Cardiaque**. L'agripaume cardiaque était autrefois employée contre les maladies de cœur. — 2° **Clandestine**. Plante parasite qui vit sur les racines des arbres, des peupliers particulièrement. Ses tiges sont cachées sous terre. Seules ses fleurs pourpres se montrent au-dessus du sol.

AMOUR CONJUGAL. — 1° **Géranium à feuilles de lierre**. — 2° **Tilleul**. Dans la fable célèbre, c'est en tilleul qu'est changée Baucis, ce modèle d'amour conjugal.

AMOUR COQUET. — **Valisnérie spirale**. La fleur de cette plante reste cachée sous l'eau. Au moment de la fécondation elle déroule sa tige, monte à la surface pour replonger ensuite.

AMOUR D'ADOLESCENT. — **Attrape-mouche rouge**. L'allusion est claire ; cette fleur attire les mouches, les enserre et les dissout par les sucs qu'elle renferme. Le parallèle entre l'adolescent et la mouche est facile à concevoir.

AMOUR DÉCROISSANT. — **Eglantine jaune**. L'églantier à fleurs roses ou blanches qui symbolise l'amour prend une autre signification lorsque ses fleurs sont jaunes, cette couleur symbolisant l'amour malheureux.

AMOUR DÉDAIGNÉ. — **Chrysanthème jaune**.

AMOUR DE LA NATURE. — **Magnolia**.

AMOUR DIVIN. — 1° **Évangile ouvert**. — 2° **Flèche** symbolisant la prière qui, semblable à celle-ci, perce le ciel pour monter jusqu'à Dieu. — 3° **Flambeau**. Semblable à lui, l'âme du chrétien brûle et est éclairée par l'amour de Dieu. — 4° **Topaze**.

AMOUR ÉTERNEL. — **Amarante tricolore**.

AMOUR FIDÈLE. — **Émeraude.**

AMOUR FILIAL. — 1° **Berceau de la Vierge.** — 2° **Œillet mignardise.**

AMOUR FRATERNEL. — 1° **Chèvrefeuille des bois,** qui étreint fortement l'arbre qui le soutient. — 2° **Syringa.** Ptolémée se rendit célèbre entre autres choses par l'amour qu'il porta à son frère. On consacra à sa mémoire une espèce de syringa, le syringa philadelphus, dont le nom a pour signification : aimant son frère.

AMOUR HEUREUX. — **Rose de la Mariée** — Le symbolisme est assez clair pour que nous ne l'expliquions pas.

AMOUR MALHEUREUX. — 1° **Foulsapatte.** Herbe que les amants indiens malheureux offrent pour dépeindre leurs sentiments à celle qu'ils courtisent. — 2° **Scabieuse.** La couleur violette indique le deuil où dans ce cas le cœur se trouve plongé.

AMOUR MATERNEL. — **Mousse** qui préserve des intempéries les lieux qu'elle recouvre et est toujours vivace ; de même la mère protège ses enfants et les aime d'un amour constant.

AMOUR PATERNEL. — **Eupatoire.** Autrefois dédiée à Mithridate Eupator, roi du Pont ; le nom grec de cette plante signifie « bon père ».

AMOUR PAYÉ DE RETOUR. — **Ambroisie.** Le bonheur inspiré par cette réciprocité du sentiment peut être comparé à la douceur de l'ambroisie. Les dieux se délectaient en absorbant cet aliment qui porte le même nom que la plante dont nous avons à nous occuper ici.

AMOUR PLATONIQUE. — **Acacia blanc.** Les populations sauvages de l'Amérique avaient consacré cette plante au génie des amours chastes.

AMOUR PUR. — **Giroflée double de Mahon.** Mettant une sorte d'amour-propre à devancer les autres plantes, celle-ci, quarante jours après les semailles, est en pleine floraison. De là son nom vulgaire de quarantaine.

AMOUR SANS ESPOIR. — **Tulipe rouge.**

AMOUR SECRET. — **Robinier ou faux acacia jaune.**

AMOUR TRAHI. — **Saule rampant.**

AMOUR VIF ET PUR. — **Œillet rouge simple.**

AMOURETTE ou *brize.* — Graminée fort légère, dont les épillets sont agités par le moindre souffle du vent. D'où le nom populaire de tremblette qu'elle porte. — Voir : 1° *Agitation* — 2° *Frivolité.*

AMPHITRITE. La fille de Nérée refusait d'épouser Neptune. Un dauphin cependant la persuada de céder à la demande du dieu, et pour sa récompense fut placé parmi les astres. Amphitrite a un char traîné par des dauphins et des chevaux marins. — 1° **Char** formé d'une coquille. — 2° **Dauphin**. — 3° **Trident** qui lui sert de sceptre.

AMUSEMENT FRIVOLE. — **Baguenaudier.** Cet arbre porte un fruit qui, pressé fortement entre les doigts, éclate avec bruit. Les enfants aiment à provoquer cette explosion.

AMUSEZ-VOUS. — **Julienne rouge.**

ANANAS. Fruit qui figure souvent sur les étoffes ornées du quinzième siècle. — Voir : *Vous êtes parfaite.*

ANARCHIE. Figurée le plus souvent un bandeau sur les yeux, les cheveux épars, la fureur peinte sur les traits, les vêtements déchirés. — 1° **Bandeau** qui l'aveugle. — 2° **Joug rompu**. Ses passions sont déchaînées. — 3° **Livre de la loi** qu'elle foule aux pieds. — 4° **Poignard**, car elle engendre la guerre civile. — 5° **Torche**, figurant l'incendie qu'elle sème partout.

ANCOLIE ou *Gant de Notre-Dame.* Plante violette vénéneuse et de forme bizarre. — Voir *Folie.*

ANCRE. — Voir : 1° *Espérance* — 2° *Félix (saint)* — 3° *Nicolas (saint).*

ANDRÉ (Saint). — 1° **Barque.** — 2° **Coquille.** Ces deux attributs rappellent sa profession de pêcheur. — 3° **Croix de Saint-André.** La croix de son martyre a une forme spéciale. En forme d'X, elle porte le nom du saint pour la distinguer de la croix ordinaire. — 4° **Dauphin.** Allusion à sa profession. — 5° **Démons** sous la forme de serpents. — 6° **Livres** au nombre de deux.

Voir *Apôtres.*

ANE. Animal domestique consacré à Priape. — Voir : 1° *Arrogance* — 2° *Antoine de Padoue (saint)* — 3° *Crèche* — 4° *Dérision* — 5° *Fuite en Égypte* — 6° *Gentils* — 7° *Lâcheté* — 8° *Obstination* — 9° *Paresse* — 10° *Priape* — 11° *Silène* — 12° *Sobriété* — 13° *Synagogue.*

ANÉMONE DES BOIS ou *anémone Sylvie.* Charmante fleur blanc rosé qui fleurit en avril et est vénéneuse. Elle est cependant employée en médecine. — Voir : 1° *Abandon* — 2° *Attente* — 3° *Chagrin* — 4° *Maladie* — 5° *Vierge.*

ANGES. Êtres célestes classés en neuf groupes hiérarchiques ou chœurs d'anges. Les voici par ordre de puissance : 1° **Séraphins.** — 2° **Chérubins.** — 3° **Trônes.** — 4° **Dominations.** — 5° **Vertus.** — 6° **Puissances.** — 7° **Principautés.** — 8° **Archanges.** — 9° **Anges.**

Voir à ces mots.

Voici quels sont les attributs distinctifs des anges.

ANIMAUX. — 1° **Cheval.** — 2° **Oiseau.** On donne des ailes d'oiseau aux anges. Leur nombre varie entre 2, 4 et 6. — 3° **Paon.** Quelquefois, au XVe siècle, les anges ont des ailes en plume de paon.

DIVERS. — 1° **Bouclier** dont ils sont armés. — 2° **Glaive** qu'ils portent. — 3° **Globe.** — 4° **Jaspe**, pierre précieuse qui leur est dédiée. — 5° **Nimbe rond**. — 6° **Palmes**. — 7° **Sceau divin** qu'ils portent. — 8° **Vert foncé** couleur qui leur est attribuée. — 9° **Yeux** qui couvrent leurs ailes.

Voir : 1° *Anne (sainte)* — 2° *Catherine d'Alexandrie (sainte)* — 3° *Cécile (sainte)* — 4° *Colette (sainte)* — 5° *Colombe (sainte)* — 6° *Dominique de Guzman (saint)* — 7° *Elisabeth (sainte)* — 8° *Foi* — 9° *François d'Assise (saint)* — 10° *Geneviève (sainte)* — 11° *Grégoire le Grand (saint)* — 12° *Habacuc* — 13° *Isidore (saint)* — 14° *Jacob* — 15° *Jérôme (saint)* — 16° *Madeleine (sainte)* — 17° *Mathieu (saint)* — 18° *Roch (saint)* — 19° *Sybilles* — 20° *Thérèse (sainte)*.

ANGÉLIQUE. Plante ombellifère qui fleurit en août. — Voir : 1° *Extase* — 2° *Inspiration*.

ANGREC. Fleur. — Voir *Royauté*.

ANIMAUX. — Voir : 1° *Automne* — 2° *Ezéchiel*.

ANIMOSITÉ. — **Herbe de Saint-Jean** ou *achillée mille feuilles*.

ANNE (sainte). Mère de la Vierge. — 1° **Ange** qui lui dit d'aller à son époux. — 2° **Arbre** sous lequel elle pleure sa stérilité. — 3° **Nid**. — 4° **Porte dorée** où elle rencontre Joachim. — 5° **Ventre ouvert**.

ANNEAU. — Voir : 1° *Agnès (sainte)* — 2° *Catherine d'Alexandrie (sainte)* — 3° *Evêques* — 4° *Fidélité* — 5° *Odin* — 6° *Pierre (saint)*.

ANNÉE. — Voir *Janus*.

ANSERINE A BALAIS ou *belvédère*. Plante commune herbacée qui fleurit en juillet. — Voir : *Guerre déclarée*.

ANTICIPATION. — **Groseille à maquereau**.

ANTOINE (Saint). Abbé.

ANIMAUX. — 1° **Corbeau** qui lui apporte du pain. — 2° **Porc** symbole de la luxure qui le tenta.

DIVERS. — 1° **Chapelet**. — 2° **Clochette**. — 3° **Croix double** des patriarches. — 4° **Démons** qui, sous des formes diverses, multiplièrent auprès de lui leurs tentations. — 5° **Feu**. — 6° **Livre** de la règle des Antonins. — 7° **Tau** ou bâton potencé sur lequel il s'appuie.

ANTOINE DE PADOUE (Saint). Franciscain.

VÉGÉTAUX. — 1° **Chêne**. — 2° **Lis** symbolisant la chasteté.

ANIMAUX. — 1° **Ane** à qui il fait adorer le Saint Sacrement. — 2° **Poissons**, auxquels il prêche.

DIVERS. — 1° **Crucifix**. — 2° **Discipline** symbolisant ses austérités. — 3° **Enfant Jésus** qu'il prend dans ses bras. — 4° **Feu**.

ANXIÉTÉ. — **Églantine rouge**.

AOUT. Huitième mois de l'année correspondant au signe de la Vierge dans le zodiaque. Le moyen âge le représente le plus souvent moissonnant des épis. Dans l'antiquité, Cérès présidait à ce mois.

VÉGÉTAUX. — **Épis** des moissons que l'on fauche en ce mois.

ANIMAUX. — **Chien** qui annonce la canicule.

DIVERS. — 1° **Éventail** avec lequel on se rafraîchit — 2° **Tasse** dans laquelle boit un homme.

APHRODITE. Nom grec de *Vénus*. — Voir ce mot.

APOCYN TUE CHIEN. Plante herbacée de la famille des Gobe-mouches. Ces dernières plantes attirent les mouches par un liquide sucré et, se repliant ensuite, les retiennent prisonnières. — Voir : 1° *Mensonge* — 2° *Tromperie.*

APOLLON ou *Phœbus*. Dieu de l'antiquité, fils de Jupiter et de Latone. Il conduisait le char du Soleil et présidait aux arts.

VÉGÉTAUX. — 1° **Genévrier**. — 2° **Jacinthe**. — 3° **Laurier** dont on couronne les poètes. — 4° **Lotus**. — 5° **Myrte**. — 6° **Olivier**. — 7° **Palmier**. — 8° **Tamarin**. — 9° **Tournesol**, allusion au soleil dont il règle la course.

Toutes ces fleurs lui étaient consacrées. Chacune d'elle peut avoir sa signification particulière.

ANIMAUX. — 1° **Chevaux** rappelant ceux qu'il conduit, traînant le char du Soleil. — 2° **Cigale**. — 3° **Coq**, cet animal lui est consacré comme annonçant le lever du soleil. — 4° **Corbeau**. Un corbeau, ayant voulu révéler à Apollon que la nymphe Coronis n'était plus éprise de lui, fut puni par le dieu : celui-ci changea son plumage, blanc jusqu'alors, en un plumage noir; cet oiseau lui est consacré depuis. — 5° **Corneille**. Assimilée au corbeau à la famille duquel elle appartient. — 6° **Cygne**. Consacré à Apollon. — 7° **Dauphin**. Cet animal figure souvent auprès du trépied de Delphes, consacré à Apollon. — 8° **Épervier**. Dédié au dieu à cause de sa vue perçante. — 9° **Griffon**. Animal fantastique ayant la tête et les ailes d'un aigle, et les pattes, le corps et la queue du lion. Il était chargé de garder les trésors de la terre, lesquels appartenaient à Apollon. — 10° **Loup**. Consacré au dieu. — 11° **Vautour**.

DIVERS. — 1° **Arc** qui est regardé comme servant au dieu à lancer les flèches figurées par les rayons du soleil. — 2° **Diamant**. Cette pierre précieuse et limpide était dédiée au dieu de la lumière. — 3° **Flèches**. Celles-ci représentent les rayons du soleil. C'est par l'atteinte d'une d'elles qu'on croyait causées les morts subites. Le dieu s'en servait aussi pour tuer des monstres, tel le serpent Python. — 4° **Lyre**. C'est l'attribut d'Apollon, dieu de l'harmonie, et présidant à l'inspiration poétique : il a les Muses sous sa direction et au son de son instrument, les heures, les années et les astres accomplissent leur marche. — 5° **Soleil**. Apollon personnifiant le soleil se nomme Phœbus qui veut dire éclatant. Il a sous cette forme de nombreuses significations. Il est dieu de l'inspiration, car le soleil préside aux harmonies de la nature. Il est dieu prophète, car le soleil éclaire toujours devant lui, voyant ce qui va arriver. Il est jeune car le soleil ne vieillit pas, etc. — 6° **Trépied**. Voici l'origine du trépied de Delphes sur lequel on prédisait l'avenir, et consacré à Apollon. Des chèvres sur le Parnasse, approchant d'un trou furent prises de mouvements convulsifs. Désirant éprouver les mêmes symptômes, des habitants s'approchèrent de l'abîme d'où s'échappaient des vapeurs prophétiques et furent précipités. Pour empêcher le retour de ces choses, on mit au-dessus du trou un trépied sur lequel une femme appelée Pythie montait une fois l'an et proférait, sous l'influence des vapeurs, des mots que les prêtres interprétaient. L'oracle de Delphes était le plus célèbre de toute la Grèce.

Voir : 1° *Daphné* — 2° *Mai*.

APOSTATS. — **Chien**. Allusion au peu d'estime qui les entoure.

APOSTOLAT. — **Agneau**. Rappelant la douceur des apôtres.

APOTRES. — Voici leurs noms :

1° *Saint André* — 2° *Saint Barnabé* — 3° *Saint Barthélemy* — 4° *Saint Jacques le Majeur* — 5° *Saint Jacques le Mineur* — 6° *Saint Jean* — 7° *Saint Mathias* — 8° *Saint Mathieu* — 9° *Saint Paul* — 10° *Saint Philippe* — 11° *Saint Pierre* — 12° *Saint Simon* — 13° *Saint Thadée ou Jude* — 14° *Saint Thomas*.

Voici les attributs de l'apôtre en général. Voir à chacun pour les attributs particuliers.

VÉGÉTAUX. — **Palmier**, la palme récompense céleste des élus.

ANIMAUX. — 1° **Agneau** symbolisant la douceur de la foi nouvelle. — 2° **Bélier**. — 3° **Bœuf**. — 4° **Colombe** du Saint-Esprit qui inspirait les apôtres.

DIVERS. — 1° **Blanc** qui est leur couleur. — 2° **Étoiles**. — 3° **Livre** contenant la doctrine qu'ils enseignent. — 4° **Nimbe**. — Voir *Saint*.

AQUILON. Vent du Nord dans la mythologie. Il est vieux et a : 1° **Cheveux blancs**. — 2° **Queue de serpent**. — Voir *Vent*.

ARAIGNÉE. Cet insecte a trois significations différentes. — Voir : 1° *Désespoir* — 2° *Espoir* — 3° *Fragilité humaine*.

ARBALÈTE. — Voir *Désespoir*.

ARBRE. Le moyen âge a figuré trois arbres symboliques : **l'arbre de Jessé** (voir ce mot); **l'arbre de vie** et **l'arbre de la vie et de la mort**. — Voir : 1° *Anne (sainte)* — 2° *Boniface (saint)* — 3° *Christ* — 4° *Christophe (saint)* — 5° *Concorde* — 6° *Edmond (saint)* — 7° *Ève* — 8° *Gervais (saint)* — 9° *Harmonie* — 10° *Hiver* — 11° *Isaïe* — 12° *Judas* — 13° *Martin (saint)* — 14° *Paradis* — 15° *Paresse* — 16° *Réprouvés* — 17° *Stérilité*.

ARBRE DE JUDAS ou *Circée*. Herbe à laquelle on attribuait un pouvoir surnaturel. — Voir : 1° *Charme magique* — 2°

Manque de foi — 3° *Sortilège* — 4° *Trahison*.

ARBRE DE JUDÉE ou *Gainier*. Arbre dont les fleurs rouges paraissent dès le commencement du printemps. — Voir : 1° *Nouvelle jeunesse* — 2° *Vigueur renaissante*.

ARBRE DE VIE ou *Thuya*. Arbre vert qui vit très vieux. — Voir : 1° *Age* — 2° *Avarice* — 3° *Vie* — 4° *Vivez pour moi*.

ARBRISSEAU FLEURI. — Voir *Agriculture*.

ARC. — Voir : 1° *Amérique* — 2° *Amour* — 3° *Carquois* — 4° *Cupidon* — 5° *Diane* — 6° *Tempérance*.

ARC-EN-CIEL. Il sert de siège à Dieu ou à la Vierge en signe de gloire. — Voir : 1° *Alliance* — 2° *Iris* — 3° *Noé* — 4° *Sérénité* — 5° *Vierge*.

ARCHANGES. Ils sont au nombre de trois : saint **Gabriel**, saint **Michel** et saint **Raphaël** (voir ces noms).

Voici leurs attributs généraux : 1° **Armes** qu'ils portent. — 2° **Armure complète** dont ils sont couverts. — 3° **Béryl**, pierre qui leur est dédiée. — 4° **Bouclier** dont ils se couvrent. — 5° **Violet** qui est leur couleur. — Voir *Grégoire le Grand* (saint).

ARCHE. — Voir : *Noé*.

ARCHEVÊQUE. — 1° **Chapeau vert** à 4 rangs de glands. — 2° **Croix archiépiscopale**.

ARCHITECTURE. Ses attributs sont surtout formés par les divers outils de l'architecte. — 1° **Acanthe**. Cette fleur orne le chapiteau corinthien. — 2° **Colonne**, un des principaux éléments d'architecture. — 3° **Compas**. — 4° **Équerre**. — 5° **Fil à plomb**. — 6° **Marteau**. — 7° **Plan**. — 8° **Règle**.

ARDEUR.

VÉGÉTAUX. — 1° **Arum** ou *gouet*. Cette signification provient de ce que cette fleur très vénéneuse renferme un suc âcre très irritant. — 2° **Balsamine rouge**. Signification provenant de la propriété qu'ont les gousses renfermant les graines de cette plante d'éclater quand celles-ci sont mûres. — 3° **Genêt commun**. D'après le naturaliste Hubert, certaines parties de cette fleur acquièrent une chaleur telle que la main ne peut la supporter. — 4° **Iris blanc**.

ANIMAUX. — 1° **Chèvre** qui symbolise l'ardeur pour les choses célestes. — 2° **Chevreau**.

DIVERS. — **Lampe** qui brûle et se consume.

ARÈS. En mythologie, nom grec du dieu **Mars**. — Voir ce mot.

ARGENT. — Voir : 1° *Chasteté* — 2° *Martyre* — 3° *Mathieu (saint)* — 4° *Passion du Christ*.

ARGENTINE ou *potentille*. Petite plante herbacée. — Voir : *Naïveté*.

ARION. Mythologie. — **Dauphin**. Ce poisson possède, parait-il, un goût prononcé pour la musique. Un jour qu'Arion, habile joueur de lyre, faisait un voyage d'Italie en Grèce, ses compagnons résolurent de le tuer. Il obtint de jouer encore une fois de son instrument avant de mourir. Aux premiers sons, une troupe de dauphins vint se ranger près de lui. Il se jeta alors à la mer, et un dauphin, charmé par la musique d'Arion le transporta à terre.

ARITHMÉTIQUE. — **Compas**, car elle fait tout avec mesure.

ARISTOLOCHE. Plante grimpante très ornementale. — Voir : *Étreinte*.

ARMÉE. — Voir *Clotilde (sainte)*.

ARMES. — Voir : 1° *Archanges* — 2° *Europe* — 3° *Guerre*.

ARMOISE ou *herbe de saint Jean*. C'est le nom de l'absinthe. — Voir : 1° *Animosité* — 2° *Bonheur* — 3° *Santé* — 4° *Superstition*.

ARMURE. — Voir : 1° *Age de fer* — 2° *Archanges* — 3° *Intrépidité* — 4° *Martin (saint)* — 5° *Michel (saint)* — 6° *Principautés* — 7° *Victoire* — 8° *Victor (saint)* — 9° *Walkyries*.

ARRANGEMENT. — **Paille de blé**.

ARRÊTE-BŒUF ou *Bugrane*. — Plante vivace croissant dans les chemins et les champs incultes. Sa souche rameuse tient très fortement au sol.
Voir *Obstacle*.

ARRIÈRE-PENSÉE. — **Aster à grande fleur**. Cette fleur qui fleurit après toutes les autres est comme une arrière-pensée de la belle saison.

ARROGANCE. Lorsqu'on la personnifie, elle est figurée par une femme portant des **oreilles d'âne** et la tête coiffée d'un **turban** surmonté de **plumes de paon**. — 1° **Soleil géant** dont le port et la taille justifient le symbolisme. — 2° **Dindon**. Cet animal doit cette signification à son caractère.

ART. — **Acanthe**. La feuille d'acanthe a si souvent servi aux artistes qu'elle symbolise leur art. Les anciens en ornaient leurs habits précieux. Dans l'Enéide, Virgile parle des broderies de feuilles d'acanthe qui ornaient l'habit d'Hélène.

ARTÉMIS. En mythologie, nom grec de **Diane**. — Voir ce mot.

ARTICHAUT. Cette plante sert souvent de motif décoratif sur les étoffes du moyen âge.

ARTIFICE. — 1° **Acanthe**. — 2° **Clématite**. Les mendiants d'autrefois pour exciter la commisération, se faisaient, au moyen de cette plante, des ulcères factices qu'ils faisaient, ensuite passer en étuvant la partie malade avec de l'eau, ou encore en y appliquant des feuilles de betterave.

ARUM ou *Gouet*. Plante très vénéneuse à beau fruit rouge qui distille un suc âcre très violent. Les enfants attirés par la beauté du fruit en sont souvent victimes. — Voir : 1° *Ardeur* — 2° *Piège*.

ASCLÉPIOS. En mythologie, nom grec d'Esculape. — Voir ce mot.

ASIE. Personnifiée, elle porte une **couronne de roses** et a auprès d'elle un **brûle-parfums** fumant. **Chameau**. Animal de ce pays.

ASILE. — **Genévrier**. Par un instinct merveilleux, le lièvre aux abois vient se blottir sous ses rameaux. L'odeur forte que cet arbrisseau répand met les chiens en défaut.

ASPHODÈLE. Genre de plantes de la famille des liliacées, croissant près de la Méditerranée. — Voir : 1° *Estime* — 2° *Mes regrets vous suivent au tombeau*.

ASPIC. Serpent très venimeux des pays chauds. — Voir : 1° *Avarice* — 2° *Dédain de la parole de Dieu* — 3° *Démon* — 4° *Tentation*.

ASPIRATION. — **Œillet des montagnes** qui aspire toujours à croître plus haut, à s'élever.

ASSIDUITÉ. — **Balances**.

ASTER A GRANDES FLEURS. Plante qui fleurit très tard, jusqu'en octobre. Voir : *Arrière-pensée*.

ASTER D'AMÉRIQUE. — Voir : 1° *Bienvenue à l'étranger* — 2° *Gaîté dans la vieillesse*.

ASTER DE LA CHINE. — 1° **Caractère changeant**. — 2° **Je partage vos sentiments**. — 3° **J'y songerai**. — 4° **Variété**.

ASTRES. — Voir : *Astronomie*.

ASTRONOMIE. Personnifiée, elle a des ailes indiquant qu'elle plane toujours au plus haut des cieux, et une **couronne d'étoiles**. — 1° **Aigle**, oiseau qui monte au plus haut des airs. — 2° **Astres** qu'elle étudie. — 3° **Compas** qui lui sert à mesurer. — 4° **Globe céleste** qui représente son domaine scientifique. — 5° **Télescope**, son principal appareil d'étude.

ASTURTIUM. — Voir *Splendeur*.

ATALANTE. Mythologie. La première, elle a attaqué le sanglier de Calydon que Méléagre a tué, et dont il lui a offert la dépouille. — **Sanglier**.

ATHÈNÉ. Mythologie. Nom grec de **Minerve**. — Voir ce mot.

ATHÈNES. — **Chouette**. C'est l'emblème de cette ville. La chouette est un oiseau qui voit la nuit, et est consacré à Minerve. La déesse de la sagesse, en effet, voit malgré l'obscurité et rien ne lui échappe. Comme elle était la protectrice d'Athènes, les monnaies de cette ville portaient une chouette en effigie.

ATROPOS. En mythologie, l'une des trois Parques ; celle dont la fonction était de trancher le fil des vies humaines. — Voir *Parques.*

ATTACHEMENT.

VÉGÉTAUX. — 1° **Jasmin** qui a besoin d'être attaché à un support pour se soutenir. — 2° **Lierre** dont les crampons, les racines s'enfoncent dans les interstices des murailles et s'y attachent fortement.

ANIMAUX. — **Chien.** L'amour de cet animal pour son maître est bien connu.

ATTENTE. — **Anémone des bois.** Cette fleur qui s'épanouit une des premières nous trouve dans l'attente du printemps, qu'elle vient nous annoncer.

ATTENTION CONTINUELLE A PLAIRE. — **Lierre** avec ses vrilles.

ATTRAITS. — **Campanule** ou *Miroir de Vénus.* Fleur bleue, au centre de laquelle se trouve un disque jaune brillant qu'on a comparé à un miroir. Lorsque Vénus allait retrouver Adonis, elle cueillait une de ces fleurs et s'y mirait pour se convaincre de sa beauté.

ATTRAPE-MOUCHES. Genre de plante qui attire les mouches par un liquide sucré qu'elle secrète. Lorsque ces insectes y sont posés, la plante se replie sur elle-même et enserre la mouche qui se trouve emprisonnée. — Voir : 1° *Amour d'adolescent* — 2° *Trahi* — 3° *Très jeune amour.*

AUBE. Longue robe blanche dont les prêtres font usage. — Voir : 1° *Domination* — 2° *Pierre (saint)* — 3° *Principautés* — 4° *Puissances* — 5° *Vertus.*

AUBÉPINE. Arbrisseau épineux qui fleurit en mai. — Voir : 1° *Espérance* — 2° *Prudence.*

AUDACE. — **Mélèze.** Considéré comme le géant de la végétation cet arbre croît audacieusement à une grande hauteur.

AUGUSTIN (Saint). Évêque. — 1° **Ceinture de cuir.** — 2° **Cœur enflammé** de l'amour divin. — 3° **Coquille.** — 4° **Démon** qui symbolise l'hérésie. — 5° **Église.** — 6° **Livre.** — 7° **Monastère.** — 8° **Plume.**

AUMONE. — 1° **Bourse** dans laquelle elle puise. — 2° **Lion.** Cet animal est réputé compatissant.

AURONE ou *Citronelle.* Plante officinale fort employée. — Voir : 1° *Douleur* — 2° *Raillerie.*

AURORE ou *Eos* (en grec). En mythologie, sœur du soleil, elle annonce l'apparition de celui-ci et ouvre les portes du jour. — 1° **Ailes** qu'elle porte. — 2° **Hydries** qu'elle tient et dont elle fait pleuvoir la rosée sur la terre. — 3° **Manteau jaune** qui la couvre et dont la couleur rappelle celle du jour levant. — 4° **Torche.**

AUSTER. — Mythologie. Personnifie le vent du Sud.

1° **Ailes.** — 2° **Cheveux**

blancs. — 3° **Eau** dont il dégoutte car ce vent amène la pluie. Voir *Vent.*

AUSTÉRITÉ. — **Chardon.** En Écosse, l'ordre du chardon avait cette devise : Personne ne m'offense impunément.

AUTEL. — Voir : 1° *Berthe (sainte)* — 2° *Mathieu (saint)* — 3° *Religion.*

AUTOMNE. Dans la personnification des saisons qui en même temps symbolisent les âges de l'homme, l'automne figure la vieillesse, avant l'hiver, qui lui, est la décrépitude. — 1° **Couronne d'olivier.** — 2° **Figues sèches** préparées pour l'hiver. — 3° **Fruits** que l'on récolte. — 4° **Vigne et raisins** car c'est l'époque de la vendange. — 5° **Animaux.** En automne commence la chasse. — 6° **Corne d'abondance,** car c'est à cette époque que tous les biens de la terre portent leurs fruits à profusion.

AUTORITÉ. — 1° **Bâton de commandement.** — 2° **Couronne.** — 3° **Globe.** — 4° **Sceptre.** — 5° **Vase d'or.** Tous ces attributs sont des insignes de la toute-puissance.

AUTRUCHE. — Voir : 1° *Chrétien vigilant* — 2° *Folie* — 3° *Hérésie* — 4° *Justice* — 5° *Résurrection* — 6° *Vigilance.*

AVARICE.

VÉGÉTAUX. — 1° **Thuya** ou *arbre de vie* — 2° **Oreille d'ours** écarlate.

ANIMAUX. — 1° **Aspic.** — 2° **Bouc.** — 3° **Chat.** — 4° **Chien.** — 5° **Chouette.** — 6° **Crapaud.** — 7° **Loup avide.** — 8° **Panthère.** — 9° **Singe.** — 10° **Taupe.**

Les plus laids animaux sont, on le voit, choisis pour symboliser un des vices les plus caractérisés.

DIVERS. — 1° **Bourse** qu'elle serre contre elle.—2° **Coffre-fort** où elle enferme ses richesses. — 3° **Monnaies** qu'elle amasse. — 4° **Or** qu'elle compte. — 5° **Pressoir** symbolisant l'usure qui pressure ceux qui s'adressent à elle. — 6° **Rateau** au moyen duquel elle attire tout à elle.

AVELINE. Sorte de grosse noisette. — Voir : 1° *Paix* — 2° *Réconciliation.*

AVERSION. — **Œillet d'Inde.**

AVEU. — **Campanule de Cantorbéry.**

AVEU D'AMOUR. — **Bouton de rose mousseuse.**

AVEUGLE. — Voir *Geneviève (sainte).*

AVEUGLEMENTPATERNEL. — **Cresson des prés.**

AVIS. — **Rhubarbe.**

AVOINE. Graminée très légère. — 1° **Ame.** — 2° **Charme de la musique.**

AVRIL. Quatrième mois de l'année, correspondant au signe du taureau dans le zodiaque. Le moyen âge le représentait portant du gazon et des fleurs. Dans la mythologie, Vénus préside à ce mois. On le représente par un jeune homme vêtu de vert et portant : 1° **Myrte**, plante à odeur pénétrante. — 2° **Cassolette** car les parfums du printemps commencent à embaumer l'air.

AZALÉE. Arbrisseau. — Voir : *Tempérance*.

BACCHUS ou *Dionysos*, (en grec), dieu du vin dans la mythologie. Il a pour emblèmes :

VÉGÉTAUX. — 1° **Figuier**. — 2° **Lierre** dont il se couronnait. — 3° **Vigne** qui produisant le vin devait naturellement lui être dédiée.

ANIMAUX. — 1° **Dauphin**. Cet animal figure souvent à côté de Bacchus notamment sur le monument de Lysicrate à Athènes. Voici pourquoi on a dédié cet animal au dieu. Bacchus s'était un jour endormi sur le rivage de la mer, sous la forme d'un bel enfant. Les matelots d'un vaisseau tyrien, commandés par Acète, l'ayant découvert, voulurent s'en emparer dans l'espoir d'en tirer rançon. Leur capitaine s'y opposa. Bacchus reprit alors sa forme naturelle et changea les matelots en dauphins. — 2° **Dragon**. Voir ce mot. — 3° **Panthère**. Cet animal est attelé au char de Bacchus lorsqu'il revient de la conquête de l'Inde. — 4° **Phénix** (Voir ce mot). Cet animal lui était consacré. — 5° **Pie**. Choisie comme emblème du bavardage et dédiée au dieu du vin, car celui-ci rend bavard. — 6° **Serpent**. Bacchus lorsqu'il est considéré comme dieu de la terre a pour emblème cet animal qui ne peut la quitter.

DIVERS. — 1° **Coupes à boire**. Elles contiennent le vin dont ce dieu est la personnification. — 2° **Cornes**. On donne à Bacchus les cornes qui symbolisent la force. — 3° **Couronne** de pampres, de vigne et de lierre. — 4° **Masques**. Les masques scéniques sont les attributs de Bacchus, inventeur du théâtre. C'est, en effet, aux fêtes célébrées en son honneur que furent jouées les premières pièces. Ces fêtes se faisaient au milieu des vendangeurs, la figure barbouillée de raisins. Lorsque pour les comédies et les tragédies les acteurs ont porté des masques, ceux-ci sont entrés dans les attributs de Bacchus. — 5° **Thyrse**.

BAGUENAUDIER. Arbrisseau qui porte des gousses gonflées d'air qui éclatent avec bruit lorsqu'on les presse fortement. Ce jeu est fort connu des enfants.

Voir : 1° *Amusement frivole* — 2° *Frivolité*.

BAGUETTE. — Voir : 1° *Érudition* — 2° *Foi* — 3° *Joseph (saint)* — 4° *Puissances* — 5° *Union*.

BAIN. — Voir *Cécile (sainte)*.

BALANCES. — Voir : 1° *Assiduité* — 2° *Doute* — 3° *Équité* — 4° *Impartialité* — 5° *Jugement* — 6° *Justice* — 7° *Michel (saint)* — 8° *Rapine* — 9° *Septembre* — 10° *Temps* — 11° *Thémis* — 12° *Zodiaque*.

BALEINE. — Voir *Jonas*.

BALSAMINE, ou *herbe impatiente*. — Plante herbacée dont le nom vient d'un fait curieux. Lorsque ses fruits sont à maturité, les valves très élastiques de sa capsule s'ouvrent comme un ressort quand on les touche et lancent les graines au loin.

Voir : 1° *Activité* — 2° *Ardeur* — 3° *Caractère impuissant* — 4° — *Impatience* — 5° *Ne me touchez pas* — 6° *Pureté de sentiment* — 7° *Résolution hâtive*.

BANC DE PIERRE. — Voir *Fiacre (saint)*.

BANDEAU. — Voir : 1° *Amour* — 2° *Anarchie* — 3° *Cupidon* — 4° *Erreur* — 5° *Fortune* — 6° *Ignorance* — 7° *Justice* — 8° *Obéissance* — 9° *Synagogue*.

BANNIÈRE. — Voir *Synagogue*.

BAPTÊME. Sacrement de l'Église. — 1° **Blanc**, couleur symbolisant l'innocence. — 2° **Eau** dont on asperge l'enfant. — 3° **Font baptismal**. — 4° **Vase** qui sert à puiser cette eau. — 5° **Vert** couleur de l'espérance.

BARBE. (Sainte). — 1° **Calice** car on l'invoque pour ne pas mourir sans sacrements. — 2° **Canon**, elle est patronne des artilleurs. — 3° **Foudre** qui tue son père après sa mort. — 4° **Glaive** car elle fut décapitée par son père, furieux de ne pouvoir la ramener au paganisme. — 5° **Hostie** pour la même raison que le calice. — 6° **Livre** de prières. — 7° **Mamelles** qui lui ont été coupées. — 8° **Plumes de paon**, qu'elle porte en guise de palmes. — 9° **Rocher** qui s'entr'ouvre pour la recueillir. — 10° **Tour** à trois fenêtres où elle fut enfermée.

BARBE. — Voir : 1° *Jérôme (saint)* — 2° *Thor*.

BARDANE ou *Glouteron* ou *herbe aux teigneux*. Plante commune dans les lieux incultes et dont les capitules épineux s'attachent opiniâtrement aux vêtements.

Voir : 1° *Entêtement* — 2° *Grossièreté* — 3° *Importunité* — 4° *Ne me touchez pas*.

BARETTE. Bonnet d'ecclésiastique et particulièrement des cardinaux. Il est carré et rouge. — Voir *Cardinal*.

BARNABÉ (Saint). — 1° **Bûcher** rappelant son martyre. — 2° **Croix**. — 3° **Crosse** car il fut évêque de Milan. — 4° **Dalmatique**, il appartient à la tribu de Lévi. — 5° **Hache**. — 6° **Hallebardes**, ces armes rappelant son martyre. — 7° **Lance**, même signification. — 8° **Mitre** car il fut évêque. — 9° **Pierres** de son martyre.

BARQUE. — Voir : 1° *Adélaïde (sainte)* — 2° *André (saint)* — 3° *Eau* — 4° *Julien l'Hospitalier (saint)*.

BARTHÉLEMY (Saint). Apôtre. — 1° **Couteau**. — 2° **Croix**. — 3° **Peau humaine**. Ces trois attributs rappellent son martyre pendant lequel il fut écorché vif et crucifié.

BARUCH. — Voir *Prophètes*.

BASILIC. On trouve sous ce nom un végétal et un animal fabuleux. Celui-ci est composé mi-partie coq et serpent et les anciens croyaient qu'il tuait par son seul regard. Le végétal est une labiée très odorante.

Voir : 1° *Bons souhaits* — 2° *Cruauté* — 3° *Démon* — 4° *Haine* — 5° *Pauvreté*.

BASSESSE. — 1° **Cuscute**. Plante parasite vivant au profit de qui la soutient. — 2° **Ronce**. Plante rampante et piquante.

BASSIN. — Voir *Tempérance*.

BATON. — Voir : 1° *Adversité* — 2° *Autorité* — 3° *Doute* — 4° *Force* — 5° *Gabriel (saint)* — 6° *Guerre* — 7° *Isidore (saint)* — 8° *Jacques le Mineur (saint)* — 9° *Joseph (saint)* — 10° *Marc (saint)* — 11° *Mercure* — 12° *Obéissance* — 13° *Prudence* — 14° *Raphaël (saint)* — 15° *Santé*.

BATON CRUCIFÈRE. — Voir *Gabriel (saint)*.

BAUME. — Voir *Éloi (saint)*

BAUME DE JUDÉE. Employé en médecine. — Voir : 1° *Guérison* — 2° *Sympathie*.

BAVARDAGE. — 1° **Cobéa**. Plante grimpante, sinueuse, exubérante. — 2° **Pie** dont la réputation n'est plus à faire, témoin le proverbe : bavard comme une pie. — 3° **Moineau** qui, lui aussi, crie à tout instant.

BÉATRICE (Sainte). Martyre. — 1° **Cadavres** de ses frères qu'elle retrouve et fait ensevelir. — 2° **Cierge**. — 3° **Corde** avec laquelle on l'étrangla.

BEAUTÉ.

VÉGÉTAUX. — 1° **Campanule** ou *Miroir de Vénus*. Cette fleur porte à son centre un disque jaune brillant comparé à un miroir. Lorqu'elle va retrouver Adonis, Vénus cueille une de ces fleurs pour s'y mirer et se convaincre de sa beauté. — 2° **Laurier rose**. — 3° **Pâquerette teintée**. — 4° **Rose**. Cette fleur surtout a été célébrée par les poètes comme l'expression la plus parfaite de la beauté.

DIVERS. — **Rubis**, pierre précieuse à la belle teinte rouge.

BEAUTÉ ACCOMPLIE. — **Camélia blanc** choisi à cause de la beauté de ses fleurs.

BEAUTÉ CAPRICIEUSE. —

VÉGÉTAUX. — 1° **Rose musquée**. Cette plante a une floraison très inégale, et le même pied peut une année être couvert de fleurs, et une autre année n'en pas avoir du tout. — 2° **Soulier de Notre-Dame** ou *sabot de Vénus*. Plante herbacée, qui vit dans les Alpes. Cette orchidée rustique est une belle fleur aux formes capricieuses.

DIVERS. — **Or.**

BEAUTÉ DÉLICATE. — 1° **Fleur d'une heure.** Allusion à a fragilité de la beauté. — 2° **Hibiscus** ou *Ketmie*. — 3° **Mauve de Venise.**

BEAUTÉ DIVINE. — **Primevère d'Amérique.**

BEAUTÉ DURABLE. — **Giroflée des jardins.** Plante dont la floraison dure très longtemps et qui répand une odeur des plus agréables.

BEAUTÉ ÉCLATANTE. — 1° **Amaryllis.** Très belle fleur au port majestueux. — 2° **Fleur de gloire.**

BEAUTÉ FLÉTRIE. — **Roses fanées.**

BEAUTÉ INTÉRIEURE. — **Kennédia.**

BEAUTÉ MODESTE. — **Trillum pictum.**

BEAUTÉ MORALE. — 1° **Clématite.** — 2° **Kennédia.**

BEAUTÉ NÉGLIGÉE. — **Gantelée** ou *digitale*. Belle fleur rustique que l'on néglige de cultiver dans les jardins malgré sa beauté, mais peut-être aussi à cause de ses propriétés vénéneuses.

BEAUTÉ QUI S'IGNORE. — **Rose de Bourgogne.**

BEAUTÉ RUSTIQUE. — **Chèvrefeuille.** Belle fleur à odeur délicate qui pousse dans les bois.

BEAUTÉ TOUJOURS NOUVELLE. — 1° **Lotus.** Chaque soir, au coucher du soleil, la fleur de cette plante plonge dans l'eau pour n'en ressortir que le matin. — 2° **Rose des 4 saisons**, à la floraison abondante et toujours renouvelée.

BEAUX-ARTS.—**Acanthe.** Cette plante a si souvent servi de modèle aux artistes qu'elle symbolise les arts.

BEAUX-YEUX. — **Tulipe panachée.**

BEC DE CORBEAU. — Voir *Envie*.

BÊCHE. Instrument aratoire. — Voir : 1° *Adam* — 2° *Agriculture* — 3° *Constantin (saint)* — 4° *Espérance* — 5° *Fiacre (saint)* — 6° *Travail*.

BELETTE. Petit animal carnassier. — Voir *Duperie*.

BÉLIER. Machine de guerre autrefois usitée. — Voir *Guerre*.

BÉLIER. Mâle de la brebis. — Voir : 1° *Abraham* — 2° *Apôtres* — 3° *Christ* — 4° *Évêques* — 5° *Force* — 6° *Mars* — 7° *Prélats* — 8° *Zodiaque*.

BELLADONE ou *belle dame*. Plante très vénéneuse. Voir *Silence*.

BELLE. — **Orchis**, une des belles fleurs de nos bois.

BELLE A VOIR ou *Belvédère* ou *Ansérine à balais.* Plante herbacée qui fleurit en juillet. — Voir : 1° *Guerre déclarée* — 2° *Je me déclare contre vous.*

BELLE DAME ou *Belladone.* Plante très vénéneuse. — Voir *Silence.*

BELLE DE JOUR ou *liseron tricolore.* Fleur de la famille des convolvulacées. — Voir : 1° *Coquetterie* — 2° *Timidité.*

BELLE DE NUIT. — Plante dont la fleur s'ouvre à la chute du jour. — Voir : 1° *Alarme d'un cœur sensible* — 2° *Nuit* — 3° *Repos* — 4° *Timidité.*

BELLONE. En mythologie, sœur ou femme du dieu Mars, dieu de la guerre. Elle jouit de la même puissance. On la représente : 1° **Cheveux épars.** — 2° **Fléau.** — 3° **Fouet** ensanglanté qu'elle brandit.

BELVÉDÈRE ou *belle à voir* ou *ansérine à balais.* Plante herbacée qui fleurit en juillet. — Voir : 1° *Guerre déclarée* — 3° *Je me déclare contre vous.*

BÉNIGNITÉ. — 1° **Aiguière** d'où s'échappe le liquide contenu, car elle est expansive. — 2° **Colombe.** — 3° **Cygne** qui donne son duvet.

BÉNITIER. — Voir *Église.*

BENOIT (Saint). Abbé fondateur de l'ordre des Bénédictins. — 1° **Clochette.** Le diable brisa la clochette avec laquelle le moine Romain avertissait Saint Benoît lorsqu'il lui faisait parvenir de la nourriture dans son antre au moyen d'un panier soutenu par une corde. — 2° **Colombe.** Il voit l'âme de sa sœur s'élever au ciel sous cette forme. — 3° **Corbeau** nourri par le saint et que celui-ci charge d'aller jeter au loin un pain empoisonné qu'on lui avait envoyé. — 4° **Costume des bénédictins,** ordre religieux qu'il fonda. — 5° **Coule.** — 6° **Coupe.** Les moines qui l'avaient prié d'être leur supérieur se fatiguèrent vite de la régularité qu'il exigeait d'eux. Ils résolurent de l'empoisonner, mais la coupe se brisa lorsqu'il la bénit avant de la porter à ses lèvres. — 7° **Crible.** La nourrice de saint Benoît ayant emprunté un crible en terre cuite et l'ayant brisé, l'enfant le rétablit dans sa forme primitive. — 8° **Crosse.** — 9° **Démon.** — 10° **Discipline,** de ses austérités. — 11° **Épines.** — 12° **Livre.** — 13° **Pain** avec lequel on tenta de l'empoisonner. — 14° **Tiare.** — 15° **Verges.** Allusion à la rigueur des règles qu'il formula pour les religieux de son ordre.

BERCEAU DE LA VIERGE ou *clématite des haies.* Plante grimpante très rustique. — Voir *Amour filial.*

BERNARD (Saint). Abbé de Clairvaux. — 1° **Abeilles.** — 2° **Chien.** Sa mère encore enceinte de lui pensa qu'elle portait un chien qui aboyait avec force. Cela fut plus tard considéré comme un pronostic du zèle qu'il ne cessa de déployer contre les ennemis de l'Église. — 3° **Croix** rappelant les austérités de toutes sortes aux quelles il se soumit. — 4° **Démon** dont il repoussa les tentations. — 5° **Échelle**. — 6° **Église**. — 7° **Hostie**. — 8° **Instruments de la passion** rappelant les austérités de toute nature auxquelles il se contraignait. — 9° **Mitre**. — 10° **Plume**. — 11° **Ruche**. — 12° **Vierge**.

BERTHE (Sainte). Abbesse et veuve. — 1° **Autel** devant lequel une de ses filles, sur le point d'être enlevée, renouvela ses vœux. — 2° **Enfants**. Elle prit le voile avec deux de ses filles. — 3° **Fontaine**. Comme son monastère manquait d'eau, elle acheta une source à un propriétaire des environs. Elle traça ensuite une rigole au moyen de sa quenouille et l'eau la suivit au couvent.

BÉRYL. Pierre précieuse; variété d'émeraude couleur d'eau de mer. — Voir : 1° *Archanges* — 2° *Science*.

BÊTISE. — **Oie**. Le proverbe « bête comme une oie » est bien connu.

BÉTOINE ou *arnica*. Plante employée en médecine. — Voir *Surprise*.

BICHE. Quadrupède, femelle du cerf. — Voir : 1° *Char* — 2° *Diane* — 3° *Oule*.

BIEN-ÊTRE. — *Poirier*.

BIENFAISANCE.

VÉGÉTAUX. — 1° **Guimauve**. Dans cette plante toutes les parties : racines, feuilles, fleurs sont bienfaisantes et employées en médecine. — 2° **Orme**. — 3° **Pomme de terre** qui est, par excellence, l'aliment du pauvre. — 4° **Vigne**. On couronne la bienfaisance de feuilles d'orme et de vigne.

ANIMAUX. — **Alcyon**. Chez ces animaux la femelle sert son compagnon devenu vieux.

BIENFAIT DU CIEL. — **Ailanthe** ou *vernis du Japon*. Originaire du Japon. Son nom dans ce pays signifie arbre du ciel, en reconnaissance des multiples services qu'il peut rendre.

BIENSÉANCE. — **Amaranthe**. Fleur qui conserve toujours sa beauté.

BIENVEILLANCE. — 1° **Jacinthe**. Fleur choisie à cause de son odeur et de son aspect agréable. — 2° **Pomme de terre** à cause des services incomparables qu'elle rend aux pauvres.

BIENVENUE A L'ÉTRANGER. — **Aster d'Amérique**.

BIÈRE. — Voir *Prudence*.

BIJOUX. — Voir *Afrique*.

BISAIGUE. Outil du charpentier. — Voir *Joseph (saint)*.

BISON. Animal sauvage d'Amérique. — Voir *Folie*.

BLANC. Couleur qui, au moyen âge, indiquait le deuil.

Le Christ et les apôtres sont vêtus de blanc.

Voir : 1° *Baptême* — 2° *Chasteté* — 3° *Chérubins* — 4° *Christ* — 5°

Confesseurs — 6° *Dominations* — 7° *Eucharistie* — 8° *Foi* — 9° *Gloire* — 10° *Innocence* — 11° *Joie* — 12° *Martyre* — 13° *Saintes femmes* — 14° *Trinité* — 15° *Vierge* — 16° *Vierges*.

BLAISE (Saint). Évêque. — 1° **Cierge**. — 2° **Église**. — 3° **Enfant** qui s'étranglait avec une arête de poisson et qu'il guérit. — 4° **Oliphant**. Vient de son nom qui dans les langues germaniques signifie souffler de la Trompe. — 5° **Peigne de fer**. Parmi les supplices qu'il endura, celui des ongles de fer l'a fait prendre comme patron par les cardeurs.

BLÉ. Graminée. — Attribut de **Cérès**. Celle-ci a pour attributs la couronne d'épis et les gerbes, car elle fait mûrir les moissons. Elle personnifie la terre, et sa fille Proserpine, la végétation. Proserpine enlevée par Pluton était forcée par celui-ci de rester les six mois de l'hiver sous terre et ne pouvait venir sur terre que pendant les six mois d'été. On explique ainsi cette fable : le blé semé au début de l'hiver ne germe qu'aux premiers jours du printemps. — Voir : 1° *Abondance* — 2° *Arrangement* — 3° *Paix* — 4° *Richesse*.

BLEU. Couleur. — Voir : 1° *Air* — 2° *Chérubins* — 3° *Eau* — 4° *Espérance* — 5° *Eucharistie* — 6° *Trinité* — 7° *Vertus* — 8° *Vierges*. C'est aussi la couleur céleste. — Voir *ciel*.

BLEUET. Plante à fleur bleue poussant le plus souvent dans les moissons. — Voir : 1° *Délicatesse* — 2° *François d'Assise (saint)*.

BOA. Genre de gros serpent. — Voir *Afrique*.

BŒUF. Ruminant domestique. — Voir : 1° *Ambroise (saint)* — 2° *Apôtres* — 3° *Charité* — 4° *Chasteté* — 5° *Christ* — 6° *Docteurs* — 7° *Eustache (saint)* — 8° *Joie* — 9° *Jupiter* — 10° *Lâcheté* — 11° *Luc (saint)* — 12° *Lucie (sainte)* — 13° *Mansuétude* — 14° *Mort* — 15° *Pasteurs* — 16° *Patience* — 17° *Peuple Juif* — 18° *Saturne* — 19° *Terre* — 20° *Thomas d'Aquin (saint)* — 21° *Travail*.

BOIS GENTIL ou *Lauréole*. Petit arbrisseau aux belles fleurs roses à odeur suave. — Voir : 1° *Coquetterie* — 2° *Désir de plaire*.

BOITE A ONGUENTS. — Voir *Luc (saint)*.

BON CARACTÈRE. — **Bouillon blanc** ou *bonhomme*. Plante qui croît dans tous les terrains, même peu propices.

BON HENRI ou *épinard sauvage*. On mange en certaines régions cette plante en guise d'épinards. — Voir *Bonté*.

BONHEUR.

VÉGÉTAUX. — 1° **Armoise** ou *absinthe*. A la Saint-Jean on couronnait d'armoise les enfants afin de les préserver du malheur et de la souffrance. D'où son nom vulgaire d'herbe de la Saint-Jean. — 2° **Jasmin jaune**, fleur d'une grande suavité. — 3° **Violette blanche**.

DIVERS. — **Agate**.

BONHEUR D'UN INS-

TANT. — **Éphéméride de la Virginie.** Les fleurs de cette plante durent fort peu.

BONHOMME ou *bouillon blanc*. Plante à tige dressée, à nombreuses fleurs jaunes poussant dans les lieux incultes. — Voir *bon caractère*.

BONIFACE (Saint). Évêque.

VÉGÉTAUX. — 1° **Arbre** — 2° **Grappe de raisin.**

DIVERS. — 1° **Épée.** — 2° **Fontaine.** — 3° **Livre** que traverse une épée.

BONNE ÉDUCATION. — **Cerisier.** Le merisier ou cerisier sauvage a besoin d'une bonne culture ou bonne éducation pour produire les fruits que nous mangeons.

BONNES NOUVELLES. — **Iris.** Dans la mythologie, une nymphe portant le nom decette fleur, Iris, messagère des dieux, fut, en récompense de ses bons services, changée en arc-en-ciel qui annonce le beau-temps.

BONNES ŒUVRES. — 1° **Fruits** qu'elles portent. — 2° **Topaze**, pierre précieuse jaune.

BONNET JUIF. — Voir : 1° *Joseph (saint)*. — 2° *Prophètes*.

BONNET DE PRÊTRE ou *fusain*. Plante à feuillage toujours vert. On se sert en dessin de son bois calciné. — Voir : *Vos charmes sont tracés dans mon cœur*.

BONS SOUHAITS. — **Basilic.**

BONTÉ.

VÉGÉTAUX. — 1° **Bon henri** ou *épinard sauvage*. Les feuilles de cette plante écrasées et appliquées sur les plaies nouvelles les cicatrisent promptement. — 2° **Mercuriale.** Peut être employée en médecine comme purgatif. — 3° **Rue.** Servant en médecine et dans l'industrie, cette plante est encore employée comme ornementale.

ANIMAUX. — **Pélican.** La légende veut que cet animal se déchire les flancs pour nourrir de son propre sang ses petits affamés.

BONTÉ PARFAITE. — **Fraisier.** L'excellence de ses fruits a fait désigner cette plante pour symboliser la bonté parfaite.

BON TON. — **Nielle des blés.** Fleur violacée de couleur très discrète qui pousse dans les blés.

BORÉE. — En mythologie personnifie le vent du nord. Il est représenté avec : 1° **Ailes retroussées** par la violence du vent. — 2° **Barbu.**

BORGNE. — **Odin.** Ce dieu avait, en effet, perdu l'usage d'un de ses yeux.

BOUC. Animal domestique. — Voir : 1° *Avarice* — 2° *Daniel* — 3° *Faunes* — 4° *Luxure* — 5° *Mercure* — 6° *Réprouvés* — 7° *Synagogue*.

BOUCLIER. Arme défensive. — Voir : 1° *Age d'airain* — 2° *Age de fer* — 3° *Anges* — 4° *Archanges* — 5° *Église* — 6° *Force* — 7° *Jus-*

tice — 8° *Michel (saint)* — 9° *Prudence* — 10° *Vertu.*

BOUILLON BLANC ou *bonhomme.* Plante qui pousse dans les terrains incultes. — Voir *Bon caractère.*

BOULE ou sphère. — Voir : 1° *Fortune* — 2° *Inconstance.*

BOULEAU. Arbre de nos bois au feuillage léger. — Voir *Douceur.*

BOULE AZURÉE ou *Echinops.* Plante dont la fleur forme une boule bleuâtre hérissée. — Voir *Qui me touche se blesse.*

BOULE DE NEIGE. Plante dont les fleurs blanches se forment en boules. — Voir : 1° *Engagé* — 2° *Ennui* — 3° *Fatigue.*

BOUQUET. — Voir : 1° *Galanterie* — 2° *Odorat.*

BOUQUETIN. Animal du genre des antilopes et analogue à la chèvre, vivant dans les montagnes. — Voir *Colère.*

BOURDON. Bâton recourbé dont se servent les pèlerins. — Voir : 1° *Alexis (saint)* — 2° *Concorde* — 3° *François Xavier (saint)* — 4° *Jacques le Majeur (saint)* — 5° *Pèlerinage* — 6° *Roch (saint)* — 7° *Thérèse (sainte).*

BOURGEONS. — Voir *Espérance.*

BOURRACHE. Plante officinale commune dans la campagne. — Voir *Brusquerie.*

BOURSE. — Voir : 1° *Adélaïde (sainte)* — 2° *Aumône* — 3° *Avarice* — 4° *Charité* — 5° *Élisabeth de Hongrie (sainte)* — 6° *Envie* — 7° *Jeanne de Chusa (sainte)* — 8° *Judas* — 9° *Laurent (saint)* — 10° *Mathieu (saint)* — 11° *Mercure* — 12° *Nicolas (saint)* — 13° *Usure.*

BOUTON D'OR ou *renoncule âcre.* — Belle fleur jaune commune dans les prés mais qui est fort vénéneuse. — Voir : 1° *Célibat* — 2° *Danger des richesses.*

BOUTON DE ROSE BLANCHE. — Voir : 1° *Cœur ignorant l'amour* — 2° *Jeune fille.*

BOUTON DE ROSE MOUSSEUSE. — Voir *Aveu d'amour.*

BRANCHE D'ÉPINE. — Voir *Sévérité.*

BRANCHE VERTE. — Voir *Vertu.*

BRANC URSINE ou *acanthe sans épines.* De même que l'acanthe épineuse, elle symbolise les arts — Voir : 1° *Art* — 2° *Artifice* — 3° *Beaux-Arts.*

BRANDON. — Voir : 1° *Discorde* — 2° *Envie.*

BRAS. — Voir *Adrien (saint).*

BRAVOURE. — 1° **Feuilles de chêne** dont on couronnait les vainqueurs. — 2° **Saule français.**

BREBIS. Animal domestique. — Voir : 1° *Amos* — 2° *Charité* — 3° *Christ* — 4° *Élus* — 5° *Ève* — 6° *Fidèles* — 7° *Innocence* — 8° *Martyrs* — 9° *Nuit.*

BRIDE. — Voir *Tempérance.*

BRIZE ou *amourette.* Petite graminée dont les épillets sont agités au moindre souffle du vent. — Voir : 1° *Agitation* — 2° *Frivolité.*

BRODEQUINS. — Voir *Thalie.*

BRUNO (Saint). Fondateur de la Chartreuse. — 1° **Catafalque.** — 2° **Croix** qu'il a à ses pieds pour indiquer qu'il refusa la dignité archiépiscopale. — 3° **Crosse.** — 4° **Crucifix** dont les branches se terminent par des touffes de feuilles et de fruits d'oliviers. Allusion à l'olivier qui trouve à se nourrir et à prospérer dans les terrains les plus stériles. Comme lui, saint Bruno fonda son couvent dans des solitudes désolées. — 5° **Doigt sur les lèvres** pour commander le silence. — 6° **Étoiles.** Quelquefois six étoiles sont autour de la tête du saint et une septième sur sa poitrine. — 7° **Femme** richement parée à laquelle il tourne le dos pour indiquer sa fuite du monde et l'exclusion de toute femme dans son monastère. — 8° **Fontaine.** — 9° **Livre** de la règle de son ordre. — 10° **Mitre** placée à ses pieds et rappelant l'archevêché qu'il refusa. — 11° **Palme.** — 12° **Rameau d'olivier** formant crucifix. Même signification que plus haut pour celui-ci. — 13° **Tête de mort.**

BRUSQUERIE. — **Bourrache.** Plante à feuilles velues et piquantes, contournées mais salutaires. La brusquerie n'exclut pas la bonté.

BRUYÈRE. Petit arbrisseau bien connu, commun dans les bois, les landes et les terrains sablonneux. — Voir *Solitude.*

BUCHER. — Voir : 1° *Agnès (sainte)* — 2° *Barnabé (saint)* — 3° *Colombe (sainte)* — 4° *François d'Assise (saint)* — 5° *Lucie (sainte).*

BUGLOSSE. Fleur borraginée à fleurs bleues qui peut être confondue avec la bourrache. — Voir *Mensonge.*

BUGRANE ou *arrête-bœuf.* Plante dont la racine tient très fortement au sol et peut être un obstacle à la charrue. — Voir *Obstacle.*

BUIS. Plante toujours verte. — Voir : 1° *Cybèle* — 2° *Stoïcisme.*

BUISSON. — Voir *Moïse.*

BUTOME *en ombelle* ou *jonc fleuri.* Jolie fleur rose poussant dans les endroits humides. — Voir *Vous m'attirez.*

BURIN. Outil dont se servent les graveurs. — Voir *Gravure.*

CABANE. — Voir : 1° *Adversité* — 2° *Age d'argent* — 3° *François Xavier (saint)* — 4° *Jérôme (saint)*.

CACTUS. Plante des pays tropicaux. — Voir *Chaleur*.

CADAVRES. — Voir *Béatrice (sainte)*.

CADRAN SOLAIRE. — Voir : 1° *Isaïe* — 2° *Juin* — 3° *Temps*.

CADUCÉE. Baguette entourée de deux serpents. — Voir 1° *Éloquence* — 2° *Iris* — 3° *Mercure* — 4° *Paix* — 5° *Prospérité*.

CAGE. — Voir *Espérance*.

CAILLE. Oiseau de nos contrées. — Voir *Hercule*.

CAILLOU. Petite pierre. — Voir *Jérôme (saint)*.

CALADRE. Oiseau fabuleux dont le regard avait la propriété de guérir les malades. — Voir *Amour*.

CALCÉDOINE. Pierre précieuse, sorte d'agate d'un blanc laiteux, de nuance trouble. — Voir : 1° *Humilité* — 2° *Miséricorde*.

CALICE. Vase précieux contenant le vin du sacrifice de la messe. — Voir : 1° *Barbe (sainte)* — 2° *Église* — 3° *Eucharistie* — 4° *Jacques de la Marche (saint)* — 5° *Marcel (saint)* — 6° *Melchisédec* — 7° *Pénitence* — 8° *Prêtres* — 9° *Saint* — 10° *Synagogue*.

CALLIOPE. Mythologie; une des neuf muses, spécialement celle de la poésie épique et de l'éloquence. — 1° **Couronne de laurier**. — 2° **Couronne d'or** récompense des poètes. — 3° **Style à écrire**. — 4° **Tablettes**. — 5° **Trompettes** de la renommée car elle célèbre les actions d'éclat.

CALME. — 1° **Camomille**. Les propriétés calmantes de cette fleur sont bien connues. — 2° **Ménianthe**. Fleur du bord de l'eau qui ne fleurit que les jours calmes.

CALOMNIE.

VÉGÉTAUX. — 1° **Garance**. Plante qui a la propriété de

teindre en rouge. Lorsque les animaux broutent cette plante, leurs dents paraissent souillées de sang. De même la calomnie profite d'apparences trompeuses pour accuser faussement. — 2° **Hellébore.**

DIVERS. — 1° **Glaive** car elle blesse. — 2° **Torche,** car elle porte l'incendie partout.

CAMARA PIQUANT. — **Rigueurs.**

CAMÉLÉON. Sorte de lézard des pays chauds dont la peau a la propriété de changer de couleur. — Voir : 1° *Changement* — 2° *Sobriété.*

CAMÉLIA BLANC. Arbuste du Japon cultivé dans nos jardins et portant de belles fleurs. — Voir *Beauté accomplie.*

CAMÉLIA ROUGE. — Voir : 1° *Supériorité sans prétention* — 2° *Talent modeste et vénéré.*

CAMOMILLE. Plante aromatique très employée comme fébrifuge et stimulant. — Voir : 1° *Calme* — 2° *Énergie dans l'adversité.*

CAMPANULE ou *Miroir de Vénus.* Appelée encore *Gant de Notre-Dame* ou *Gantelée.* Cette fleur pousse le long des chemins. — Voir : 1° *Attraits* — 2° *Beauté* — 3° *Beauté négligée* — 4° *Charme* — 5° *Flatterie* — 6° *Grâce* — 7° *Surveillance.*

CAMPANULE DE CANTORBÉRY. — Voir *Aveu.*

CANARD. Animal domestique. Voir : 1° *Eau* — 2° *Musique.*

CANCER. Constellation du zodiaque que l'on nomme aussi l'écrevisse. — Voir *Zodiaque.*

CANDEUR.

VÉGÉTAUX. — 1° **Giroflée blanche.** — 2° **Laurier blanc.** — 3° **Violette blanche.** La candeur précède la modestie. La violette est encore le symbole de l'innocence.

ANIMAUX. — **Colombe.**

CANNEBERGE. Arbrisseau des marécages, dont les fruits servent à faire une boisson acidulée et rafraichissante. — Voir *remède pour les peines de cœur.*

CANON. — Voir *Barbe (sainte).*

CAPACITÉ. — 1° **Gourde** dont on se sert pour contenir les boissons.

CAPILLAIRE ou *Doradille.* Sorte de fougère croissant sur les rochers ombragés, et aux feuilles d'une extrême délicatesse. — Voir : 1° *Discrétion* — 2° *Finesse* — 3° *Pluton.*

CAPRICE. — **Œillet.** D'après Ovide, Diane de mauvaise humeur rencontra un jeune berger et lui arracha les yeux. Ensuite, ne sachant qu'en faire, la déesse les jeta. Ils germèrent et donnèrent naissance aux œillets.

CAPRICORNE. Signe du zodiaque représenté par un **Bouc** et correspondant à décembre. — Voir : 1° *Décembre* — 2° *Zodiaque.*

CAPUCHON. Vêtement qui couvre la tête. — Voir *Hiver.*

CAPUCINE. Plante de nos jardins bien connue, à fleurs jaunes, orangées ou rouges. — Voir : 1° *Feu d'amour* — 2° *Patriotisme*.

CAQUET. Aloès bec de perroquet. La feuille de cette plante imite le bec de perroquet, oiseau dont le bavardage est caractéristique. L'amertume du suc de l'aloès montre ainsi qu'il est rare que le caquet n'amène la médisance.

CARACTÈRE CHANGEANT. — Aster de la Chine.

CARACTÈRE HAUTAIN. — Pieds d'alouette pourpre.

CARACTÈRE IMPATIENT. — Balsamine violette. — Au moment de la maturité, la capsule renfermant les graines éclate et projette celles-ci au loin.

CARDÈRE ou *chardon à foulon*. Sorte de chardon poussant dans les lieux incultes. — Voir *Misanthropie*.

CARDIAQUE. Plante. — Voir *Amour caché*.

CARDINAL. Prélat de l'église chrétienne. — 1° **Barrette rouge**. — 2° **Chapeau rouge**.

CARDINALE. Plante d'Amérique cultivée dans les jardins à cause de la beauté de ses fleurs. — Voir *Distinction*.

CARESSES. — Volubilis. Plante qui s'enroule et semble caresser tout ce qu'elle rencontre.

CARQUOIS. Sorte d'étui qui renferme l'arc et les flèches. — Voir : 1° *Amour* — 2° *Cupidon* — 3° *Diane*.

CASQUE. — Voir : 1° *Age d'airain* — 2° *Age de fer* — 3° *Charité* — 4° *Église* — 5° *Force* — 6° *Justice* — 7° *Minerve* — 8° *Prudence* — 9° *Raison* — 10° *Rapine* — 11° *Vertu*.

CASSETTE. — Voir : 1° *Charité* — 2° *Luxure* — 3° *Médecine*.

CASSOLETTE. — Voir *Avril*.

CASTOR. Animal vivant en colonies dans l'Amérique du Nord. — Voir *Paix*.

CATAFALQUE. — Voir *Bruno (saint)*.

CATHERINE D'ALEXANDRIE (Sainte). — Vierge et martyre. — 1° **Anges** par lesquels elle fut portée dans son tombeau. — 2° **Anneau** que l'enfant Jésus lui mit au doigt. — 3° **Chapelet**. — 4° **Colombe** qui lui apparut pour l'encourager. — 5° **Couronne** car elle méprisa les grandeurs du monde. — 6° **Épée** avec laquelle on lui trancha la tête après que la roue de son supplice fut brisée par la puissance divine. — 7° **Ermite**. — 8° **Foudre** qui brisa la machine préparée pour son supplice. — 9° **Livre**. — 10° **Roue** de son supplice. — 11° **Tombeau** où elle fut portée par les anges.

CÉCILE (sainte). — 1° **Ange**. Lorsque sainte Cécile épousa Saint Valérien, celui-ci était encore païen. La jeune femme annonça à son mari dès le soir de ses noces qu'elle avait un ange pour gardien, lequel ne souffrirait pas qu'on la touchât. Valérien demanda à le voir, et sur la réponse de sa femme qu'il le verrait s'il se faisait baptiser, il embrassa la religion catholique. Lorsqu'il rentra chez lui après sa conversion, il vit en effet l'ange qui gardait sainte Cécile. — 2° **Bain**. — 3° **Cou** entaillé par les coups d'épée du bourreau. — 4° **Épée** qui servit à la frapper. — 5° **Harpe**, car elle est patronne des musiciens. — 6° **Mains**. — 7° **Orgue** qu'on lui fait tenir ordinairement.

CÈDRE. Grand arbre vert vivant très vieux. — Voir : 1° *Académie* — 2° *Force* — 3° *Immortalité* — 4° *Incorruptible* — 5° *Je vis pour toi* — 6° *Vierge*.

CEINTURE. — Voir : 1° *Augustin (saint)* — 2° *Dominations* — 3° *Marguerite (sainte)* — 4° *Prudence* — 5° *Thomas (saint)* — 6° *Thor* — 7° *Vénus* — 8° *Vertus* — 9° *Vierge*.

CÉLIBAT. — **Bouton d'or**.

CENDRÉ. Couleur grise, couleur de cendre. — Voir : 1° *Mort* — 2° *Pénitence*.

CENTAURES. En mythologie, nom donné à des êtres composés d'un buste humain surmontant un corps de cheval. — Voir : 1° *Cheval* — 2° *François d'Assise (saint)*.

CERBÈRE. En mythologie, chien monstrueux à trois têtes, le cou hérissé de serpents, gardien de la porte des enfers.

CERCLE. — Voir : 1° *Éternité*. — 2° *Immortalité* — 3° *Trinité*.

CÉRÈS ou *Deméter*. En mythologie, divinité de la terre féconde.

VÉGÉTAUX. 1° **Blé** qui représente la fécondité terrestre par excellence. — 2° **Couronne d'épis**. — 3° **Pavot**. Lorsque sa fille lui fut ravie par Pluton, elle parcourait éplorée la terre et ne put calmer ses tourments que par les vertus du pavot.

ANIMAUX. — 1° **Serpent**. Cet animal qui ne peut que ramper reste attaché à la terre. Il traine souvent le char de Cérès. — 2° **Truie**. On voit cet animal sur une monnaie d'Eleusis, ville de Cérès, parce que cet animal dévastant les moissons était offert en holocauste à la déesse.

DIVERS. — 1° **Août**, mois consacré à la déesse à cause des moissons. — 2° **Char**. — 3° **Faucille** qui sert à faucher les moissons. — 4° **Torche**. Pour rechercher sa fille la nuit, la déesse alluma une torche au mont Etna.

CERF. Animal de nos forêts. — Voir : 1° *Activité* — 2° *Christ* — 3° *Crainte* — 4° *Dévotion* — 5° *Eustache (saint)* — 6° *Hercule* — 7° *Hubert (saint)* — 8° *Julien l'hospitalier (saint)* — 9° *Longévité* — 10° *Luxure* — 11° *Peur* — 12° *Prière* — 13° *Timidité*.

CERFEUIL CULTIVÉ. Herbe potagère. — Voir *Sincérité*.

CERISIER. Arbre fruitier. — Voir : 1° *Bonne éducation* — 2° *Déception*.

CERVEAU. — Voir *Lune*.

C'EST VOUS SEUL QUE J'AIME. — **Hélianthe** ou *Soleil*. — La nymphe Clytie aimait Apollon; celui-ci la délaissa bientôt pour Leucothoé. De douleur, Clytie se laissa mourir de faim et, touché, le dieu du jour la changea en hélianthe, plante dont la face des fleurs suit toujours le soleil dans sa course.

CHAGRIN. — 1° **Aloès.** L'amertume du suc de cette plante en indique le symbolisme. — 2° **Cyprès**, emblème du deuil. — 3° **If**, arbre dont on plante ordinairement les cimetières. — 4° **Jacinthe des prés.** — 5° **Souci.** A la mort d'Adonis, Vénus mêla ses pleurs au sang de celui-ci. Du sang naquit l'anémone et des pleurs, le souci.

CHAINES. — Voir : 1° *Claude (saint)* — 2° *Démon* — 3° *Germain (saint)* — 4° *Jean (saint)* — 5° *Liberté* — 6° *Pénitence* — 7° *Pierre* (saint) — 8° *Tyrannie*.

CHALEUR. — **Cactus**, plante qui vit sous les tropiques.

CHALEUR DE SENTIMENT. — **Menthe poivrée.** Minthes surprise par Proserpine entre les bras de Pluton fut changée par la déesse en une fleur qui semble renfermer dans sa double saveur le froid de la crainte et l'ardeur de l'amour.

CHAMEAU. — Voir : 1° *Asie* — 2° *Jean-Baptiste (saint)* — 3° *Obéissance* — 4° *Patience* — 5° *Sobriété*.

CHAMPIGNON. Plantes qui sous des apparences identiques peuvent être comestibles ou vénéneuses. — Voir *Soupçon*.

CHANDELIER. — Voir : 1° *Dévotion* — 2° *Foi* — 3° *Séraphins*.

CHANGEMENT. — 1° **Caméléon**, animal qui a la propriété de changer de couleur. — 2° **Pimprenelle.**

CHANVRE. — Plante textile. Voir : 1° *Destinée* — 2° *Folie*.

CHAPE. Sorte de manteau. — Voir *Empereur*.

CHAPEAU. — Voir : 1° *Archevêque* — 2° *Cardinal* — 3° *Été* — 4° *Évêque* — 5° *Odin* — 6° *Pauvreté* — 7° *Saisons*.

CHAPELET. Collier de grains inégaux que l'on tient dans les mains en récitant des prières. — Voir : 1° *Agnès (sainte)* — 2° *Alphonse de Liguori (saint)* — 3° *Antoine (saint)* — 4° *Catherine d'Alexandrie (sainte)* — 5° *François d'Assise (saint)* — 6° *Joseph (saint)* — 7° *Prière*.

CHAPELLE. — Voir *Louis (saint)*.

CHAR. — Voir *Élie*.

Les chars peuvent être traînés par différents animaux, ainsi : par des **dragons** pour **Cérès**; par des **chevaux noirs** pour **Pluton**; par des **paons** pour **Junon**; par des **biches** pour **Diane**; par des **lions** pour **Cybèle**; par des **pigeons** pour **Vénus**; par des **chats** pour **Freya**.

CHAR DE VÉNUS ou *Aconit*. — Voir *Fuyez avec moi*.

CHARBONS ARDENTS. — Voir *Isaïe.*

CHARDON. Plante qui pousse dans les terrains incultes et est hérissée de piquants. — Voir : 1° *Austérité* — 2° *Vengeance.*

CHARDON A FOULON ou *Cardère.* Sorte de chardon qui pousse dans les terrains incultes. — Voir *Misanthropie.*

CHARIOT. — Voir *Thor.*

CHARITÉ. On la figure assise, ailée, car elle aspire au ciel; **auréolée de feu** pour symboliser son ardeur, et **chaussée** pour qu'elle puisse marcher par les chemins les plus difficiles. Elle est **couronnée**, car elle est la reine des vertus et porte son cœur dans la main; sa **poitrine** est découverte laissant ses mamelles offertes.

VÉGÉTAUX. — 1° **Fruits.** — 2° **Myosotis** rappelant son amour du prochain. — 3° **Navet.** — 4° **Palmier.** A cause des services que rend cet arbre au désert. — 5° **Raisins sauvages.**

ANIMAUX. — 1° **Bœuf** qui nous nourrit de sa chair. — 2° **Brebis** qui fournit la laine de nos vêtements. — 3° **Cheval.** — 4° **Cigogne,** oiseau qui a la réputation de soigner ses vieux parents. — 5° **Pélican** qui s'arrache les flancs pour nourrir sa progéniture. — 6° **Poule** qui se dévoue pour défendre ses petits.

DIVERS. — 1° **Bourse** où elle puise pour soulager son prochain. — 2° **Casque** qui la préserve. — 3° **Cassette** qui renferme ses aumônes. — 4° **Cierge** qui se consume. — 5° **Cœur** qui la soutient. — 6° **Coffre** où elle puise. — 7° **Corne d'abondance** car ses ressources sont inépuisables. — 8° **Couronne** de la récompense céleste. — 9° **Écuelle** où elle fait manger les pauvres. — 10° **Escarboucle,** pierre qui lui est dédiée. — 11° **Flamme de l'amour** qui la consume et réchauffe son prochain. — 12° **Lampe** qui l'éclaire. — 13° **Maison** où elle abrite les malheureux. — 14° **Or monnayé** qu'elle distribue. — 15° **Pains** qu'elle donne. — 16° **Rouge,** couleur qui lui est dédiée. — 17° **Sardoine,** pierre qui lui est consacrée. — 18° **Soleil** symbolisant le feu et l'amour. — 19° **Vase.**

CHARLEMAGNE Empereur. — 1° **Costume impérial.** — 2° **Église** qu'il protège. — 3° **Étendard.**

CHARME. Arbre de nos forêts. On le plante aussi en haies pour former des charmilles. — Voir *Ornement.*

CHARMES. — 1° **Campanule.** Cette fleur a ici le même symbolisme que celui indiqué au mot *attraits.* — 2° **Mélisse.**

CHARME DE LA MUSIQUE. — **Avoine.**

CHARME MAGIQUE. — 1° **Circée** ou *herbe des magiciennes.* Cette plante est ainsi nommée parce qu'elle s'attache fortement aux habits au point d'arrêter les hommes, de même que la Circée de la fable les attirait par ses enchantements. — 2° **Coudrier des sorciers.** Ceux-ci pour leurs évocations se servent de baguettes de cet arbre, que l'on nomme alors baguettes divinatoires ou verges d'Aaron.

Le coudrier est parfois remplacé par une branche de saule ou d'aulne.

CHARMES TROMPEURS. — 1° **Datura.** Très belle fleur dont le parfum attirant énerve et asphyxie. La pythie de Delphes faisait entrer la datura dans la composition du breuvage qu'elle absorbait pour se procurer les extases durant lesquelles elle prophétisait. — 2° **Pomme épineuse** ou *Datura stramonium*.

CHARRUE. Instrument aratoire. — Voir : 1° *Age d'argent* — 2° *Agriculture* — 3° *Isidore (saint)*.

CHASSE. — 1° **Chien,** auxiliaire indispensable du chasseur. — 2° **Faucon** qui rappelle la chasse au vol du moyen âge. — 3° **Lièvre,** un des gibiers les plus communs et les plus recherchés à la fois.

CHASSES. Sortes de coffrets ornées le plus souvent d'orfèvrerie et contenant les reliques d'un saint. — Voir *Éloi (saint)*.

CHASTETÉ.

VÉGÉTAUX. — 1° **Couronne de lis et de roses.** — 2° **Lis** dont la blancheur symbolise la virginité et la chasteté. — 3° **Oranger** dont les fleurs ornent les jeunes filles le jour des noces.

ANIMAUX. — 1° **Agneau.** — 2° **Bœuf.** — 3° **Éléphant.** — 4° **Licorne,** animal fantastique du moyen âge, qui selon la légende ne se laissait approcher que par les vierges. — 5° **Mule blanche.** — 6° **Panthère.** — 7° **Phénix.** — 8° **Salamandre** qui vit au milieu des flammes ainsi que le veut la légende. — 9° **Tourterelle.**

DIVERS. — 1° **Améthyste,** pierre précieuse violette. — 2° **Argent.** — 3° **Blanc** couleur de la pureté. — 4° **Colonne** qui la soutient dans sa faiblesse. — 5° **Fouets** dont elle se sert contre Cupidon. — 6° **Glaive.** — 7° **Livre** sur lequel elle médite. — 8° **Pierre.** — 9° **Van** qui purifie le bon grain.

CHASUBLE. Vêtement qui couvre le prêtre disant la messe. — Voir : 1° *Mathieu (saint)* — 2° *Pierre (saint)* — 3° *Prêtres* — 4° *Saint*.

CHAT. Animal domestique. — Voir : 1° *Avarice* — 2° *Colère* — 3° *Freya* — 4° *Paresse*.

CHATAIGNIER. Arbre de nos forêts produisant un fruit comestible très recherché par les populations pauvres de certaines contrées. — Voir : 1° *Prévoyance* — 2° *Rendez-moi justice* — 3° *Volupté*.

CHAUDIÈRE. — Voir *Jean (saint)*.

CHAUVE. Être privé de ses cheveux. — Voir *Occasion*.

CHAUVE-SOURIS. Animal bien connu qui ne sort que la nuit. — Voir : 1° *Démon* — 2° *Envie* — 3° *Frayeur* — 4° *Mort* — 5° *Pallas*.

CHÉLIDOINE ou *éclaire*. Plante rustique à fleurs jaunes. — Voir *Joie à venir*.

CHÉLONÉ. C'était le nom d'une nymphe qui fut changée en tortue pour ne pas avoir assisté aux noces de Jupiter. L'animal fut condamné au silence éternel pour punir les railleries dont la nymphe s'était rendue coupable. — Voir : 1° *Silence* — 2° *Tortue*.

CHÊNE. Le plus bel arbre de nos forêts. Dans l'antiquité, consacré à **Jupiter**.

Lorsque les agriculteurs voulaient savoir s'ils auraient de la sécheresse ou de la pluie, ils se rendaient à Dodone près des chênes prophétiques dont le bruissement des feuilles annonçait l'avenir. C'est pourquoi Jupiter Dodonéen ou prophétique a pour caractéristique une couronne de chêne.

Voir : 1° *Abraham* — 2° *Antoine de Padoue (saint)* — 3° *Bravoure* — 4° *Dialectique* — 5° *Force* — 6° *Hécate* — 7° *Hospitalité* — 8° *Indépendance* — 9° *Intrépidité* — 10° *Liberté* — 11° *Louis (saint)* — 12° *Résistance*.

CHENILLE. Insecte qui se transforme ensuite en papillon. — Voir *Corps humain*.

CHÉRUBINS. Anges formant le deuxième chœur de la cohorte céleste. — 1° **Ailes** au nombre de six, sans que le corps soit apparent. — 2° **Blanc**, couleur dédiée aux anges en général. — 3° **Bleu**, qui est la couleur des chérubins. — 4° **Topaze**, pierre précieuse qui leur est dédiée.

CHEVAL. Animal domestique, qui dans l'antiquité a servi à de nombreux symboles.

C'était l'animal de **Neptune**, qui le créa en même temps que Minerve créa l'olivier. Les chevaux qui traînent le char du dieu des mers étaient moitié chevaux et moitié poissons. Leur corps est bleu et quelquefois ils ont des serres d'écrevisses pour défenses.

Pégase était le cheval ailé sur lequel Bellérophon monta pour combattre la Chimère. Il est donné comme emblème aux poètes car il a bu à la source d'Hippocrène.

Les **Centaures** étaient des monstres demi-hommes, demi-chevaux qui traînaient le char de Bacchus. Ils étaient consacrés à ce dieu à cause de leur penchant pour l'ivresse.

Jupiter, lorsqu'il combattit les titans, avait de magnifiques chevaux attelés à son char.

Lorsque le **Soleil** quitte l'Orient pour venir éclairer la terre, les Heures attellent au char du dieu des chevaux ailés qui vomissent des flammes. Les Heures, les jours les Mois, les Ans, les Siècles forment son cortège.

Voir : 1° *Ambroise (saint)* — 2° *Anges* — 3° *Charité* — 4° *Christ* — 5° *Désespoir* — 6° *Éloi (saint)* — 7° *Europe* — 8° *Folie* — 9° *Georges (saint)* — 10° *Jacques Majeur (saint)* — 11° *Marc (saint)* — 12° *Martin (saint)* — 13° *Neptune* — 14° *Orgueil* — 15° *Poésie* — 16° *Rapidité* — 17° *Victor (saint)* — 18° *Vie*.

CHEVAL DE BOIS. — Voir *Folie*.

CHEVALERIE. — Aconit

napel dont la fleur rappelle le casque. Cette plante vénéneuse naquit de l'écume de Cerbère lorsque Hercule l'arracha des Enfers.

CHEVALET. — Voir *Peinture*.

CHEVAUX. — Voir : 1° *Char* — 2° *Marcel (saint)*.

CHEVEUX. — Voir : 1° *Agnès (sainte)* — 2° *Anarchie* — 3° *Aquilon* — 4° *Auster* — 5° *Bellone* — 6° *Juillet* — 7° *Madeleine (sainte)* — 8° *Mollesse* — 9° *Pénitence*.

CHÈVRE. Animal domestique. — Voir 1° *Ardeur* pour les choses célestes — 2° *Luxure* — 3° *Vagabondage*.

CHEVREAU. Petit de la chèvre. — Voir : 1° *Ardeur* — 2° *Christ* — 3° *Printemps*.

CHÈVREFEUILLE. Plante grimpante. — Voir: 1° *Affection dévouée* — 2° *Amour fraternel* — 3° *Beauté rustique* — 4° *Liens d'amour*.

CHICORÉE. Plante à fleurs bleues croissant dans les lieux incultes. — Voir *Frugalité*.

CHIEN. Animal domestique. — Voir : 1° *Août* — 2° *Apostats* — 3° *Attachement* — 4° *Avarice* — 5° *Bernard (saint)* — 6° *Chasse* — 7° *Colère* — 8° *Diane* — 9° *Dominique de Gusman (saint)* — 10° *Envie* — 11° *Férocité* — 12° *Fidélité* — 13° *Foi* — 14° *Gentils* — 15° *Gourmandise* — 16° *Hécate* — 17° *Hérétiques* — 18° *Hubert (saint)* — 19° *Humilité* — 20° *Imprudence* — 21° *Juifs* — 22° *Obéissance* — 23° *Odorat* — 24° *Paresse* — 25° *Rixe* — 26° *Roch (saint)* — 27° *Science*.

CHIENDENT. Plante nuisible qui infeste souvent les cultures, et que l'on parvient très difficilement à détruire à cause de son rhizome rampant. — Voir : 1° *Adresse* — 2° *Persévérance*.

CHIMÈRE. En mythologie, fille de Typhon. Elle était formée de membres empruntés à différents animaux : 1° La tête au **lion**. — 2° le corps à la **chèvre**. — 3° la queue au **dragon**.

CHIRONÉE à fleur rouge ou petite centaurée. — Plante herbacée ornementale. — Voir *Félicité*.

CHOU. Plante potagère. — Voir *Profit*.

CHOUETTE. Oiseau nocturne. — Voir : 1° *Athènes* — 2° *Avarice* — 3° *Ignorance* — 4° *Malice* — 5° *Méditation* — 6° *Minerve* — 7° *Mort* — 8° *Nuit* — 9° *Paresse* — 10° *Sagesse* — 11° *Ténèbres* — 12° *Vigilance*.

CHRÉTIEN. — **Autruche**. Symbole du chrétien vigilant.

CHRISME. Monogramme du Christ. — Voir *Constantin (saint)*.

CHRIST. — Voir *François d'Assise (saint)*.

CHRIST. Les symboles et attributs du Christ sont fort nombreux.

VÉGÉTAUX. — 1° **Amande** rappelant la forme de la gloire qui rayonne autour de lui. — 2° **Arbre**.

— 3° **Épi** symbolisant le pain du sacrifice. — 4° **Lis** de pureté. — 5° **Raisin** double symbole du sacrifice et de la terre promise. — 6° **Rose** rappelant la passion. — 7° **Vigne** symbolisant le vin du sacrifice. — 8° **Violette.**

ANIMAUX. — 1° **Agneau** à cause de sa douceur. — 2° **Aigle** rappelant l'ascension. — 3° **Bélier** qui est le chef du troupeau. — 4° **Bœuf.** — 5° **Brebis.** — 6° **Cerf.** — 7° **Cheval.** — 8° **Chevreau.** — 9° **Colombe.** — 10° **Coq.** — 11° **Dauphin.** — 12° **Griffon.** — 13° **Licorne.** — 14° **Lion.** — 15° **Paon.** — 16° **Pélican.** — 17° **Phénix.** — 18° **Poisson.** — 19° **Serpent.** — 20° **Taureau.** — 21° **Veau.**

DIVERS. — 1° α et ω signifiant le commencement et la fin. — 2° **Blanc**, couleur dédiée au Christ. — 3° **Cierge** symbolisant la double nature du Christ. La cire rappelant l'humanité et la flamme la divinité. — 4° **Couronne** de sa royauté. — 5° **Croix** de sa passion. — 6° **Diamant.** — 7° **Étoile.** — 8° **Feu.** — 9° **Globe crucifère** qu'il porte. — 10° **Nimbe crucifère** qui lui est spécial. — 11° **Œuf d'autruche** symbolisant la résurrection. — 12° **Porte** du ciel. — 13° **Pourpre** autre couleur du Christ. — 14° **Sceptre** royal. — 15° **Soleil**, car il est l'unique lumière.

CHRISTINE (Sainte). Vierge et martyre. — 1° **Couteau** avec lequel on lui coupa les seins et la langue. — 2° **Flèches** qui la transpercèrent lors de son supplice. — 3° **Idoles** d'or et d'argent qu'elle brisa dans la maison de son père pour en faire des aumônes. — 4° **Livre.** — 5° **Meule** qu'on lui attache au cou pour la précipiter dans un lac. — 6° **Serpents** car elle fut exposée aux reptiles venimeux. — 7° **Tenailles** de son martyre. — 8° **Tour enflammée** car elle fut jetée dans un four à chaux.

CHRISTOPHE (Saint). — 1° **Arbre** qu'il tient et qui fleurit. — 2° **Ermite.** — 3° **Flèches** qu'on lui décochait et qui revenaient contre ses bourreaux. — 4° **Jésus** qu'il porte sur ses épaules. — 5° **Meule** que la légende dit lui avoir été attachée au cou lorqu'on le précipita à l'eau. — 6° **Serpents** qu'on employa inutilement à le martyriser. — 7° **Taille de géant** qu'il avait. — 8° **Tête de chien.**

CHRYSANTHÈME JAUNE. Plante de nos jardins. — Voir : 1° *Amour dédaigné* — 2° *Cœur dédaigné dans l'adversité* — 3° *J'aime* — 4° *M'aimez-vous?* — 5° *Vérité.*

CHRYSOCOME. Plante de la famille des composées et dont les fleurs sont couleur d'or. — Voir *Lenteur.*

CHRYSOLITHE. Pierre précieuse de couleur jaune verdâtre. — Voir : 1° *Pénitence* — 2° *Trônes* — 3° *Vigilance.*

CHRYSOPRASE. Variété d'agate colorée en vert et jaune clair. — Voir *Acrimonie.*

CIBOIRE. Vase précieux dans lequel on conserve les hosties consacrées. — Voir *Eucharistie.*

CIEL. — 1° **Bleu** couleur céleste. — 2° **Or**, métal qui lui est consacré. — Voir : 1° *Junon* — 2° *Jupiter*.

CIERGE. Grande chandelle de cire en usage dans les églises. — Voir : 1° *Béatrice (sainte)* — 2° *Blaise (saint)* — 3° *Charité* — 4° *Christ* — 5° *Claude (saint)* — 6° *Trinité*.

CIGALE. Insecte des pays chauds qui produit un son particulier. — Voir : 1° *Apollon* — 2° *Poésie*.

CIGOGNE. Échassier bien connu en Alsace. — Voir : 1° *Charité* — 2° *Fatuité* — 3° *Miséricorde* — 4° *Piété filiale* — 5° *Religion* — 6° *Vigilance*.

CIGUE. Ombellifère très vénéneuse et dont certaine variété ressemble au persil. — Voir : 1° *Engourdissement* — 2° *Trahison* — 3° *Vous serez ma mort*.

CINQ. Nombre judaïque. A ce nombre se rapportent les 5 sens, les 5 vierges sages, les 5 vierges folles et les 5 livres de Moïse.

CIRCÉE ou *arbre de Judas* ou *herbe aux sorcières*. Plante autrefois employée dans les charmes. — Voir : 1° *Charme magique* — 2° *Manque de foi* — 3° *Sortilège* — 4° *Trahison*.

CISEAU. Instrument tranchant. — Voir : 1° *Jean (saint)* — 2° *Sculpteur* — 3° *Vulcain*.

CISEAUX. Instrument tranchant à deux branches. — Voir *Agathe (sainte)*.

CISTE ou *rose des rochers*. Plante qui croît dans la région méditerranéenne. — Voir *Faveur populaire*.

CITERNE. Cavité établie dans le sol pour retenir les eaux. — Voir : 1° *Jérémie* — 2° *Joseph*.

CITRON. Beau fruit jaune très acide, bien connu. — Voir : 1° *Beauté sans bonté* — 2° *Fidélité en amour* — 3° *Saveur*.

CITRONELLE ou *aurone*. Plante à odeur de citron. — Voir : 1° *Douleur* — 2° *Raillerie*.

CITRONNIER. Arbre originaire de Cochinchine et produisant les citrons. — Voir : 1° *Fécondité* — 2° *Piété* — 3° *Victoire*.

CITROUILLE. Plante potagère aux fruits volumineux. — Voir *Grosseur*.

CLAIRE (Sainte). Fondatrice des clarisses. — 1° **Costume franciscain**. — 2° **Croix**. — 3° **Crosse**. — 4° **Lis** de pureté. — 5° **Monstrance** ou *petit ostensoir* de forme pauvre qu'elle porte. — 6° **Pain**.

CLANDESTINE. Plante parasite qui vit sur les racines des arbres. Les tiges sont souterraines et seules apparaissent ses fleurs d'un beau violet. — Voir *Amour caché*.

CLAUDE (Saint). Évêque, patron des tourneurs. — 1° **Chaînes** de prisonniers, qui se brisent par son intercession. — 2° **Cierge**. — 3° **Enfant** noyé qu'il a ressuscité. — 4° **Sifflets** fabriqués en

Franche-Comté à Saint-Claude et ses environs.

CLEFS. — Voir : 1° *Cybèle* — 2° *Dignité* — 3° *Discrétion* — 4° *Église* — 5° *Ferdinand (saint)* — 6° *Fidélité* — 7° *Foi* — 8° *Geneviève (sainte)* — 9° *Germain (saint)* — 10° *Grammaire* — 11° *Hécate* — 12° *Hubert (saint)* — 13° *Papauté* — 14° *Pape* — 15° *Pauvreté* — 16° *Pénitence* — 17° *Pierre (saint)* — 18° *Pluton* — 19° *Puissance.*

CLÉMATITE ou *herbe aux gueux*. Plante commune, aux belles fleurs blanches d'un parfum suave. Son écorce produit des ulcères passagers, dont se servent les mendiants pour exciter la compassion. — Voir : 1° *Artifice* — 2° *Beauté morale* — 3° *Pauvreté* — 4° *Sûreté* — 5° *Tromperie.*

CLÉMATITE DES HAIES ou *berceau de la Vierge*. — Voir *Amour filial.*

CLÉMENCE. — 1° **Couronne de laurier**. — 2° **Foudres** qu'elle éteint. — 3° **Lion** qui rappelle l'histoire d'Androclès. — 4° **Olivier** qui symbolise la paix.

CLEPSYDRE. Ancienne horloge hydraulique. — Voir *Temps.*

CLIO. En mythologie, muse de l'histoire. — 1° **Couronne de laurier**. — 2° **Ecritoire**. — 3° **Globe**, car elle embrasse tous les pays et tous les temps. — 4° **Manuscrits**. — 5° **Trompette**. — Voir *Muses.*

CLOCHETTE. Petite cloche. Voir : 1° *Antoine (saint)* — 2° *Benoît (saint).*

CLOTHO. En mythologie, la plus jeune des trois Parques, celle qui tient la **quenouille**. — Voir *Parques.*

CLOTILDE (Sainte). Reine de France. — 1° **Armée**. Rappel de la conversion de Clovis après la bataille de Tolbiac. — 2° **Eglise** rappelant celles qu'elle fonda. — 3° **Fleurs de lis**. — 4° **Fontaine**. Faisant construire un monastère aux grands Andelys, la reine changea en vin l'eau d'une fontaine afin de stimuler l'ardeur des ouvriers. — 5° **Tombeau**. Devenue veuve elle se retira à Tours, près du tombeau de Saint-Martin.

CLOUS. — Voir : 1° *Hélène (sainte)* — 2° *Louis (saint).*

COBÉA. Plante grimpante de nos jardins fleurissant à l'automne. Voir *Bavardage.*

CŒUR. Voir : 1° *Charité* — 2° *Conscience* — 3° *Mariage* — 4° *Sincérité* — 5° *Thérèse (sainte)* — 6° *Vincent de Paul (saint).*

CŒUR CONTENT DANS L'ADVERSITÉ. — **Chrysanthème jaune de la Chine.**

CŒUR ENFLAMMÉ. — Voir : 1° *Augustin (saint)* — 2° *Piété* — 3° *Prière.*

CŒUR IGNORANT L'AMOUR. — **Bouton de rose blanche.** — La rose étant le symbole de l'amour, le bouton non encore ouvert et de couleur blanche symbolise le cœur ignorant.

COFFRE. — Voir : 1° *Avarice* — 2° *Charité*.

COING. Fruit du coignassier. — Voir *Tentation*.

COLCHIQUE D'AUTOMNE ou *tue-chien*. Belle fleur violette mais vénéneuse qui fleurit à l'automne. — Voir *Mes beaux jours sont passés*.

COLÈRE.

VÉGÉTAUX. — **Ajonc**, plante couverte d'épines acérées.

ANIMAUX. — 1° **Aigle**. — 2° **Bouquetin**. — 3° **Chat**. — 4° **Chien**. — 5° **Coq**. — 6° **Corbeau**. — 7° **Épervier**. — 8° **Lion**. — 9° **Loup**. — 10° **Ours**. — 11° **Sanglier**. — 12° **Taureau**. — 13° **Tigre**. Tous ces animaux sont plus ou moins réputés pour leur irascibilité.

DIVERS. — 1° **Croc**. — 2° **Flèches**. — 3° **Glaive**. — 4° **Hache**. — 5° **Lance**. Armes diverses dont s'arme la colère.

COLÉRIQUE. Personnifiée, la colère est représentée parfois sous la figure d'un homme se passant une épée au travers du corps et ayant un **lion** et des **flammes** à ses pieds.

COLETTE (Sainte). Abbesse franciscaine. — 1° **Ange** qui lui apparut. — 2° **Agneau** qui l'accompagnait à l'église, et s'agenouillait pendant l'élévation. — 3° **Crucifix**. — 4° **Vierge** qui lui apparut.

COLLIER. — Voir : 1° *Freya* — 2° *Madeleine (sainte)* — 3° *Richesses* — 4° *Thérèse (sainte)* — 5° *Thomas d'Aquin (saint)*.

COLLINE. — Voir *David (saint)*.

COLOMBE. Pigeon. — Voir : 1° *Ambroise (saint)* — 2° *Apôtres* — 3° *Bénignité* — 4° *Benoît (saint)* — 5° *Catherine (sainte)* — 6° *Christ* — 7° *Colombe (sainte)* — 8° *Concorde* — 9° *David (saint)* — 10° *Dignité* — 11° *Douceur* — 12° *Élus* — 13° *Espérance* — 14° *Foi* — 15° *Gentils* — 16° *Grégoire le Grand (saint)* — 17° *Innocence* — 18° *Judaïsme* — 19° *Luxure* — 20° *Noé* — 21° *Paix* — 22° *Paul (saint)* — 23° *Pierre (saint)* — 24° *Piété* — 25° *Prophètes* — 26° *Saint-Esprit* — 27° *Simplicité* — 28° *Sincérité* — 29° *Thérèse (sainte)* — 30° *Thomas d'Aquin (saint)* — 31° *Vénus* — 32° *Vierge* — 33° *Virginité*.

COLOMBE (Sainte) de Sens. — 1° **Ange** qui vint éteindre le bûcher qui allait la consumer. — 2° **Bûcher** qui fut éteint par un ange lors de son supplice. — 3° **Colombe**. — 4° **Couronne** que lui apporta un ange pendant son martyre. — 5° **Crucifix**. — 6° **Manteau** royal. — 7° **Ours** qui vint la secourir dans un mauvais lieu où elle fut exposée.

COLONIE. Ensemble d'habitants. — Voir *Abeilles*.

COLONNE. — Voir : 1° *Architecture* — 2° *Chasteté* — 3° *Constance* — 4° *Espérance* — 5° *Foi* — 6° *Force* — 7° *Jugement* — 8° *Moïse* — 9° *Paul (saint)*.

COMBAT. — Voir : 1° *Airain* — 2° *Fer*.

COMPAS. Instrument de dessin. — Voir : 1° *Abraham* — 2° *Architecture* — 3° *Arithmétique* — 4° *Astronomie* — 5° *Concorde* — 6° *Espérance* — 7° *Géométrie* — 8° *Magnificence* — 9° *Piété* — 10° *Prudence* — 11° *Tempérance* — 12° *Temps.*

COMPASSION. — **Piment.**

COMPLAISANCE. — 1° **Roseau** qui se plie à tous les caprices du vent. — 2° **Rose de Bengale** qui fleurit toute l'année.

CONCERT. **Micocoulier.** Arbre dont le bois sert à faire des instrument à vent.

CONCORDE.

VÉGÉTAUX. — 1° **Arbre.** Car toutes les branches aboutissent à un même tronc. — 2° **Grenade** symbolisant l'union. — 3° **Jujubier.** — 4° **Olivier.** Lorsque la colombe sortit de l'arche, Dieu, pour prouver à Noé que son courroux avait pris fin, lui fit rapporter par l'oiseau un rameau d'olivier.

ANIMAUX. — **Colombe.**

DIVERS. — 1° **Bourdon** symbolisant les confréries. — 2° **Compas,** formé de deux branches et d'une seule tête. — 3° **Corne d'abondance** rappelant les bienfaits de la paix. — 4° **Joug** qui unit les deux têtes d'animaux. — 5° **Verges** liées en faisceaux.

CONDESCENDANCE. — Voir *Hyacinthe.*

CONFESSEURS. — **Blanc** qui est la couleur de ceux qui confessaient leur foi.

CONFIANCE. — 1° **Aigremoine** dont les feuilles servent à faire de la tisane. — 2° **Hépatique.** Lorsque cette fleur apparait, les jardiniers disent que l'on peut semer de confiance. — 3° **Iris bleu.** — 4° **Polyanthe lilas.**

CONFIANCE en Dieu. — **Roseau en fleur.** Cette plante si fragile et si grêle semble s'en remettre à Dieu pour protéger sa faiblesse.

CONSCIENCE. — 1° **Cœur** sur la main. — 2° **Saphir,** pierre précieuse qui la symbolise. — 3° **Voile** qui la recouvre car elle est cachée à tous.

CONSEIL. — **Fourmi.** Est-ce une allusion à la fable de La Fontaine?

CONSOLATION. — 1° **Coquelicot** ou *pavot rouge.* Les propriétés somnifères du pavot calment la douleur et endorment le chagrin. — 2° **Digitale pourprée.** Remède contre les maladies de cœur, elle apaise en même temps la mélancolie causée par cette maladie. — 3° **Perce-neige.** Au milieu des neiges cette fleur vient nous consoler du départ des beaux jours.

CONSOLATION dans la pauvreté. — **Épine persistante.** Fleur très rustique.

CONSTANCE.

VÉGÉTAUX. — 1° **Palmes,** attribut de la constance. — 2° **Pyramide bleue.** Cette fleur s'épanouit en juillet et persiste jusqu'en octobre.

ANIMAUX. **Phénix** qui renaît toujours de ses cendres.

DIVERS. — 1° **Colonne** inébranlable où la constance se cramponne. — 2° **Couronne** qui la récompense de ses efforts. — 3° **Glaive** du courage. — 4° **Lampe** qui symbolise son ardeur. — 5° **Livre** de prières.

CONSTANTIN (Saint). — 1° **Bêche**: — 2° **Chrisme** qui lui apparut dans les airs. Cette apparition décida sa conversion. — 3° **Croix** portant les mots : « In hoc signo vinces » qui lui apparut dans le ciel. — 4° **Église** rappelant qu'il fut le fondateur des grandes basiliques romaines. — 5° **Lèpre**.

CONSUMÉ PAR L'AMOUR. — Mauve de Syrie.

CONTEMPLATION. — 1° **Aigle** qui s'approche des cieux. — 2° **Saphir.**

CONTENTEMENT. — **Houstonia.**

CONTENTEMENT JUVÉNILE. — **Crocus printanier** dont l'apparition nous annonce le printemps.

CONVOLVULUS ou *liseron*. Plante grimpante de nos champs. — Voir : 1° *Liens* — 2° *Obscurité*.

COQ. Animal de basse-cour. — Voir : 1° *Apollon* — 2° *Christ* — 3° *Colère* — 4° *Diligence* — 5° *Esculape* — 6° *Intelligence* — 7° *Joie* — 8° *Libéralité* — 9° *Lutte* — 10° *Luxure* — 11° *Médecine* — 12° *Mercure* — 13° *Minerve* — 14° *Mort* — 15° *Pierre (saint)* — 16° *Piété* — 17° *Prière* — 18° *Pureté* — 19° *Santé* — 20° *Silence* — 21° *Vigilance*.

COQUELICOT. Plante fort connue de nos champs. — Voir : 1° *Consolation* — 2° *Reconnaissance*.

COQUELOURDE ou *fleur de Jupiter*, couronne des champs. — Voir *Vous êtes sans prétention*.

COQUETTERIE.

VÉGÉTAUX. — 1° **Belle-de-jour.** Fleur qui ne s'épanouit qu'au grand jour et par cela même est opposée à la belle-de-nuit qui ne fleurit que le soir. — 2° **Lauréole** ou *bois gentil*. Plante qui, paraissant au milieu des neiges, a été comparée pour cette raison à une nymphe coquette qui brave les frimas pour se parer. Ses fleurs très jolies s'épanouissent dès le commencement de mars. — 3° **Lis de saint Bruno.**

ANIMAUX. — **Paon.** Animal dont la coquetterie est bien connue et qui personnifie l'amour de la parure.

COQUILLE. Enveloppe calcaire de la plupart des mollusques. — Voir : 1° *André (saint)* — 2° *Augustin (saint)* — 3° *Jacques Majeur (saint)* — 4° *Michel (saint)*.

COR. Instrument de musique fort employé des chasseurs. — Voir *Hubert (saint)*.

CORAIL. Polypier d'un beau rouge employé comme parure. — Voir *Néréides*.

CORBEAU. — Oiseau au plumage noir bien connu. — Voir : 1° *Adrien (saint)* — 2° *Antoine* (*saint*) — 3° *Apollon* — 4° *Benoît* (*saint*) — 5° *Colère* — 6° *Démon* — 7° *Détraction* — 8° *Dureté* — 9° *Élie* — 10° *Henri* (*saint*) — 11° *Imprudence* — 12° *Mensonge* — 13° *Noé* — 14° *Odin* — 15° *Paul* (*saint*) — 16° *Pécheur* — 17° *Tristesse*.

CORBEILLE. — Voir : 1° *Eustache* (*saint*) — 2° *Habacuc*.

CORBEILLE D'OR ou *Alysse des rochers*. Plante de jardin. Voir *Tranquillité*.

CORDE. — Voir : 1° *Béatrice* (*sainte*) — 2° *Désespoir* — 3° *Humilité* — 4° *Judas* — 5° *Lucie* (*sainte*) — 6° *Mathieu* (*saint*).

CORDON. Voir : 1° *Pierre* (*saint*) — 2° *Thomas d'Aquin* (*saint*).

CORÉ. — En mythologie, autre nom de **Proserpine**.

CORÉOPSIS. Plantes composées, tropicales, à fleurons jaunes ou bruns. — Voir *Toujours gai*.

CORIANDRE. Plante ombellifère aromatique. Voir *Mérite caché*.

CORMIER ou *Cornouiller sauvage*. Arbrisseau à beaux fruits rouges et au bois très dur et très solide. — Voir : 1° *Durée* — 2° *Prudence*.

CORNALINE. Agate demi-transparente d'un rouge foncé. — Voir : 1° *Joie* — 2° *Paix*.

CORNE D'ABONDANCE. — Voir : 1° *Abondance* — 2° *Age d'or* — 3° *Agriculture* — 4° *Amalthée* — 5° *Automne* — 6° *Charité* — 7° *Concorde* — 8° *Espérance* — 9° *Flore* — 10° *Fortune* — 11° *Générosité* — 12° *Libéralité* — 13° *Paix* — 14° *Printemps* — 15° *Prospérité* — 16° *Richesses* — 17° *Théologie* — 18° *Vertumne*.

CORNES. — Voir : 1° *Bacchus* — 2° *Démon* — 3° *Faunes* — 4° *Moïse* — 5° *Silène*.

CORNEILLE. Sorte de corbeau. — Voir *Apollon*.

CORNOUILLER SAUVAGE ou *cormier*. Arbrisseau à beaux fruits rouges et à bois très dur. — Voir : 1° *Durée* — 2° *Prudence*.

CORONILLE. Plante herbacée commune que l'on emploie pour la décoration des rocailles. — Voir *Le succès couronne vos vœux*.

CORPS HUMAIN. — **Chenille.** Comme la chenille qui se transforme en papillon, le corps, après la mort, laisse échapper l'âme qui s'envole dans la vie éternelle.

CORRECTION. — **Loup**, animal que l'on chasse et que l'on traque.

COSTUME DE CHASSE. — Voir *Eustache* (*saint*).

COSTUME DE DIGNITÉ. — Voir : 1° *Pape* — 2° *Pontife* — 3° *Saint*.

COSTUME DE PÈLERIN. — Voir : 1° *Julien l'hospitalier* (*saint*) — 2° *Roch* (*saint*).

COSTUME IMPÉRIAL. — Voir *Charlemagne*.

COSTUME MILITAIRE. — Voir *Georges (saint)*.

COSTUME MONASTIQUE. — Voir : 1° *Benoît (saint)* — 2° *Claire (sainte)* — 3° *Dominique (saint)* — 4° *Fiacre (saint)*.

COSTUME RELIGIEUX. — Voir : 1° *Saint*. — 2° *Saints réguliers*.

COTHURNE. Chaussure des anciens acteurs tragiques. — Voir *Melpomène*.

COTTE DE MAILLES. — Voir *Prudence*.

COU ENTAILLÉ. — Voir *Cécile (sainte)*.

COUCHE. — Voir *Abdias*.

COUCOU. Sorte d'oiseau grimpeur, voisin de la pie. — Voir *Junon*.

COUDRIER DES SORCIERS ou *noisetier*. — Voir : 1° *Charme magique* — 2° *Paix* — 3° *Réconciliation*.

COULE ou *cagoule*. Sorte de vêtement religieux. — Voir *Benoît (saint)*.

COULEUVRE. Sorte de serpent. — Voir : 1° *Discorde* — 2° *Envie* — 3° *Gorgone*.

COUPE A BOIRE. — Voir : 1° *Bacchus* — 2° *Benoît (saint)* — 3° *Crime* — 4° *Cybèle* — 5° *Hécate* — 6° *Jacques (saint)* — 7° *Jean (saint)* — 8° *Libéralité* — 9° *Tempérance*.

COURAGE.

VÉGÉTAUX. — **Peuplier noir.** Arbre consacré à Hercule.

ANIMAUX. — **Lion**, animal qui symbolise la force et le courage.

DIVERS. — 1° **Jaspe.** — 2° **Turquoise**, pierres précieuses qui lui sont dédiées.

COURBARIL VERT. — Voir : 1° *Affection qui survit à la mort* — 2° *Élégance*.

COURGE. Plante de nos jardins. — Voir *Jonas*.

COURONNE. Dans la mythologie, la plupart des dieux s'en paraient. Mais ces couronnes étaient faites de fleurs différentes. Ainsi pour **Apollon**, de laurier; — **Bacchus**, lierre, pampre et vigne; — **Calliope**, laurier; — **Cérès**, épis de blé; — **Clio**, laurier; — **Cybèle**, pin; — **Fleuves**, roseaux; — **Fortune**, sapin; — **Grâces**, olivier; — **Hercule**, peuplier; — **Junon**, feuilles de coing; — **Jupiter**, chêne, laurier; — **Lucine**, dictame; — **Mercure**, lierre, mûrier et olivier; — **Minerve**, olivier; — **Pan**, pin; — **Pluton**, cyprès; — **Pomone**, fruits; — **Saturne**, figues et feuilles de vigne; — **Vénus**, myrte et roses; — **Vertumne**, foin.

Voir : 1° *Agnès (sainte)* — 2° *Autorité* — 3° *Catherine (sainte)* — 4° *Charité* — 5° *Christ* — 6° *Colombe (sainte)* — 7° *Constance* — 8° *Dieu* — 9° *Dignité* — 10° *Edmond (saint)* — 11° *Élisabeth (sainte)* — 12° *Empereur* — 13° *Empire* — 14° *Espérance* — 15° *Europe* — 16° *Fiacre (saint)* — 17° *Foi* — 18° *Force* — 19° *Gloire* — 20° *Justice* — 21°

Louis (saint) — 22° *Lucie (sainte)* — 23° *Magnificence* — 24° *Martyre* — 25° *Martyrs* — 26° *Noblesse* — 27° *Orgueil* — 28° *Paul (saint)* — 29° *Père éternel* — 30° *Pierre (saint)* — 31° *Provinces* — 32° *Puissances* — 33° *Récompense* — 34° *Richesse* — 35° *Roi* — 36° *Royauté* — 37° *Sagesse* — 38° *Saints* — 39° *Souverains* — 40° *Suzanne (sainte)* — 41° *Victoire* — 42° *Villes* — 43° *Virginité.*

COURONNE DE FER. — Voir *Tyrannie.*

COURONNE D'ÉPINES. — Voir : 1° *Foi* — 2° *Louis (saint)* — 3° *Pénitence.*

COURONNE DE ROSES. — Voir : 1° *Asie* — 2° *Cupidon.*

COURONNE IMPÉRIALE ou *fritillaire.* Belle fleur de nos jardins au port majestueux. — Voir : 1° *Majesté* — 2° *Puissance.*

COURONNE DE FLEURS. — Voir *Allégresse.*

COURONNE D'ÉPIS. — Voir : 1° *Agriculture* — 2° *Juillet.*

COURONNE D'ÉTOILES. — Voir : 1° *Astronomie* — 2° *Thor.*

COURONNE D'OR. — Voir : 1° *Académie* — 2° *Calliope.*

COURONNE DE LAURIER. — Voir *Clio.*

COURONNE DE LIERRE. — Voir : 1° *Silène* — 2° *Thalie.*

COURONNE DES CHAMPS ou *coquelourde.* Voir *Vous êtes sans prétention.*

COURONNE D'OLIVIER. — Voir *Union.*

COURROIE. — Voir *Tempérance.*

COUTEAU. — Voir : 1° *Abraham* — 2° *Barthélemy (saint)* — 3° *Christine (sainte)* — 4° *Jacques Majeur (saint)* — 5° *Synagogue.*

CRABE. Animal crustacé. — Voir *François Xavier (saint).*

CRAINTE. — 1° **Cerf.** — 2° **Lièvre.** Animaux renommés pour leur facilité à s'effrayer.

CRAPAUD. Batracien d'aspect repoussant. — Voir : 1° *Avarice* — 2° *Démon.*

CRÈCHE. — **Ane** qui se trouve ordinairement placé avec un bœuf près de l'enfant Jésus. — Voir : *Jérôme (saint).*

CRÉPUSCULES. — Voir *Castor* et *Pollux.*

CRESSON. Plante crucifère qui croît dans les ruisseaux. — Voir : 1° *Puissance* — 2° *Stabilité.*

CRESSON DE L'INDE. — Voir *Trophée de guerre.*

CRESSON DES PRÉS. Plante herbacée qui croît dans les prairies humides. — Voir *Aveuglement paternel.*

CRIBLE. — Voir : 1° *Discernement* — 2° *Foi* — 3° *Prudence.*

CRIME.

VÉGÉTAUX. — **Tamaris.**

DIVERS. — 1° **Coupe de poison.** — 2° **Épée.** — 3° **Poignard,** instruments des criminels.

— 4° **Serpents** qui secrètent du venin.

CRITIQUE. — 1° **Momordique piquante**. Son nom vient du latin « mordeo » je mords. — 2° **Verges** mêlées de laurier.

CROC. Instrument à pointe recourbée. — Voir 1° *Colère* — 2° *Démon* — 3° *Furies* — 4° *Injustice*.

CROCODILE. Animal de grande taille qui vit dans certains fleuves. — Voir *Démon*.

CROCUS. Plante herbacée à belles fleurs violettes ou blanches, s'épanouissant dès les premiers jours du printemps. — Voir : 1° *Contentement juvénile* — 2° *Joie* — 3° *Tendresse*.

CROISSANT. — Voir : 1° *Diane* — 2° *François d'Assise (saint)* — 3° *Jacques Majeur (saint)*.

CROIX. — Voir : 1° *André (saint)* — 2° *Antoine (saint)* — 3° *Archevêque* — 4° *Barnabé (saint)* — 5° *Barthélemy (saint)* — 6° *Bernard (saint)* — 7° *Bruno (saint)* — 8° *Christ* — 9° *Claire (sainte)* — 10° *Constantin (saint)* — 11° *Église* — 12° *Élisabeth (sainte)* — 13° *Éloi (saint)* — 14° *Espérance* — 15° *Évangélistes* — 16° *Foi* — 17° *François d'Assise (saint)* — 18° *Hélène (sainte)* — 19° *Jacques Majeur (saint)* — 20° *Jean-Baptiste (saint)* — 21° *Jude (saint)* — 22° *Justice* — 23° *Laurent (saint)* — 24° *Madeleine (sainte)* — 25° *Marguerite (sainte)* — 26° *Marthe (sainte)* — 27° *Martyre* — 28° *Mathias (saint)* — 29° *Pape* — 30° *Paul (saint)* — 31° *Pénitence* — 32° *Philippe (saint)* — 33° *Pierre (saint)* — 34° *Prudence* — 35° *Résignation* — 36° *Saint* — 37° *Simon (saint)* — 38° *Thérèse (sainte)* — 39° *Thomas d'Aquin (saint)* — 40° *Trinité*.

CROIX DE PROCESSION. — Voir : *Dominique de Guzman (saint)*.

CROSSE. Bâton recourbé qui sert d'insigne aux évêques et aux abbés. — Voir : 1° *Adolphe (saint)* — 2° *Barnabé (saint)* — 3° *Benoît (saint)* — 4° *Bruno (saint)* — 5° *Claire (sainte)* — 6° *Évêque* — 7° *Pontife* — 8° *Saint*.

CROYANCE. — **Grenadille bleue** ou *Passiflore*. Dans les éléments de cette fleur on retrouve les instruments de la passion : la couronne d'épines, le fouet, l'éponge, les clous, la colonne. D'où son nom de passiflore ou fleur de la passion.

CRUAUTÉ.

VÉGÉTAUX. — **Ortie**. Les feuilles de cette plante sont hérissées de poils secrétant un suc irritant qui font des piqûres au moindre attouchement.

ANIMAUX. — 1° **Basilic**, animal fabuleux moitié coq et serpent, et auquel les anciens attribuaient le pouvoir de tuer par son seul regard. — 2° **Ours**.

CRUCHE. — Voir *Élisabeth de Hongrie (sainte)*.

CRUCIFIX. — Voir : 1° *Albert (saint)* — 2° *Alphonse de Liguori (saint)* — 3° *Antoine de Padoue (saint)* — 4° *Bruno (saint)* — 5° *Colette (sainte)* — 6° *Colombe (sainte)* — 7° *Élisabeth de Hongrie (sainte)* — 8° *François Xavier (saint)*.

CULTE. — **Grenadille** ou *passiflore*. On retrouve dans les éléments de cette fleur les instruments de la passion : la couronne d'épines, le fouet, la colonne, les clous. De là son nom de passiflore ou fleur de la passion.

CUPIDON. En mythologie, fils de Jupiter et de Vénus. Il porte encore les noms d'Amour et d'Éros. — 1° **Ailes** brillantes, car il est léger et inconstant. — 2° **Arc** au moyen duquel il lance des flèches ardentes symbolisant son pouvoir sur l'âme. — 3° **Bandeau** car il est aveugle. — 4° **Carquois** plein de flèches. — 5° **Couronne de roses**, emblème des plaisirs qu'il procure. — 6° **Flèches ardentes** qu'il lance avec son arc. — 7° **Torche** car il embrase les cœurs.

CURIOSITÉ.

VÉGÉTAUX. — **Sycomore.**

ANIMAUX. — **Grenouille** symbole de la curiosité chez les Égyptiens.

CUSCUTE. Plante parasite rampante. — Voir *Bassesse*.

CUVE. — Voir *Marguerite (sainte)*.

CYBÈLE. Fille du ciel et de la terre, femme de Saturne, déesse de la terre.

VÉGÉTAUX. — 1° **Buis** avec le bois duquel on fait des flûtes servant à son culte. — 2° **Couronne de pin.**

ANIMAUX. — 1° **Lion** qui traîne son char ou est couché à ses pieds. — 2° **Panthère** qu'on trouve parfois à côté de la déesse dont le culte est quelquefois confondu avec celui de Bacchus. — 3° **Truie** qui lui est dédiée à cause de sa fertilité.

DIVERS. — 1° **Clef.** — 2° **Coupe.** — 3° **Tympanon** qui sert dans les cérémonies en son honneur.

CYCLAMEN. Belle plante que l'on cultive comme ornement et à la racine à saveur âcre et caustique. — Voir *Défiance*.

CYCLOPES. Géants monstrueux, fils de Neptune et d'Amphitrite. Comme caractère distinctif, ils n'ont au milieu du front qu'un **Œil unique.**

CYGNE. Animal domestique. — Voir : 1° *Apollon* — 2° *Bénignité* — 3° *Eau* — 4° *Léda* — 5° *Poésie* — 6° *Vénus*.

CYMBALE. Instrument de musique. Voir *plaisir*.

CYPARISSE. En mythologie, beau jeune homme fort aimé d'Apollon. Par mégarde, il tua un cerf qu'il affectionnait beaucoup, et en eut tant de regret qu'il demanda aux dieux de lui donner la mort. Apollon le changea en cyprès qui devint, dès lors, le signe de deuil. — **Cyprès.** — Voir *Deuil*.

CYPRÈS. Arbre de la famille des conifères, au feuillage sombre et qui sert principalement d'ornement dans les cimetières. — Voir : 1° *Chagrin* — 2° *Cyparisse* — 3° *Désespoir* — 4° *Deuil* — 5° *Mort* — 6° *Pluton* — 7° *Vierge*.

CYTISE. Bel arbre à fleurs jaunes. — Voir *Noirceur*.

DAGON. Divinité des Philistins. On le représente moitié homme et moitié poisson.

DAHLIA. Belle fleur de nos jardins. — Voir : 1° *Instabilité* — 2° *Reconnaissance*.

DALMATIQUE. Vêtement de dessus des diacres et des sous-diacres qui officient. — Voir : 1° *Barnabé (saint)* — 2° *Daniel (saint)* — 3° *Diacre* — 4° *Étienne (saint)* — 5° *François d'Assise (saint)* — 6° *Principautés* — 7° *Saint*.

DANGER. — **Laurier-rose**. Vient de ce que cette très belle fleur est vénéneuse.

DANGER DES RICHESSES. — **Bouton d'or**. Allusion à la beauté de la fleur et aux sucs vénéneux qu'elle renferme.

DANIEL (Saint). Diacre. — 1° **Dalmatique**, vêtement des diacres lorsqu'ils officient. — 2° **Palme**. — 3° **Ville**.

DANIEL. Un des quatre grands prophètes. — 1° **Agneau**. — 2° **Bouc à 4 cornes** en souvenir de sa prophétie contre le royaume des Mèdes. — 3° **Dragon** qu'il fait périr. — 4° **Lion** rappelant ceux qui remplissaient la fosse dans laquelle il fut exposé. — Voir *Prophètes*.

DANSE. — 1° **Masque**. — 2° **Tambour de basque**. — 3° **Thyrse** rappelant les Bacchanales.

DAPHNÉ. En mythologie. — **Laurier**. Aimée d'Apollon, la nymphe insensible fuyait le dieu. Sur le point d'être atteinte, elle implora son père qui la changea en laurier. Apollon en détacha un rameau et s'en couronna. Les poètes reçurent par la suite une couronne de laurier comme récompense.

DATURA ou *pomme épineuse*, ou *stramoine*. Plante à belles fleurs mais secrétant un suc des plus vénéneux. — Voir : 1° *Charmes trompeurs* — 2° *Déguisement*.

DAUPHIN. Cétacé commun dans nos mers. — Voir : 1° *Amour* — 2° *Amphitrite* — 3° *André (saint)*

— 4° *Apollon* — 5° *Arion* — 6° *Bacchus* — 7° *Christ* — 8° *Neptune* — 9° *Pitié pour les morts* — 10° *Portumne* — 11° *Thétis* — 12° *Vénus* — 13° *Vierge* — 14° *Vitesse.*

DAVID (Saint). Évêque.

VÉGÉTAUX. — **Poireau.** Il donna cette plante comme signe de ralliement aux Gallois, lors d'une bataille contre les Anglo-Saxons.

ANIMAUX. — **Colombe** qui le désigna à ses compatriotes.

DIVERS. — 1° **Colline** qui se souleva sous ses pieds — 2° **Fontaine.**

DAVID. Prophète.

ANIMAUX. — **Lion.** D'un songe qu'il eut avant de combattre Goliath.

DIVERS. — 1° **Fronde** au moyen de laquelle il tua Goliath. — 2° **Glaive** au moyen duquel il trancha la tête de Goliath. — 3° **Harpe** dont il jouait. — 4° **Psaltérion.** — 5° **Tête de Goliath** qu'il coupa après sa victoire.

DÉCEMBRE. En mythologie, mois de **Vesta.** Il correspond dans le Zodiaque au signe du **Capricorne.**

ANIMAUX. — **Porc.** Au moyen âge on personnifiait ce mois par un homme tuant un porc.

DIVERS. — **Torche** rappelant la courte durée du jour.

DÉCEPTION. — 1° **Cerisier blanc.** — 2° **Mercuriale sauvage.**

DÉCIDÉ A VAINCRE. — **Églantine pourpre.**

DÉCLARATION D'AMOUR. — **Tulipe rouge.**

DÉCRÉPITUDE. — Voir *Saturne.*

DÉDAIN. — 1° **Œillet jaune** qui ne jouit pas de la même faveur que les œillets blancs ou rouges. — 2° **Rue.**

DÉDAIN DE LA PAROLE DE DIEU. — **Aspic** qui doit ici rappeler le démon.

DÉFAUT. — **Jusquiame.** Plante malfaisante aux sucs très vénéneux.

DÉFENSE. — 1° **Dragonnier** ou *dracœna,* plante aux feuilles en forme d'épées. — 2° **Troëne.** Arbrisseau qui sert à faire des haies.

DÉFI. — **Glaïeul.** Plante au port fier dont les feuilles sont en forme d'épées.

DÉFIANCE. — **Cyclamen.** La racine de cette plante, encore nommée pain de pourceau, a une saveur âcre et brûlante.

DÉGOUT. — **Double feuille.**

DÉGUISEMENT. — **Stramoine commune.** Autrefois, en carnaval on se couvrait le visage de cette plante.

DEHORS TROMPEURS. — **Tanaisie.** Cette fleur jaune à odeur forte est d'une grande amertume.

DÉJANIRE. En mythologie, fille d'Énée. — **Nénuphar.** Hercule après avoir revêtu la tunique de Nessus, que Déjanire lui envoya croyant le ramener à elle par ce moyen, ressentit des douleurs si cruelles qu'il se dressa lui-même un bûcher et s'y consuma. Déjanire en conçut tant de douleur qu'elle se tua. De son sang naquit le nénuphar.

DÉLICATESSE. — **Bleuet.** La couleur en est délicate, et cette fleur se décolore rapidement.

DÉLIRE. — **Mandragore.** D'après la légende cette plante a une racine rappelant la forme du corps humain et qui pousse des cris lorsqu'on l'arrache de terre. La plante, vénéneuse, était fort employée des sorciers, autrefois, et provoque un délire furieux.

DÉMÉTER. Mythologie. — Voir *Cérès.*

DÉMON. — La religion le représente : 1° **Ailes de chauve-souris.** — 2° **Chaînes.** — 3° **Croc** qu'il porte pour enchaîner et frapper les damnés. — 4° **Cornes.** — 5° **Fourche** pour les damnés. — 6° **Griffes** aux pieds et aux mains. — 7° **Poils** couvrant le corps. — 8° **Queue.**

Les symboles sont nombreux : 1° **Aspic** à la morsure mortelle. — 2° **Basilic** dont le seul regard tue. — 3° **Chauve-souris** qui lui donne ses ailes. — 4° **Corbeau** dont le plumage est noir. — 5° **Crapaud** à l'aspect repoussant. — 6° **Crocodile.** — 7° **Dragon.** — 8° **Grenouille.** — 9° **Griffon.** — 10° **Hibou** qui vit dans les ténèbres. — 11° **Lion** féroce. — 12° **Loup** avide. — 13° **Perdrix.** — 14° **Renard** dont il a les ruses. — 15° **Sanglier.** — 16° **Serpent.** — 17° **Singe.** — 18° **Sirène** dont la voix charmeresse attirait le navigateur sur des récifs. — 19° **Taupe** qui vit sous terre. — 20° **Vautour** rapace. — 21° **Vipère.**

Quatre couleurs lui sont dédiées : 1° **Fauve.** — 2° **Noir.** — 3° **Rouge.** — 4° **Vert.**

Voir : 1° *André (saint)* — 2° *Antoine (saint)* — 3° *Augustin (saint)* — 4° *Benoît (saint)* — 5° *Bernard (saint)* — 6° *Éloi (saint)* — 7° *Ève* — 8° *Madeleine (sainte)* — 9° *Martin (saint)* — 10° *Michel (saint).*

DENIER. Monnaie. — Voir *Judas.*

DENIS (Saint). Évêque. — 1° **Glaive** qui le décapita. — 2° **Temple.** — 3° **Tête** coupée qu'il porte après son supplice.

DENT DE LION ou *pissenlit.* Plante commune dans nos champs. — Voir *Oracle.*

DÉPART. — **Pois de senteur.**

DÉPIT. — **Giroflée rouge.**

DÉRISION. — 1° **Ane,** animal toujours tourné en ridicule. — 2° **Plumes de paon** symbolisant la vaine gloire.

DÉSAPPOINTEMENT. — **Seringat de la Caroline.**

DESCENDEZ. — **Polémoine** ou *échelle de Jacob.*

DÉSERT. — Voir : 1° *Jean-Baptiste (saint)* — 2° *Jérôme (saint)*.

DÉSESPOIR.

VÉGÉTAUX. — 1° **Cyprès**, arbre dont on plante les cimetières. — 2° **Souci**. A la mort d'Adonis, Vénus mêla ses pleurs au sang du défunt. De ces pleurs naquit le souci.

ANIMAUX. — 1° **Alcyon**. A la mort d'Alcion, géant que combattait Hercule et que Pallas tua en le portant au dessus de la lune, les sept filles dont il était père se jetèrent de désespoir dans la mer et y furent changées en alcyons. — 2° **Araignée**. Après avoir vaincu Minerve dans son habileté de brodeuse, Arachné, désespérée des outrages que lui fit subir la déesse, se pendit. Celle-ci la changea en araignée. — 3° **Cheval**.

DIVERS. — 1° **Arbalète**. — 2° **Corde**. — 3° **Épées**. — 4° **Poignard**. Différentes armes propres à aider les désespérés à quitter la vie.

DÉSIR. — **Jonquille**.

DÉSIRS CHARNELS. — **Mouche**.

DÉSIR DE PLAIRE. — 1° **Lauréole Bois Gentil**. Paraissant au milieu des neiges, cette plante a été comparée à une nymphe coquette, bravant les frimas pour se parer. — 2° **Thymélée**.

DÉSIRS DES RICHESSES. — **Renoncule**.

DESTINÉE. — 1° **Chanvre**. — 2° **Lin**. Allusion probable au fil de notre destinée que filaient les Parques.

DÉTACHEMENT. — Voir *Ligurius*.

DÉTRACTION. — **Corbeau**.

DEUIL.

VÉGÉTAUX. — 1° **Cyprès**. Emblème de la mort. Les anciens l'avaient consacré aux Parques, aux Furies et à Pluton. Ils le plaçaient près des tombeaux; cet usage s'est du reste conservé. — 2° **Saule pleureur** à cause du port de cet arbre. — 3° **Scabieuse**. Fleur violette que l'on plantait sur les tombeaux.

DIVERS. — 1° **Blanc**. — 2° **Noir**. *Couleurs mortuaires*.

DEUX. Nombre de l'**Union**. Couleurs : 1° **Blanc**. — 2° **Noir**.

Voir *Cyparisse*.

DÉVOTION.

VÉGÉTAUX. — **Soleil nain**. La fleur de cette plante suit toujours le soleil dans sa course et semble l'adorer.

ANIMAUX. — **Cerf**.

DIVERS. — 1° **Chandelier à 7 branches** *qui brûle devant le tabernacle*. — 2° **Encensoir**.

DÉVOUEMENT. — 1° **Graminées**. Les plantes de cette famille sont pour la plupart des plus utiles. — 2° **Héliotrope**.

DIACRE.

Voir : 1° *Dalmatique* — 2° *Évangéliaire* — 3° *Saint*.

DIADÈME. — Voir *Éloquence*.

DIALECTIQUE.

ANIMAUX. — 1° **Scorpion**. — 2° **Serpent**. — 3° **Singe**.

DIVERS. — 1° **Chêne** symbolisant la force. — 2° **Hameçon**. — 3° **Livre**.

DIAMANT. — Pierre précieuse incolore et extrêmement dure. — Voir : 1° *Amour* — 2° *Christ* — 3° *Réconciliation* — 4° *Sainteté*.

DIANE ou *Arthémis*. En mythologie déesse de la chasse.

ANIMAUX. — 1° **Biche**. Hercule sur le point de forcer une biche à la course vit celle-ci protégée par Diane. Le char de la déesse est parfois traîné par des biches. — 2° **Chiens**. Des lévriers accompagnent Diane dans ses chasses. — 3° **Sanglier**.

DIVERS. — 1° **Arc**. Cette arme est attribuée à la déesse, à cause de sa forme qui se rapproche de celle du croissant de lune, emblème de Diane. — 2° **Carquois**. — 3° **Croissant de lune**. Quand elle personnifie la lune, Diane se nomme Arthémis ou Séléné et porte un croissant dans la chevelure. — 4° **Flèches**. — 5° **Nymphes** qui lui étaient consacrées. — 6° **Torche**, car la déesse personnifie l'astre qui éclaire les nuits.

DICTAME DE CRÈTE ou *Fraxinelle*. Plante à odeur forte, secrétant une huile volatile très inflammable. — Voir : 1° *Feu* — 2° *Je me consume d'amour* — 3° *Junon* — 4° *Naissance* — 5° *Passion*.

DIEU. Il est représenté comme un vieillard barbu. — 1° **Arc en ciel** sur lequel il est souvent assis. — 2° **Couronne**. — 3° **Globe** du monde qu'il tient dans la main gauche. — 4° **Nimbe**. — 5° **Sceptre** qu'il porte. — 6° **Tiare** qui le coiffe. — 7° **Trône** sur lequel il est assis. Il est symbolisé par l'**œil**.

DIFFICULTÉ. — **Épines noires** que l'on peut difficilement saisir.

DIGITALE ou *Gantelée*. Belle fleur très vénéneuse, ce qui empêche de beaucoup l'employer comme fleur ornementale. Voir : — 1° *Beauté négligée*. — 2° *Consolation* — 3° *Manque de sincérité*.

DIGNE DE LOUANGE. — **Fenouil**.

DIGNITÉ.

VÉGÉTAUX. — 1° **Girofle**. La fleur de girofle est un signe de distinction aux îles Moluques. — 2° **Magnolia** à feuilles de laurier. — 3° **Ormeau**.

ANIMAUX. — **Colombe**.

DIVERS. — 1° **Clefs**. — 2° **Couronne** — 3° **Livre**.

DIGNITÉ D'ESPRIT. — **Rose à cent feuilles**.

DILECTION. — **Grenat**.

DILIGENCE.

VÉGÉTAUX. — **Thym** autour duquel vole une abeille.

ANIMAUX. — 1° **Abeille**. — 2° **Coq** dont le chant salue le lever du jour.

DIVERS. — 1° **Éperon** qui stimule. — 2° **Flèche** qui vole au but. — 3° **Horloge**, car le temps fuit. — 4° **Sablier ailé**.

DINDON. Animal de basse-cour. — Voir : 1° *Arrogance* — 2° *Sottise*.

DIONYSOS. — Voir *Bacchus*.

DISCERNEMENT. — 1° **Crible**: — 2° **Rateau**.

DISCIPLINE. — 1° **Discipline**. — 2° **Verges** rappelant les mortifications.

DISCIPLINE. Cordes nouées avec lesquelles on se mortifie par pénitence. — Voir : 1° *Alphonse de Liguori (saint)* — 2° *Antoine de Padoue (saint)* — 3° *Discipline* — 4° *Dominique (saint)* — 5° *Louis de Gonzague (saint)*.

DISCORDE.

VÉGÉTAUX. — **Pomme**, symbolise la discorde, en souvenir du jugement de Pâris.

ANIMAUX. — **Couleuvre**.

DIVERS. — 1° **Brandon** car elle incendie tout. — 2° **Onyx**, pierre qui lui est dédiée.

DISCRÉTION.

VÉGÉTAUX. — 1° **Capillaire**. Cette plante vit dans les lieux retirés. — 2° **Rose blanche**. La statue du silence en tient une dans sa main. Les anciens en peignaient sur la porte des festins, afin d'avertir les convives d'oublier ce qu'ils allaient entendre.

DIVERS. — **Clef** qui ferme le secret.

DISCUSSION. — **Figuier**.

DISQUE. — Voir *Évangélistes*.

DISSENTIMENT. — **Orgueil de la Chine**.

DISSIMULATION.

ANIMAUX. — 1° **Pie**. — 2° **Singe**.

DIVERS. — **Masque** qui dissimule les véritables traits.

DISTINCTION. — **Cardinale**. Plante d'Amérique cultivée dans les jardins pour la beauté de ses fleurs.

DIVERTISSEMENT.—**Jacinthe**. D'après la fable Hyacinthe, jeune homme aimé d'Apollon et de Zéphire, jouait au palet avec eux. Croyant qu'Hyacinthe favorisait Apollon, Zéphire lui lança le palet à la tête et le tua. Apollon pleura son ami et, afin d'en perpétuer le souvenir, le changea en la fleur qui porte son nom.

DIVINITÉ.

ANIMAUX. — **Aigle**, l'oiseau qui s'élève le plus près des cieux.

DIVERS. — **Or**, le métal le plus précieux.

DIX. Nombre de la **crainte** en souvenir des dix plaies d'Egypte. Nombre de la **loi**, rappelant les dix commandements de Dieu.

DOCILITÉ.

VÉGÉTAUX. — **Jonc des champs**. Plante à tiges très souples ; d'où est venu le proverbe : souple comme un jonc.

ANIMAUX. — **Perroquet**.

Vient de ce que cet oiseau est susceptible de recevoir une certaine éducation.

DIVERS. — 1° **Joug** qui y contraint. — 2° **Miroir** qui reproduit fidèlement l'image qui s'y reflète.

DOCTEURS. — En religion ils sont au nombre de quatre. — **Bœuf.**

DOIGT. — Voir : 1° *Henri (saint)* — 2° *Thomas (saint)*.

DOIGT SUR LES LÈVRES. — Voir *Bruno (saint)*.

DOMINATIONS. Un des neuf chœurs d'anges. — 1° **Aube.** — 2° **Blanc**, couleur qui leur est dédiée. — 3° **Ceinture d'or** — 4° **Étole verte.** — 5° **Globe.** — 6° **Onyx**, pierre qui leur est propre. — 7° **Pourpre**, couleur qui leur est dédiée. — 8° **Sceau de Dieu.** — 9° **Sceptre.**

DOMINIQUE DE GUZMAN. Fondateur de l'ordre des frères prêcheurs.

VÉGÉTAUX. — 1° **Lis** que porte le saint pour prouver sa virginité. — 2° **Rosier.** En souvenir du rosaire.

ANIMAUX. — **Chien.** Sa mère avant sa naissance songea qu'elle portait un chien noir et blanc, dans la bouche duquel était une torche qu'il approchait d'une sphère représentant le monde.

DIVERS. — 1° **Anges** qui le servent à table. — 2° **Costume de l'ordre** qu'il fonda. — 3° **Croix de procession** que l'on donne aux fondateurs des grandes familles religieuses. — 4° **Discipline** rappelant les règles rigoureuses de l'ordre qu'il fonda. — 5° **Étoile** qui apparut sur son front quand on le baptisa. — 6° **Fouet**, même signification que la discipline. — 7° **Globe** que le chien qu'on voit souvent à côté de lui tâche d'embraser avec la torche qu'il porte. — 8° **Livre** de sa règle. — 9° **Ostensoir.** — 10° **Pain** apporté par des anges. — 11° **Rosaire** qu'il reçut des mains de la Vierge. — 12° **Vierge** qui lui remit le rosaire.

DONJON. — Grosse tour intérieure des châteaux forts. — Voir *Force*.

DORADILLE ou *Capillaire*. Petite plante au feuillage très léger qui vit cachée sous les bois. — Voir : 1° *Discrétion* — 2° *Finesse* — 3° *Pluton*.

DOUBLE FEUILLE. — Voir *Dégoût*.

DOUCE-AMÈRE. Plante dont l'écorce mâchée a d'abord une saveur douce et sucrée que remplace bientôt un goût amer. — Voir *Vérité*.

DOUCEUR.

VÉGÉTAUX. — 1° **Bouleau.** Bel arbre au feuillage très léger et à l'écorce très lisse. — 2° **Figuier.** Dont le fruit est doux et sucré. — 3° **Laurier rose.** — 4° **Lis blanc.** — 5° **Mauve.** Les anciens la plantaient sur les tombeaux pour adoucir les maux des morts.

ANIMAUX. — 1° **Abeille** qui fabrique le miel à saveur si douce. — 2° **Agneau.** — 3° **Colombe.** Animaux doux et timides.

DOULEUR. — 1° **Aloès**. Plante grasse de laquelle on extrait un suc fort amer. — 2° **Citronelle**. Marque de deuil dans le Holstein, où l'on en emporte une branche aux funérailles. — 3° **Marjolaine**. Amaracus, chargé chez le roi de Chypre du soin des parfums, fut si affecté d'avoir brisé des vases en contenant, que les Dieux émus le changèrent en marjolaine. — 4° **Pin**. Pytis, jeune nymphe, était aimée à la fois de Borée et de Pan. Le premier, irrité de voir son rival mieux accueilli, la jeta contre un rocher et la tua. Pan touché pria la terre de la faire revivre sous la forme d'un pin. — Voir *Pytis*.

DOULOUREUX SOUVENIRS. — **Adonide**. Après la mort d'Adonis, tué par un sanglier, la terre couverte de sang produisit des fleurs de la couleur de celui-ci.

DOUTE. — 1° **Balance** en équilibre. On ne sait de quel côté elle va pencher. — 2° **Bâton** de l'expérience qui le soutient. — 3° **Lanterne** qui l'éclaire.

DOUX SOUVENIRS. — **Pervenche**.

DOUZE. — 1° Nombre **apostolique**, les apôtres étaient au nombre de douze. — 2° Nombre de la **Jérusalem** céleste formée de 12 portes, 12 colonnes, 12 fondements. — 3° Nombre de la **prophétie** (prophètes, sybilles).

DRACŒNA ou *dragonnier*. Arbre colossal qui croît dans l'Inde. — Voir *Défense*.

DRAGON. Animal fabuleux, ailé, à queue de serpent, vomissant des flammes. — Voir : 1° *Afrique* — 2° *Bacchus* — 3° *Char* — 4° *Daniel* — 5° *Démon* — 6° *Enfer* — 7° *Envie* — 8° *Force* — 9° *Georges (saint)* — 10° *Jérôme (saint)* — 11° *Mal* — 12° *Marguerite (sainte)* — 13° *Mathieu (saint)* — 14° *Michel (saint)* — 15° *Obéissance* — 16° *Orgueil* — 17° *Philippe (saint)* — 18° *Prudence* — 19° *Religion* — 20° *Vanité*.

DRAGONNIER ou *dracœna*. Arbre colossal de l'Inde. — Voir *Défense*.

DRAPEAU. — Voir : 1° *Ferdinand (saint)* — 2° *Jacques Majeur (saint)* — 3° *Jacques de la Marche* — 4° *Louis (saint)*.

DUPERIE. — **Belette**. Galanthis, suivante d'Alcmène, assistait sa maîtresse pendant son accouchement. Celui-ci était retardé par la jalousie de Junon. La suivante sortant vit une femme accroupie, les mains entrelacées contre les genoux. Soupçonnant un mystère dans cette pose, elle lui annonça la délivrance de sa maîtresse. La vieille qui était Junon se leva et Alcmène fut délivrée. Furieuse d'avoir été dupée, la déesse changea Galanthis en belette.

DUPLICITÉ. — **Grenadier**. Nommé pommier punique par les Romains, la mauvaise foi des Carthaginois lui avait fait donner cette signification.

DURÉE.

VÉGÉTAUX. — 1° **Cornouillier sauvage** ou *cormier*. Allusion à l'excessive longévité de cette plante, qui était consacrée par les Grecs à Apollon ; celui-ci préside aux œuvres de l'esprit qui demandent beaucoup de temps. — 2° **Fougère**.

DIVERS. — **Airain**, métal très résistant.

DURETÉ. — **Corbeau**, oiseau au bec dur et fort.

EAU.

VÉGÉTAUX. — 1° **Jonc** qui pousse dans les lieux humides. — 2° **Roseau** qui croît dans les cours d'eau.

ANIMAUX. — 1° **Canard**, — 2° **Cygne**, oiseaux qui vivent dans l'eau. — 3° **Poissons**. — 4° **Sirène**, être fabuleux moitié femme et moitié poisson qui vit dans la mer.

DIVERS. — 1° **Barque** pour naviguer. — 2° **Bleu**, couleur de l'eau. — 3° **Rame**. — 4° **Urne** dont l'eau coule, et qui sert à symboliser les sources.
Voir : 1° *Baptême* — 2° *Vierge*.

ÉBAUCHOIR. Outil de sculpteur. — Voir *Sculpture*.

ÉBÉNIER. Arbre au bois noir. — Voir : 1° *Noirceur* — 2° *Pluton*.

ÉCHELLE. — Voir : 1° *Bernard (saint)* — 2° *Jacob*.

ÉCHELLE DE JACOB ou *Polémoine*. — Voir *Descendez*.

ÉCHINOPS ou *boule azurée*. Plante piquante. — Voir *Qui me touche se blesse*.

ÉCLAIRE ou *chélidoine*. Plante rustique à fleurs jaunes. — Voir *Joie à venir*.

ÉCLAT. — 1° **Aconit feuillu**. — 2° **Renoncule**. Plante à fleur d'un jaune éclatant. — 3° **Rose capucine**, à la fleur de couleur éclatante.

ÉCREVISSE. Un des signes du Zodiaque correspondant au temps qui s'écoule du 20 juin au 20 juillet. Animal à la marche lente et embarrassée. — Voir *Paresse*.

ÉCRITOIRE. — Nécessaire contenant ce qu'il faut pour écrire. — Voir : 1° *Clio* — 2° *Mathieu (saint)*.

ÉCUELLE. — Voir : 1° *Charité* — 2° *Gourmandise*.

ÉCUSSON. — Voir *Louis (saint)*.

EDMOND (Saint). Roi.

VÉGÉTAUX. — **Arbre.**

ANIMAUX. — **Loup.** Après avoir décapité le roi, les Danois jetèrent sa tête dans un bois afin de la dérober aux recherches des Chrétiens. Un énorme loup veilla sur elle, empêchant qu'aucun animal carnassier n'y touche, et ne s'éloigna qu'après que les Chrétiens l'eurent retrouvée.

DIVERS. — 1° **Couronne**, car le saint était roi. — 2° **Flèches** dont il fut criblé après avoir été attaché à un arbre.

ÉGIDE. Emblème de Minerve, déesse guerrière. C'était un bouclier forgé par Vulcain et donné à Minerve par Jupiter. Il était couvert de la peau de la chèvre Amalthée et portait à son centre la tête de Méduse. — Voir : *Minerve*.

ÉGLANTINE. Belle fleur de nos haies. Voir : 1° *Amour décroissant* — 2° *Anxiété* — 3° *Décidé à vaincre* — 4° *Folie* — 5° *Poésie* — 6° *Simplicité* — 7° *Tremblement*.

ÉGLANTINE ODORANTE D'AMÉRIQUE. — Voir *Simplicité*.

ÉGLISE.

VÉGÉTAUX. — 1° **Grenadier**. — 2° **Vigne**.

ANIMAUX. — **Griffon.** Dante fait traîner le char de l'Église par cet animal qui est moitié aigle et moitié lion, parce que sa nature correspond à la double nature humaine et divine du Christ.

DIVERS. — 1° **Bénitier**. — 2° **Bouclier** qui la défend contre les attaques. — 3° **Calice**, vase sacré. — 4° **Casque** pour sa défense. — 5° **Clefs** d'or et d'argent, clefs du ciel. — 6° **Croix**. — 7° **Cuirasse**, arme défensive. — 8° **Encensoir**, servant aux cérémonies. — 9° **Flammes** de l'amour divin. — 10° **Goupillon**. — 11° **Hostie**. — 12° **Livre**. — 13° **Serpent d'airain**, sur le tau symbolique.

Voir : 1° *Adélaïde (sainte)* — 2° *Augustin (saint)* — 3° *Bernard (saint)* — 4° *Blaise (saint)* — 5° *Charlemagne (saint)* — 6° *Clotilde (sainte)* — 7° *Constantin (saint)* — 8° *Foi* — 9° *François d'Assise (saint)* — 10° *Grégoire le Grand* — 11° *Jean (saint)* — 12° *Vierges folles* — 13° *Vierges sages*.

ÉGOISME. — **Narcisse.** Symbole tiré de la fable où Narcisse ne pouvant s'éloigner d'une fontaine où il admirait son image reflétée, mourut dans cette position. Amour, que Narcisse avait méprisé par égoïsme, le changea en la fleur qui porte son nom.

ÉLÉGANCE.

VÉGÉTAUX. — 1° **Acacia rose**, fleur à l'aspect élégant. — 2° **Courbaril**.

DIVERS. — **Rubis**, pierre qui lui est dédiée.

ÉLÉMENTS. Au nombre de quatre. — 1° *Air* — 2° *Eau* — 3° *Feu* — 4° *Terre*. Voir ces mots.

ÉLÉPHANT. Animal de haute taille bien connu. — Voir : 1° *Afrique* — 2° *Chasteté* — 3° *Éternité* — 4° *Piété* — 5° *Pitié* — 6° *Puissance* — 7° *Tempérance* — 8° *Vierge*.

ÉLÉVATION. — **Sapin.** Arbre dont la cime s'élève à une grande hauteur.

ÉLIE. Prophète. — 1° **Char de feu** qui l'enlève au ciel. — 2° **Corbeaux** qui le nourrissent au désert. — 3° **Enfant** ressuscité par lui. — 4° **Épée de feu.** — 5° **Ermitage** où il vécut. — 6° **Flammes.** — 7° **Pain** qui lui fut apporté par un ange. — 8° **Peau de bête** de laquelle il s'était vêtu. — Voir *Prophètes.*

ÉLISABETH (Sainte). Mère de saint Jean-Baptiste. — 1° **Anges.** Réfugiée dans le désert, les anges nourrissaient son fils. — 2° **Lit** où elle est couchée à la naissance du précurseur. — 3° **Rocher** qui s'ouvrit pour lui donner refuge.

ÉLISABETH DE HONGRIE (Sainte). Reine. — 1° **Bourse** où elle puisait ses aumônes. — 2° **Couronnes** au nombre de trois. — 3° **Croix double.** — 4° **Cruche** avec laquelle elle désaltère les pauvres. — 5° **Crucifix** qui frappa ses regards lorsqu'elle entra à l'Église, et la fit se revêtir des habits les plus simples lorsqu'elle y revint. — 6° **Estropiés** qu'elle soigne. — 7° **Fleurs.** Portant des pièces d'argent aux pauvres, rencontrée et interrogée par son mari qui désapprouvait ses largesses elle répondit qu'elle portait des fleurs. Celui-ci voulant s'en assurer ne trouva que des fleurs en effet. — 8° **Manne.**

ÉLISÉE. Prophète. — 1° **Aigle** à deux têtes rappelant la parole du prophète à Élie : Je vous prie que votre double esprit repose en moi. — 2° **Aiguière.** — 3° **Enfant** qui fut ressuscité par lui. — 4° **Hache** qu'il fit retrouver dans le Jourdain.

ÉLOI (Saint). Évêque.

ANIMAUX. — 1° **Aigle.** — 2° **Cheval** de ce que, patron des forgerons, il l'est devenu des maréchaux ferrants. — 3° **Ours** que le saint força à le servir.

DIVERS. — 1° **Baume** que son corps secrétait après sa mort. — 2° **Châsse.** Le saint, orfèvre et argentier du roi, aimait à enfermer les reliques des saints dans des châsses précieuses afin de mieux les indiquer à la vénération des fidèles. — 3° **Croix.** A sa mort, une croix brillante apparut au-dessus de sa maison et disparut dans les cieux. — 4° **Démon** que le saint saisit par le nez au moyen d'une tenaille. Quoique évêque, il continuait son métier d'orfèvre et l'employait à glorifier Dieu. Le démon, jaloux venait le troubler dans ce travail, le saint le saisit par le nez avec une tenaille, et certains affirment même qu'il le frappa sur l'enclume. — 5° **Enclume,** instrument de son métier d'orfèvre. — 6° **Étoile** en forme de croix. (Voir plus loin à ce mot). — 7° **Incendie** qu'il éteignit par ses prières. — 8° **Lépreux.** — 9° **Marteau,** instrument de sa profession d'orfèvre.

ÉLOQUENCE.

VÉGÉTAUX. — 1° **Fleurs.** — 2° **Lagerstrœnia** de l'Inde. — 3° **Nymphœa lotus.** Au coucher du soleil, cette plante se plonge dans l'eau pour n'en sortir qu'au lever du jour. Les Égyptiens l'avaient consacré au soleil, dieu de l'éloquence.

DIVERS. — 1° **Caducée** symbole de la persuasion. — 2° **Diadème**. — 3° **Foudre**, car elle frappe les foules.

ÉLUS. — 1° **Brebis**. — 2° **Colombe** symbolisant spécialement leur âme.

ÉMERAUDE. — Pierre précieuse de couleur verte. — Voir 1° *Amour fidèle* — 2° *Espérance* — 3° *Force* — 4° *Jean l'Évangéliste* (*saint*) — 5° *Puissance* — 6° *Virginité*.

EMPÊCHEMENT. — **Troëne**. Arbre qui sert à faire des haies.

EMPEREUR. — 1° **Chape** ou grand manteau. — 2° **Couronne** impériale. — 3° **Glaive**. — 4° **Globe crucifère**.

EMPIRE.

ANIMAUX. **Aigle** symbolisant la puissance.

DIVERS. — 1° **Couronne impériale**. — 2° **Globe**. — 3° **Sceptre**.

EMPRESSEMENT. — **Trèfle incarnat**.

ENCENS. Sorte de résine qui répand en brûlant une odeur agréable, et dont on se sert dans l'exercice du culte catholique. — Voir *Piété*.

ENCENSOIR. Vase ou l'on brûle l'encens. — Voir : 1° *Asie* — 2° *Dévotion* — 3° *Église* — 4° *Espérance* — 5° *Foi* — 6° *Prière* — 7° *Religion*.

ENCHANTEMENT. — 1° **Petit houx**. — 2° **Verveine**. Cette plante servit en tous temps aux sorciers pour leurs évocations. Les Mages en adorant le soleil en tenaient une branche à la main.

ENCLUME. — Voir : 1° *Adrien* (*saint*) — 2° *Eloi* (*saint*) — 3° *Force* — 4° *Vierge* — 5° *Vulcain*.

ÉNERGIE DANS L'ADVERSITÉ. — **Camomille**. Ce symbolisme provient du remède énergique que contient cette fleur.

ÉNERGIE. — **Œillet rouge**. Vient de l'odeur poivrée de l'œillet qui ranime.

ENFANCE. — Voir : *Lune*.

ENFANT. — Voir : 1° *Berthe* (*sainte*) — 2° *Blaise* (*saint*) — 3° *Claude* (*saint*) — 4° *Élie* — 5° *Vincent de Paul* (*saint*).

ENFANTILLAGE. — 1° **Œillet mignardise**. Vient de la petitesse de ses fleurs. — 2° **Renoncule des prés**.

ENFANT JÉSUS. — **Pomme**, attribut ordinaire de l'enfant Jésus. — Voir : 1° *Albert* (*saint*) — 2° *Antoine de Padoue* (*saint*) — 3° *Élisée*.

ENFER. — **Dragon**, animal fantastique vomissant des flammes. — Voir *feu*.

ENGAGÉ. — **Boule de neige**.

ENGOURDISSEMENT. —

Ciguë. Vient de l'effet produit par le poison contenu dans cette plante. Les extrémités s'engourdissent peu à peu, et la mort arrive ensuite lentement.

ENIVREMENT. — **Héliotrope**. Vient de l'odeur forte et pénétrante de cette fleur.

ENNUI. — **Boule de neige**. La fleur penchée sur sa tige et inclinée vers la terre s'effeuille à peine éclose, comme ennuyée de la vie.

ENTERREZ-MOI AU MILIEU DES BEAUTÉS DE LA NATURE. — **Larmes de Job**.

ENTÊTEMENT.

VÉGÉTAUX. — **Glouteron** ou *bardane commune*; plante dont les capitules épineux s'attachent aux vêtements.

ANIMAUX. — **Mulet**.

ENTHOUSIASME RELIGIEUX. — **Schinus**.

ENTRAILLES. — Voir : 1° *Ernest (saint)* — 2° *Frédéric (saint)*.

ENVIE.

VÉGÉTAUX. — 1° **Bec de corbeau**. — 2° **Ronce**. Cette plante rampe et enserre de ses épines tout ce qui l'approche.

ANIMAUX. — 1° **Chauve-souris** qui ne sort que la nuit. De même l'envie craint de se montrer au grand jour. — 2° **Chien**. — 3° **Couleuvre** qui rampe. — 4° **Dragon**. — 5° **Épervier** parallèle établi entre l'envie et l'oiseau de proie. — 6° **Lévrier**. — 7° **Milan**. — 8° **Renard**, dont les ruses évoquent celles que l'envie suggère. — 9° **Sanglier**. — 10° **Serpent**.

DIVERS. — 1° **Bourse**, car l'argent est le principal sujet de convoitise. — 2° **Brandon** de la discorde qui entraîne l'envie. — 3° **Flammes**.

EOS. — En mythologie, nom grec de l'aurore. — Voir *Aurore*.

ÉPÉE. — Arme. — Voir : 1° *Adrien (saint)* — 2° *Age de fer* — 3° *Boniface (saint)* — 4° *Catherine d'Alexandrie (sainte)* — 5° *Cécile (sainte)* — 6° *Crime* — 7° *Désespoir* — 8° *Élie* — 9° *Eugénie (sainte)* — 10° *Ferdinand (saint)* — 11° *Force* — 12° *Frédéric (saint)* — 13° *Hécate* — 14° *Jacques Majeur (saint)* — 15° *Jude (saint)* — 16° *Loi* — 17° *Marthe (sainte)* — 18° *Mathias (saint)* — 19° *Martin (saint)* — 20° *Rapine* — 21° *Séraphins* — 22° *Suzanne (sainte)* — 23° *Tempérance* — 24° *Tyrannie* — 25° *Zèle*.

ÉPERON. — Voir : 1° *Diligence* — 2° *Vigilance*.

ÉPERVIER. Oiseau de proie. — Voir : 1° *Apollon* — 2° *Colère* — 3° *Envie* — 4° *Jeunesse* — 5° *Junon* — 6° *Vitesse*.

ÉPHÉMÉRIDE DE LA VIRGINIE. — Voir *Bonheur d'un instant*.

ÉPI DE LA VIERGE. Plante à fleurs blanches en épis. — Voir : 1° *Pureté* — 2° *Vierge*.

ÉPICÉA ou *sapin*. — Voir *Temps*.

ÉPIEU. Arme de chasse. — Voir *Hubert (saint)*.

ÉPINARD. — Voir *Bonté*.

ÉPINARD SAUVAGE ou *bon henri*. On mange les feuilles de cette plante en guise d'épinards. — Voir *Bonté*.

ÉPINE. — 1° *Benoît (saint)* — 2° *François d'Assise (saint)*.

ÉPINE NOIRE. Plante aux épines acérées. — Voir *Difficulté*.

ÉPINE PERSISTANTE. Plante épineuse mais à la floraison charmante. — Voir 1° *Consolation dans la pauvreté* — 2° *Rigueurs*.

ÉPINE-VINETTE. Arbuste épineux dont l'écorce et les fruits ont une saveur aigrelette. — Voir : 1° *Aigreur* — 2° *Pénétration*.

ÉPIS. — Voir : 1° *Adam* — 2° *Age d'argent* — 3° *Architecture* — 4° *Cérès* — 5° *Été* — 6° *Eucharistie* — 7° *Générosité* — 8° *Joseph* — 9° *Travail*.

ÉPIS BRISÉS. — Voir *Adversité*.

ÉPISCOPAT. — **Violet**, couleur qui lui est propre.

ÉPREUVE. — **Fer**.

ÉQUERRE. Instrument de dessin. — Voir : 1° *Architecture* — 2° *Jacques le mineur (saint)* — 3° *Magnificence* — 4° *Piété* — 5° *Thomas (saint)*.

ÉQUITÉ.

ANIMAUX. — **Renard**.

DIVERS. — **Balance** dont les plateaux sont à égale hauteur.

ÉRABLE. Bel arbre ornemental. — Voir : 1° *Réserve* — 2° *Stupidité*.

ÉRATO. En mythologie, une des neuf muses, spécialement celle de la poésie érotique et lyrique.

VÉGÉTAUX. — 1° **Myrte**. — 2° **Roses**. Ces deux plantes tressées en couronne.

ANIMAUX. — **Tourterelle**.

DIVERS. — 1° **Couronne**. — 2° **Lyre**. — Voir *Muses*.

ÉRINNYES. En mythologie, c'étaient les instruments de la justice des dieux infernaux. — 1° **Ailes longues**. — 2° **Miroir**. — 3° **Serpents** dans la chevelure et aux bras.

ERMITAGE. — **Polygala**. Plante qui conserve toujours ses fleurs. Les ermites en plantaient volontiers les abords de leur demeure. — Voir : 1° *Élie* — 2° *Fiacre (saint)*.

ERMITE. — Voir : 1° *Catherine d'Alexandrie (sainte)* — 2° *Christofle (saint)*.

ERNEST (Saint). Abbé. — **Entrailles**. Son martyre fut le suivant : on lui ouvrit le ventre, et après avoir attaché l'extrémité de son intestin à un pieu, on le força à courir autour de celui-ci jusqu'à ce qu'il tombât mort.

ÉROS. En mythologie nom grec de l'amour. — Voir *Amour*.

ERREUR.

VÉGÉTAUX. — 1° **Ophrys à double feuille.** — 2° **Orchis mouche.** La fleur de cette plante ressemble à s'y méprendre à une mouche et peut amener l'erreur.

ANIMAUX. — **Serpent.**

DIVERS. — **Bandeau** qui lui couvre les yeux.

ÉRUDITION. — 1° **Baguette** rappelant son autorité. — 2° **Livre** où elle puise sa science.

ESCALIER. — Voir *Alexis (saint)*.

ESCARBOUCLE. Pierre précieuse d'un rouge foncé et brillant. Voir : 1° *Charité* — 2° *Séraphins*.

ESCULAPE ou *Asclépios* (en grec). En mythologie, dieu de la médecine et de la santé. — 1° **Coq** rappelant la vigilance du médecin. — 2° **Serpent** symbolisant la prudence du médecin. On a dit aussi que le serpent changeant de peau peut être comparé au malade qui, par l'influence des médicaments, recouvre la santé. — 3° **Tortue.**

ESPÉRANCE.

VÉGÉTAUX. — 1° **Aubépine.** Fleurit au printemps et fait espérer le retour de beaux jours. Les Troglodytes aux funérailles couvraient leurs morts d'aubépine, en l'espérance d'une vie meilleure. A Athènes, les noces étaient fleuries d'aubépine, en espérance du bonheur. Enfin, en quelques provinces de France on en attachait un brin aux berceaux des nouveau-nés. — 2° **Bourgeons** qui font espérer les feuilles au printemps. — 3° **Feuilles vertes**, de ce que le vert est la couleur de l'espérance. — 4° **Fleurs** qui promettent des fruits. — 5° **Fleurs d'amandier.** — 6° **Palmes** espoir en Dieu. — 7° **Perce-neige** qui annonce le printemps.

ANIMAUX. — 1° **Abeille** qui fait espérer le miel. — 2° **Agneau** symbolisant le Christ, espoir du chrétien. — 3° **Colombe.** — 4° **Phénix** qui renaît de ses cendres. Espoir en la vie future. — 5° **Ruche d'abeilles.**

DIVERS. — 1° **Ancre** qu'elle jette au rivage. — 2° **Bêche** qui fait espérer les récoltes. — 3° **Bleu**, couleur du ciel auquel on aspire. — 4° **Cage** symbolisant l'âme captive espérant la liberté. — 5° **Colonne** qui soutient l'espoir. — 6° **Compas.** — 7° **Corne d'abondance**, espoir des richesses. — 8° **Couronne royale**, espoir des grandeurs. — 9° **Croix**, espoir en Dieu. — 10° **Émeraude**, pierre précieuse de couleur verte, couleur d'espérance. — 11° **Encensoir.** La fumée qui s'en élève est comparée à notre espoir de monter vers Dieu. — 12° **Étendard.** — 13° **Étoile**, espoir du pêcheur. — 14° **Faux**, espoir des moissons. — 15° **Navire** qui conduit l'âme des rivages terrestres au ciel. — 16° **Phare**, espoir des marins. — 17° **Râteau.** — 18° **Saphir**, pierre précieuse bleue, couleur du ciel auquel nous aspirons. — 19° **Soleil**, espoir des beaux jours et de la lumière. — 20° **Tête de mort** symbolisant l'espoir de la résurrection. — 21° **Tour.** — 22° **Turquoise**, pierre bleue en l'espoir du ciel. — 23°

Vert, couleur propre de l'espérance. — 24° **Voile** qui conduit le vaisseau au port.

ESPÉRANCE DANS L'ADVERSITÉ. — Sapin.

ESPÉRANCES ÉVANOUIES. — Grand convolvulus.

ESPÉRANCE TROMPEUSE. — Genette ou *Faux Narcisse*. La fleur de cette plante avorte très souvent et trompe l'espoir du jardinier.

ESPOIR. — Araignée. Vient du proverbe « araignée du soir, espoir ».

ESPRIT. — Lychnis des prés.

ESPRIT MÉLANCOLIQUE. — Géranium triste. Il vit à l'ombre et est d'aspect sombre et modeste.

ESPRIT VULGAIRE. — Souci d'Afrique.

ESTIME. — 1° **Asphodèle.** — 2° **Petite sauge** ou *toute bonne*. Plante aromatique très estimée.

ESTIME ET AMOUR. — Fraisier.

ESTIME SANS AMOUR. — Herbe aux araignées.

ESTOMAC. — Voir *Soleil*.

ESTROPIÉS. — Voir *Élisabeth de Hongrie (sainte)*.

ÉTABLE. — Voir *François d'Assise (saint)*.

ÉTÉ. La seconde des quatre saisons. Il est représenté le plus souvent par un jeune garçon couronné d'épis.

Lorsqu'on met en parallèle les quatre âges de l'homme et les quatre saisons, l'été représente l'âge mûr.

1° **Chapeau**, à cause de l'ardeur du soleil pendant cette saison. — 2° **Épis** des moissons. — 3° **Faux** des moissonneurs.

Voir *Saisons*.

ÉTENDARD. — Voir : 1° *Charlemagne* — 2° *Espérance* — 3° *Jean-Baptiste (saint)* — 4° *Michel (saint)* — 5° *Victor (saint)*.

ÉTENDUE. — Gourde qu'on emporte dans les voyages.

ÉTERNITÉ.

ANIMAUX. — 1° **Éléphant** qui vit très vieux. — 2° **Serpent** mordant sa queue et formant ainsi un cercle.

DIVERS. — 1° **Cercle** sans solution de continuité. De même l'éternité est sans commencement ni fin. — 2° **Jaspe.** — 3° **Sablier ailé** symbolisant la rapidité de la vie comparée à l'éternité.

ÉTIENNE (Saint). Diacre. — 1° **Dalmatique.** — 2° **Évangéliaire.** — 3° **Pierres** de son martyre, car il fut lapidé.

ÉTOILE. — Voir : 1° *Bruno (saint)* — 2° *Christ* — 3° *Dominique de Guzman (saint)* — 4° *Éloi (saint)* — 5° *Espérance* — 6° *François d'Assise (saint)* — 7° *Vierge*.

ÉTOLE. Bande d'étoffe que les prêtres portent sur le cou et qui retombe en avant. — Voir 1° *Dominations* — 2° *Hubert (saint)* — 3° *Pierre (saint)* — 4° *Vertus*.

ÉTOURDERIE.

VÉGÉTAUX. — 1° **Amandier**. La fable donne cette origine à l'amandier. L'époux de Phyllis, Démophon, fils de Thésée et de Phèdre, rappelé par la mort de son père à Athènes, promit à sa femme de ne s'absenter qu'un mois. Le jour tant attendu du retour arrivé, Phyllis alla inutilement sur le rivage. Elle y alla neuf fois et ayant perdu tout espoir, mourut de douleur et fut changée en amandier. Revenant au bout de trois mois, Démophon, pour apaiser les mânes de sa femme, fit un sacrifice au bord de la mer. L'amandier fleurit alors en signe de pardon. — 2° **Pavot simple** qui vit dans les champs, dans les terrains bons ou mauvais, sans choix.

ANIMAUX. — **Papillon** qui ne se fixe nulle part.

ÉTREINTE. — **Aristoloche**. Plante grimpante qui étreint tout ce qui se trouve à sa portée.

EUCHARISTIE.

VÉGÉTAUX. — 1° **Épis**. — 2° **Vigne** symbolisant le sacrifice en deux espèces.

ANIMAUX. — 1° **Agneau**, symbole du Christ. — 2° **Pélican** qui nourrit ses enfants de sa chair. — 3° **Poisson**.

DIVERS. — 1° **Blanc**, couleur de la pureté. — 2° **Bleu**, couleur céleste. — 3° **Calice**. — 4° **Ciboire**. — 5° **Hostie** auréolée et marquée du chrisme. — 6° **Ostensoir**. — 7° **Rouge**.

EUGÈNE (Saint). Évêque. — 1° **Massue**, car il fut assommé par les païens. — 2° **Ville**.

EUGÉNIE (Sainte). — **Épée** qui servit à la décapiter.

EUPATOIRE. — Voir : 1° *Amour paternel* — 2° *Retard*.

EUPHORBE RÉVEIL-MATIN. Plante qui secrète un suc laiteux très irritant. — Voir *J'ai perdu le repos*.

EUROPE. Un des cinq continents.—Personnifiée on lui donne : 1° **Armes**. — 2° **Cheval**. — 3° **Couronne** comme reine des continents. — 4° **Fruits**. — 5° **Perles** dans les cheveux.

EURUS. Vent du matin et de l'est. Voir *Vent*.

EUSTACHE (Saint).

ANIMAUX. — 1° **Bœuf** en bronze entouré de flammes dans lequel il fut enfermé avec sa femme et ses enfants. — 2° **Cerf** qui lui apparut.

DIVERS. — 1° **Corbeille** rappelant qu'il fut garçon de ferme. — 2° **Costume de chasse**, car il était chasseur. — 3° **Rivière**.

EUTERPE. En mythologie une des neuf muses, spécialement celle de la musique. — **Double-flûte**. — Voir *Muses*.

ÉVANGÉLIAIRE. Livre qui contient les évangiles. — Voir : 1° *Diacre* — 2° *Étienne (saint)* — 3° *Laurent (saint)* — 4° *Principautés* — 5° *Saint*.

ÉVANGÉLISTES. Ils sont au nombre de quatre : Saint **Jean**, saint **Luc**, saint **Marc** et saint **Mathieu**. — Voir ces noms.

1° **Oiseau** dont les ailes ornent les animaux figurant les évangélistes. — 2° Les **quatre animaux**. — 3° Les **quatre fleuves du paradis**. — 4° Les **quatre gammas**. — 5° Les **quatre livres**. — 6° Les **quatre disques** cantonnant la croix. — 7° Les **quatre croix**.

ÉVANGILE OUVERT. — Voir *Amour divin*.

ÈVE.

VÉGÉTAUX. — 1° **Arbre de science** du bien et du mal auquel il lui était interdit de toucher. — 2° **Pomme** qui la fit succomber à la tentation.

ANIMAUX. — 1° **Brebis** dont elle doit filer la laine. — 2° **Serpent** qui la tenta.

DIVERS. — **Démon** qui la fit succomber à la tentation.

ÉVENTAIL. — Voir *Août*.

ÉVÊQUE.

ANIMAUX. — **Bélier**, car il est le chef du troupeau.

DIVERS. — 1° **Anneau**. — 2° **Chapeau vert** à trois rangs de glands. — 3° **Crosse**. — 4° **Gant violet**. — 5° **Mitre**.

EXTASE. — **Angélique**. Les Lapons se couronnaient d'angélique afin de s'inspirer lorsqu'ils composaient des vers.

EXTRAVAGANCE. — **Amarante crête de coq**. Plante dont la fleur affecte les formes les plus bizarres.

EXTRAVAGANCE FANTASTIQUE. — **Pavot rouge**. Probablement en souvenir des rêves fantastiques et extravagants provoqués par l'opium.

ÉZÉCHIEL. Un des quatre grands prophètes. — Voir *Prophètes*.

1° **Animaux symboliques** qu'il eut en vision. — 2° **Ossements desséchés** qui, selon sa prédiction, doivent revivre. — 3° **Porte** symbolisant la virginité de Marie.

FACILITÉ. — 1° **Germandrée.** — 2° **Valériane rouge.** Belle plante utilisée en médecine comme excitant le système nerveux.

FAIBLESSE. — **Adosca musqué.** Fleur à odeur très douce et très légère.

FASCINATION. — 1° **Fougère.** — 2° **Lunaire.**

FATIGUE. — **Boule de neige.** Les fleurs de cette plante tombent et se penchent comme si leurs tiges étaient lasses de les porter.

FATUITÉ.

VÉGÉTAUX. — **Grenade.** Arbre à fleurs brillantes mais inodores.

ANIMAUX. — **Cigogne.** La fille de Laomédon s'étant vantée d'être plus belle que Junon fut changé en cigogne par la déesse.

FAUCILLE. Lame courbe servant à couper le blé. — Voir : 1° *Cérès* — 2° *Été* — 3° *Juin* — 4° *Saturne* — 5° *Temps.*

FAUCON. Oiseau de proie employé jadis pour la chasse au vol. — Voir : 1° *Chasse* — 2° *Sanguin* — 3° *Superbe* — 4° *Vie du gentilhomme.*

FAUNES. Êtres mythologiques. 1° **cornes de chèvre** qu'ils portaient sur une tête d'homme. — 2° **Bouc.** Ils avaient la nature du bouc à partir de la ceinture.

VÉGÉTAUX. — 1° **Olivier.** — 2° **Pin.** Ces plantes leur étaient consacrées.

FAUSSE CAMOMILLE ou *Anthémis des champs.* Plante infestant les cultures et qu'il faut détruire en arrachant les pieds un à un. — Voir *Patience.*

FAUSSE ORANGE. — Voir *Imposture.*

FAUSSES RICHESSES. — **Soleil.** Cette plante aux fleurs si éclatantes est sans aucune utilité.

FAUSSETÉ. — **Mancenillier.** Plante dont le fruit, d'une odeur agréable, a l'apparence d'une pomme d'api, mais dont la chair molle contient un suc caustique qui est un poison violent.

FAUVE. Couleur rousse. — Voir *Démon*.

FAUX. Instrument tranchant qui sert aux moissonneurs. — Voir : 1° *Espérance* — 2° *Été* — 3° *Mort* — 4° *Temps*.

FAUX ACACIA JAUNE ou *robinier*. Arbre aux belles grappes de fleurs jaunes. — Voir *Amour secret*.

FAUX ÉBÉNIER ou *cytise*. Arbre à fleurs jaunes en grappes. Voir : 1° *Abandon* — 2° *Beauté pensive* — 3° *Noirceur*.

FAVEUR POPULAIRE. — **Ciste** ou *rose de rochers*.

FÉCONDITÉ. — 1° **Citronnier**, arbre qui produit de nombreux fruits. — 2° **Rose trémière**, plante qui porte un grand nombre de fleurs sur sa tige. — 3° **Vigne**, symbole de la fécondité. — Voir *Frica*.

FÉLICITÉ. — **Petite centaurée** ou *chironée* à fleurs roses. Chiron, le centaure, habile médecin, perdit cependant sa fille Chironée qui mourut d'amour et fut changée en cette fleur. En Orient, elle signifie bonheur suprême et se nomme centaurée du sultan.

FÉLIX (Saint). Pape. — **Ancre**.

FENÊTRE. — Voir : 1° *Nicolas (saint)* — 2° *Thomas d'Aquin (saint)*.

FENOUIL ou *anis*. Plante très employée dans l'économie domestique et en médecine. — Voir : 1° *Digne de louange* — 2° *Force*.

FER. Métal. — Voir : 1° *Combat* — 2° *Épreuve* — 3° *Malédiction* — 4° *Mort* — 5° *Travail*.

FERDINAND (Saint). Roi. — 1° **Clefs** rappelant qu'il chassa les Maures d'Espagne. — 2° **Drapeau** rappelant que ce roi d'Espagne se nomma porte enseigne de saint Jacques, et tint à recevoir l'accolade de la main même du saint. Celui-ci avait une statue dont le bras était articulé à cet effet, dans l'église de Compostelle. — 3° **Épée** rappelant ses nombreuses campagnes en l'honneur du Christ contre les Mahométans.

FÉROCITÉ. — **Chien** qui montre les crocs.

FÉRULE. Petite palette de bois dont on frappait les écoliers pour les punir. — Voir *Grammaire*.

FERVEUR. — **Rouge**, couleur qui lui est dédiée.

FESTIN. — **Persil**. Les Grecs s'en couronnaient dans les banquets, le croyant propre à exciter l'appétit et la gaîté.

FEU.

VÉGÉTAUX. — 1° **Fraxinelle**. Cette plante après une journée chaude exhale un gaz inflammable qui s'embrase à l'approche d'un corps enflammé. — 2° **Iris de Florence**. C'est avec la racine de cette plante que se font les pois cautères employés en médecine.

ANIMAUX. — 1° **Perroquet.** Ces animaux eurent autrefois cette signification parce qu'ils venaient de la Terre de feu pour la plupart. — 2° **Phénix** sur son bûcher; il renaît de ses cendres. — 3° **Salamandre**, animal que les anciens croyaient apte à vivre dans le feu.

DIVERS. — 1° **Rouge**, couleur des flammes. — 2° **Torches**. — Voir : 1° *Allégresse* — 2° *Antoine (saint)* — 3° *Antoine de Padoue (saint)* — 4° *Enfer* — 5° *François Xavier (saint)* — 6° *Hiver* — 7° *Justice* — 8° *Saint-Esprit* — 9° *Vulcain*.

FEU D'AMOUR. — **Capucine.** Aux grandes chaleurs et par des temps orageux cette fleur laisse échapper de légers éclairs.

FEUILLES. — Voir *Paul (saint)*.

FEUILLES MORTES. — Voir 1° *Mélancolie* — 2° *Tristesse*.

FEUILLES VERTES. — Voir *Espérance*.

FÉVRIER. Second mois de l'année correspondant au signe des **poissons** dans le Zodiaque. Dans l'antiquité il était consacré à Neptune, et le moyen âge l'a représenté se chauffant. — 1° **Héron**, oiseau aquatique rappelant les fortes pluies qui tombent en ce mois. — 2° **Poisson** qui a même signification.

FIACRE (saint). — 1° **Banc de pierre** sur lequel il s'assit en attendant d'être reçu par son évêque et qui garda son empreinte. — 2° **Bêche**, car il est patron des jardiniers. — 3° **Costume monastique.** — 4° **Couronne** symbolisant les grandeurs du monde méprisées. — 5° **Ermitage** qu'il habita dans la Brie. — 6° **Livre.** — 7° **Pots d'étain.** Il est le patron des potiers d'étain.

FICOIDE CRISTALLINE ou *glaciale*. Plante dont les tiges rampantes sont couvertes de bulles transparentes semblables à des morceaux de glace. — Voir *Vos yeux me glacent*.

FICOIDE ÉCLATANTE. Plante d'ornement à belles fleurs. — Voir *Vous brillez entre toutes*.

FIDÈLE AU MALHEUR. **Giroflée de muraille.** Plante qui se plaît dans les ruines. Les troubadours en portaient une branche en signe d'une affection inaltérable.

FIDÈLES. — **Brebis**, symbole de la fidélité.

FIDÉLITÉ.

VÉGÉTAUX. — 1° **Héliotrope.** — 2° **Lierre.** Plante qui s'attache profondément par des vrilles aux murailles qui la soutiennent. — 3° **Pervenche.** — 4° **Prunier.** — 5° **Véronique.** Plante dont les fruits sont en forme de cœur. — 6° **Violette bleue.**

ANIMAUX. — **Chien** dont l'attachement est bien connu.

DIVERS. — 1° **Anneau** symbolisant la foi jurée. — 2° **Clefs.**

FIDÉLITÉ EN AMOUR. — **Citronnier.**

FIEL. — **Fumeterre.** Cette plante très amère a comme nom vulgaire fiel de terre.

FIERTÉ. — **Amaryllis**. Au dire des jardiniers cette plante semble mettre parfois une sorte de fierté à refuser ses fleurs en dépit des soins qu'on a pu lui prodiguer. Son port est du reste fier et majestueux.

FIGUES SÈCHES. — **Automne**. C'est à cette époque que l'on fait sécher ces fruits.

FIGUIER. Arbre cultivé surtout en vue de la récolte des figues. Celles-ci sont nutritives, sucrées et rafraîchissantes. — Voir : 1° *Adam* — 2° *Bacchus* — 3° *Discussion* — 4° *Douceur* — 5° *Paresse* — 6° *Prolifique* — 7° *Reconnaissance* — 8° *Tentation*.

FIL A PLOMB. Instrument fort employé dans la construction. — Voir *Architecture*.

FILLE CHÉRIE. — **Quintefeuille**. Il paraît que par les temps pluvieux, les feuilles de cette plante se rapprochent et abritent la fleur. Telle une mère abritant sa fille contre les dangers.

FINESSE.

VÉGÉTAUX. — 1° **Doradille** ou *capillaire*. Plante très légère et au feuillage finement découpé. — 2° **Œillet de poète**. Plante très délicate.

ANIMAUX. — 1° **Renard**. — 2° **Singe**. Animaux fameux par leurs ruses.

FIOLE. Petite bouteille. — Voir *Médecin*.

FLAMBEAU. — Voir : 1° *Amour divin* — 2° *Hécate* — 3° *Jean-Baptiste (saint)* — 4° *Médisance* — 5° *Nuit* — 6° *Patience* — 7° *Vesta*.

FLAMME. — 1° **Glaïeul**. Plante à fleurs rouges. — 2° **Iris des Marais** ou *flambe d'eau*. — 3° **Lycopode**. Le pollen de cette plante brûle avec une grande facilité en produisant un éclair. — Voir : 1° *Charité* — 2° *Colérique* — 3° *Élie* — 4° *Envie* — 5° *Foi* — 6° *Laurent (saint)* — 7° *Mariage* — 8° *Séraphins*.

FLATTERIE.

VÉGÉTAUX. — **Campanule** ou *Miroir de Vénus*. Vénus laissa tomber un de ses miroirs sur la terre. Un berger le ramassa et s'y mira. Comme ce miroir avait le don d'embellir, il ne pensa plus qu'à se mirer et oublia sa maîtresse. L'Amour craignant le retour de cette erreur brisa le miroir et le changea en cette fleur.

ANIMAUX. — 1° **Abeille** — 2° **Sirène**.

FLÉAU. — Voir *Bellone*.

FLÈCHES. Armes. — Voir : 1° *Amour* — 2° *Amour divin* — 3° *Apollon* — 4° *Carquois* — 5° *Christine (sainte)* — 6° *Christofle (saint)* — 7° *Colère* — 8° *Cupidon* — 9° *Diane* — 10° *Diligence* — 11° *Edmond (saint)* — 12° *Jude (saint)* — 13° *Prière* — 14° *Prudence*.

FLEGMATIQUE. — **Agneau**.

FLEURS. Attributs de Flore. — Voir : 1° *Abondance* — 2° *Amour* — 3° *Élisabeth de Hongrie (sainte)* — 4° *Éloquence* — 5° *Espérance* —

6° *Foi* — 7° *Luxure* — 8° *Mai* — 9° *Odorat* — 10° *Printemps* — 11° *Terre*.

FLEUR DE GLOIRE. — Voir *beauté éclatante*.

FLEUR DE JALOUSIE ou *amarante*. Son symbolisme vient de son nom même : a, privatif et *mareineim* flétrir : c'est-à-dire qui ne se flétrit pas. — Voir *Immortalité*.

FLEUR DE JUPITER ou *Coquelourde*. — Voir *Vous êtes sans prétention*.

FLEUR DE LIS. — Voir *Clotilde* (*sainte*).

FLEUR D'UNE HEURE. — Voir *Beauté délicate*.

FLEUR DU NOUVEAU-NÉ, ou *petite marguerite*. — Voir : 1° *Innocence* — 2° *Je partage vos sentiments*.

FLEUVES. Personnifiés, les fleuves sont à demi-couchés et ont comme attributs : — 1° **Corne d'abondance**, car leur eau fertilise les prairies qu'ils traversent. — 2° **Couronne de roseaux**. — 3° **Urne** sur laquelle ils s'appuient et d'où s'écoule l'eau. — Voir *Julien l'Hospitalier* (*saint*).

FLORE. — En mythologie, déesse épouse de Zéphire. Elle a pour mission d'ouvrir les fleurs et de les nuancer. — **Corne d'abondance** d'où s'échappent les fleurs les plus diverses.

FLUTE. Instrument de musique. — Voir *Pan*.

FOI. Une des trois vertus théologales. Représentée, elle est assise sur une **licorne**, que conduisent un **ange** et une **vierge**; car la chasteté que représente la licorne est soutenue par la foi. Elle est vêtue de **blanc**, est coiffée d'une **tiare** et est **nue jusqu'à la ceinture**. Cette nudité partielle symbolise la clarté et le mystère de la religion. Elle est **ailée** pour voler au ciel, et a les yeux **bandés** car elle doit croire aux mystères sans essayer de les pénétrer. Elle porte la main sur le cœur.

VÉGÉTAUX. — **Fleurs**.

ANIMAUX. — 1° **Aigle** qui vole vers les cieux. — 2° **Chien** symbolisant la fidélité. — 3° **Colombe**, symbole de pureté.

DIVERS. — 1° **Ange** qui la conduit. — 2° **Baguette**, en souvenir de Moïse et de ses miracles. — 3° **Blanc**, couleur qui lui est dédiée. — 4° **Chandelier** qui l'éclaire. — 5° **Clefs**, attribut du pape, régisseur de la foi. — 6° **Colonne** qui la soutient. — 7° **Couronne** qui la récompense. — 8° **Couronne** d'épines qu'elle accepte de porter. — 9° **Crible** qui sépare les bons des méchants. — 10° **Église** gardienne de la foi. — 11° **Encensoir**, comme la fumée d'encens, la foi monte vers Dieu. — 12° **Flamme** qu'elle porte dans la main et qui symbolise son activité. — 13° **Hostie**. — 14° **Jaspe**, pierre qui lui est dédiée. — 15° **Lampe** qui éclaire et dissipe l'erreur. — 16° **Livres** rappelant la bible, les tables de la loi, les évangiles. — 17° **Tiare** rappelant le pape gardien de la foi. — 18° **Trépied** rappelant les sacrifices antiques. — 19° **Verges** pour châtier l'erreur.

FOIE. — Organe du corps de l'homme. — Voir : 1° *Jupiter* — 2° *Mars.*

FOLIE.

VÉGÉTAUX. — 1° **Ancolie,** plante dont la fleur bizarre ressemble un peu à la marotte, emblème de la folie. — 2° **Chanvre.** Les sommités du chanvre fournissent le haschich qui procure des rêves et des désirs. — 3° **Églantine.** — 4° **Hellébore.** Les anciens préconisaient cette plante comme remède à la folie.

ANIMAUX. — 1° **Autruche.** — 2° **Bison.** Peut-être allusion à la bêtise de ces animaux. — 3° **Cheval.** — 4° **Pie** dont le bavardage est sans fin et sans suite. — 5° **Singe.**

DIVERS. — 1° **Cheval de bois** qu'elle chevauche. — 2° **Grelots** qui ornent son bonnet. — 3° **Lance.** — 4° **Marotte** qui est son principal attribut. — 5° **Massue,** car la folie assomme.

FONTAINE. — Voir : 1° *Berthe (sainte)* — 2° *Boniface (saint)* — 3° *Bruno (saint)* — 4° *Clotilde (sainte)* — 5° *David (saint)* — 6° *Vierge.*

FONT BAPTISMAL. — Voir *Baptême.*

FORCE.

VÉGÉTAUX. — 1° **Cèdre,** arbre gigantesque. — 2° **Chêne,** le plus beau et le plus fort des arbres de nos forêts. — 3° **Fenouil** ou *anis.* Les gladiateurs en mêlaient à leurs aliments pour se donner des forces, et les vainqueurs en étaient couronnés.

ANIMAUX. — 1° **Aigle,** le plus fort des oiseaux de proie. — 2° **Bélier.** — 3° **Dragon** qu'elle terrasse. — 4° **Lion.** — 5° **Serpent.** — 6° **Taureau.** — 7° **Tortue.**

DIVERS. — 1° **Airain.** — 2° **Bâton de commandement.** — 3° **Bouclier.** — 4° **Casque** à cornes de béliers. — 5° **Colonne** qu'elle porte. — 6° **Couronne** royale, symbole de la puissance. — 7° **Donjon,** la partie la plus forte des anciens châteaux forts. — 8° **Émeraude,** pierre qui lui est dédiée. — 9° **Enclume** qui résiste à tous les coups. — 10° **Épée.** — 11° **Fronde.** — 12° **Manteau.** 13° **Massue.** — 14° **Pressoir.** — 15° **Sceptre.**

FORTUNE.

VÉGÉTAUX. — **Couronne de sapin.** Allusion aux parties dures et piquantes de cet arbre.

DIVERS. — 1° **Ailes,** car elle fuit vite. — 2° **Bandeau** qui la rend aveugle. — 3° **Boule** sur laquelle elle est debout pour montrer son peu de stabilité. — 4° **Corne d'abondance,** car elle est la source des biens matériels. — 5° **Gouvernail,** car elle dirige et gouverne le monde. — 6° **Rame,** qui indique la navigation et le commerce comme moyen d'acquérir la richesse. — 7° **Roue ailée,** pour indiquer sa fuite rapide.

FOSSE. — Voir *Jean (saint).*

FOUDRE. — Voir : 1° *Barbe*

(*sainte*) — 2° *Catherine d'Alexandrie* (*sainte*) — 3° *Clémence* — 4° *Éloquence* — 5° *Vitesse*.

FOUET. — Voir : 1° *Ambroise* (*saint*) — 2° *Bellone* — 3° *Chasteté* — 4° *Dominique de Guzman* (*saint*) — 5° *Furies* — 6° *Hécate* — 7° *Pénitence* — 8° *Rigueurs* — 9° *Zèle*.

FOUGÈRE. Plante poussant dans les bois et les lieux humides. — Voir : 1° *Durée* — 2° *Fascination* — 3° *Franchise* — 4° *Rêverie* — 5° *Sincérité*.

FOULSAPATTE. — Voir *Amour malheureux*.

FOURBERIE. — **Renard**, animal fameux par ses ruses.

FOURCHE. — Voir *Démon*.

FOURMI. Insecte dont le labeur et la prévoyance sont bien connus. — Voir : 1° *Conseil* — 2° *Prudence* — 3° *Travail*.

FOURNAISE. — Voir *Vierge*.

FRAGILITÉ HUMAINE. — **Araignée**. Allusion à la fragilité de la toile qu'elle tisse.

FRAISIER. Plante cultivée pour ses fruits succulents. — Voir : 1° *Bonté parfaite* — 2° *Estime et amour*.

FRAMBOISE. Sorte de ronce cultivée pour ses fruits délicieux mais indigestes. — Voir *Remords*.

FRANCHISE.

VÉGÉTAUX. — 1° **Fougère**. — 2° **Osier**, du proverbe « franc comme osier. »

DIVERS. — **Grenat**, pierre rouge.

FRANÇOIS D'ASSISE (Saint). Fondateur des frères mineurs.

VÉGÉTAUX. — 1° **Bluets**. Rappelant son amour de la nature. — 2° **Épines**, sur lesquelles il se couche pour résister à la tentation. — 3° **Lis**, symbole de virginité.

ANIMAUX. — 1° **Agneau**, qu'il avait apprivoisé et qui lui rappelait le fils de Dieu incarné. — 2° **Oiseaux** auxquels il prêcha. — 3° **Poissons** auxquels il parla.

DIVERS. — 1° **Anges**. Pendant une maladie, des anges vinrent le consoler en chantant et jouant de la musique. — 2° **Bûcher** sur lequel il voulut monter pour prouver sa foi. — 3° **Centaure** symbolisant le démon, la force brutale qu'il repousse. — 4° **Chapelet**. — 5° **Christ** qui lui apparut. — 6° **Croissant**, car il prêcha devant un prince musulman pendant un pèlerinage en Palestine. — 7° **Croix** qu'il porte comme fondateur d'un ordre religieux. — 8° **Dalmatique**, car il était diacre. — 9° **Église de Latran** qui s'écroule et que le saint retient sur son épaule. Rappelant le songe qu'eut le pape lorsqu'il hésitait à approuver la règle de l'ordre religieux fondé par Saint François. — 10° **Étable** où il naquit car sa mère voulut qu'il entrât dans le monde comme le fils de Dieu. — 11° **Étoile**, qui s'éleva au ciel à sa mort. — 12° **Jésus** qui lui apparut. — 13° **Livre** de la règle de l'ordre qu'il fonda. — 14° **Neige**, dans laquelle il se roule pour écarter les tentations. — 15° **Séraphin** crucifié qui lui imprima les cinq plaies de le passion du Christ. — 16° **Stigmates**, plaies qui lui furent imprimées aux pieds, aux mains et au flanc par un séraphin. — 17° **Tête de mort** devant laquelle il méditait.

FRANÇOIS XAVIER (Saint). Jésuite.

VÉGÉTAUX. — **Lis**, rappelant sa pureté.

ANIMAUX. — **Crabe** qui rapporta au saint le crucifix qu'il avait laissé tomber à la mer.

DIVERS. — 1° **Bourdon** rappelant qu'il fut missionnaire. — 2° **Cabane** dans laquelle il mourut. — 3° **Crucifix**. Le saint, sur mer, fut assailli par une tempête. Voulant apaiser les flots, il y plongea son crucifix qui fut emporté par les vagues. Le lendemain sur le rivage, un crabe le lui rapporta. — 4° **Feu** qui embrasait sa poitrine, allusion aux consolations que lui prodiguait le seigneur. — 5° **Pélerine** de missionnaire. — 6° **Vaisseau** où il fut assailli par une tempête.

FRAXINELLE ou *Dictame de Crète*. Plante qui secrète une huile très volatile et très inflammable. — Voir : 1° *Feu* — 2° *Je me consume d'amour* — 3° *Junon* — 4° *Naissance* — 5° *Passion*.

FRAYEUR. — **Chauve-souris**. Voulant se soustraire aux orgies qui célébraient les fêtes de Bacchus, Alcithoé et ses sœurs travaillaient. Pour se venger de ce manque d'égard, le dieu les effraya en leur faisant croire que des bêtes les poursuivaient. Elles se cachèrent alors dans des endroits retirés où elle furent changées en chauve-souris.

FRÉDÉRIC (Saint). Évêque. — 1° **Entrailles** sortant d'une plaie qu'on lui fit. — 2° **Épée** qui le blessa.

FREIN. — Voir *Tempérance*.

FRÊNE. — Grand arbre de nos forêts. — Voir : 1° *Grandeur* — 2° *Prudence*.

FREYA. Déesse scandinave de l'amour. — 1° **Char** traîné par des **chats**. — 2° **Collier**.

FRICA. Mythologie scandinave. pouse d'Odin, elle est la Junon du Nord. Elle a les attributs ordinaires de : 1° **Abondance**. — 2° **Fécondité**. — 3° **Volupté**. (Voir ces mots).

FRITILLAIRE ou *couronne impériale*. Belle plante de nos jardins au port majestueux. — Voir : 1° *Majesté* — 2° *Puissance*.

FRITILLAIRE TACHETÉ. Plante poussant dans les prairies humides. — Voir *Persécution*.

FRIVOLITÉ.

VÉGÉTAUX. — 1° **Baguenaudier**. Plante dont les gousses gonflées d'air, servent d'amusement aux enfants. — 2° **Brize** ou *amourette*. Plante dont les épillets remuent au moindre souffle et symbolise la mobilité des sentiments et de l'esprit.

DIVERS. — 1° **Girouette** qui tourne à tous les vents et symbolise l'inconstance. — 2° **Horloge** brisée, car le temps ne compte pas pour elle.

FROIDEUR. — 1° **Agnus Castus**. — D'après Pline, les prêtresses de Cérès formaient leur couche de cette plante odorante afin de conserver leur chasteté. Les moines de certains ordres portaient un couteau dont le manche fait de ce bois devait rendre leur cœur insensible. — 2° **Hortensia**. — 3° **Laitue**. — 4° **Nénuphar**. Plante qui passe pour calmer les ardeurs du sang. Une nymphe aimait passionnément Hercule. Le dieu restant insensible à ses charmes, elle mourut de douleur. Pour l'éterniser, cependant, Hercule la changea en nymphea ou nénuphar.

FROMENTAL ou *Ray-grass*. — Herbe qui croît avec la plus grande facilité. — Voir *Vice*.

FRONDE. Arme formée d'une lanière et servant à lancer des projectiles. — Voir : 1° *David* — 2° *Force*.

FRUGALITÉ. — **Chicorée**. Plante peu nutritive et bonne pour les convalescents.

FRUITS. — Voir : 1° *Abondance* — 2° *Automne* — 3° *Bonnes œuvres* — 4° *Charité* — 5° *Europe* — 6° *Goût* — 7° *Hécate* — 8° *Pomone* — 9° *Vertumne*.

FUCHSIA. Plante de nos jardins aux fleurs légères. — Voir : 1° *Gentillesse* — 2° *Goût* — 3° *Grâce* — 4° *Légèreté*.

FUITE EN ÉGYPTE. — **Ane** qui porta la Vierge et l'Enfant Jésus.

FUMETERRE. Plante dont la feuille et la tige sont fort amères. — Voir : 1° *Amertume* — 2° *Fiel* — 3° *Spleen*.

FUMIER. — Voir *Job*.

FUREUR. — 1° **Mandragore**. La racine de cette plante, dont la forme peut être rapprochée de la forme d'un corps humain, poussait, d'après la légende, des cris horribles lorsqu'on l'arrachait du sol. Les sorciers s'en servaient pour composer un breuvage provoquant un délire furieux. — 2° **Vigne**. Les Égyptiens la prétendaient née du sang des Géants et expliquaient ainsi la fureur provoquée par l'ivresse.

FURIES. — En mythologie, elles avaient : 1° **Ailes** de chauve-souris. — 2° **Croc** pour attirer à elle et déchirer. — 3° **Fouet** formé de serpents. — 4° **Serpents** dans les cheveux. — 5° **Torches** pour incendier.

FUSAIN ou *bonnet de prêtre*. Plante dont le bois calciné sert à dessiner. — Voir *Vos charmes sont tracés dans mon cœur*.

FUSEAU. Instrument servant à filer la quenouille. — Voir : 1° *Clotho* — 2° *Lachésis* — 3° *Minerve* — 4° *Parques*.

FUYEZ. — **Pouliot**. Plante labiée.

FUYEZ AVEC MOI. — **Char de Vénus** ou *Aconit*. Fleur dont la forme peut être rapprochée de celle d'un char.

GABRIEL. — Archange.

VÉGÉTAUX. — **Lis** qu'il porte au moment de l'Annonciation.

DIVERS. — 1° **Bâton crucifère** qu'il porte comme sceptre. — 2° **Phylactère** où sont tracés les premiers mots de la salutation angélique.

GAINIER. Arbre à belles fleurs rouges fleurissant dès les premiers jours du printemps. — Voir : 1° *Nouvelle jeunesse* — 2° *Vigueur renaissante*.

GAITÉ. — 1° **Mélisse**. On prétend qu'une infusion de cette plante rend la gaîté et dispose à la joie. — 2° **Orchis papillon**. Ce symbolisme vient de la ressemblance de cette fleur avec l'insecte joyeux.

GAITÉ DANS LA VIEILLESSE. — **Aster d'Amérique**.

GAITÉ DANS LE MALHEUR. — **Xéranthenum**.

GALANTERIE. — 1° **Bouquet**, cadeau galant. — 2° **Œillet de poète**; le poète célèbre d'ordinaire galamment la femme.

GALÉGA. — Plante légumineuse du climat méditerranéen. — Voir *Raison*.

GAMMA. — Lettre de l'alphabet grec. — Voir *Evangélistes*.

GANT. — Voir *Évêque*.

GANT DE NOTRE-DAME. Plusieurs fleurs portent ce nom. — Voir : 1° *Ancolie* — 2° *Campanule* — 3° *Digitale* — 4° *Gantelée*.

GANTELÉE ou *campanule*; miroir de Vénus ou gant de Notre-Dame. — Belle fleur croissant dans les bois, les terrains arides et les montagnes. Très ornementale, elle est aussi fortement vénéneuse. — Voir : 1° *Attraits* — 2° *Beauté* — 3° *Beauté négligée* — 4° *Charmes* — 5° *Flatterie* — 6° *Grâce* — 7° *Surveillance*.

GANYMÈDE. — **Aigle** qui enleva Ganymède, échanson des dieux.

GARANCE. Plante renfermant une belle teinture rouge. — Voir *Calomnie*.

GAZON. — Voir *Soumission*.

GÉANTS. — En mythologie, ils étaient les fils de la terre et avaient les jambes en queue de **serpents**. Ils étaient jaloux des Dieux et tentèrent d'escalader le ciel où régnaient ceux-ci. Mais ils furent replongés sous terre.

GÉMEAUX. — Signe du zodiaque correspondant au temps qui s'écoule entre le 20 mai et le 20 juin. — Voir *Zodiaque*.

GÉMISSEMENT. — **Peuplier tremble**. Cet arbre au feuillage très léger frémit et gémit au moindre souffle du vent.

GÉNÉROSITÉ.

VÉGÉTAUX. — 1° **Épis**. — 2° **Oranger**; couvert de fleurs, de fruits et de feuilles, il est l'emblème de la générosité.

ANIMAUX. — **Lion** que l'on dit animal généreux. Une fable de La Fontaine a accrédité cette croyance.

DIVERS. — **Corne d'abondance** symbolisant les biens qu'elle répand.

GENÊT. Arbrisseau qui fleurit dans les lieux incultes et les terrains sablonneux. Ses rameaux servent à fabriquer des balais. — Voir : 1° *Ardeur* — 2° *Humilité* — 3° *Propreté*.

GENETTE ou *narcisse des poètes*. — Voir *Espérances trompeuses*.

GENEVIÈVE (Sainte). — 1° **Ange**. Lorsque la sainte se rendit en pèlerinage à Saint-Denis, le diable ayant éteint le cierge qu'elle portait, un ange le ralluma. — 2° **Aveugle** à qui elle rendit la vue. — 3° **Clefs**, car elle est la patronne et la protectrice de Paris. — 4° **Houlette**, car elle était bergère. — 5° **Livre** renfermant des prières. — 6° **Médaille** que saint Germain lui mit au cou. — 7° **Pain** qu'elle porte pour rappeler les soins dont elle entoura le peuple de Paris pendant une famine. — 8° **Puits**. Sa mère l'ayant frappée devint aveugle; mais la sainte lui rendit la vue avec l'eau de ce puits. — 9° **Quenouille** car elle file. — 10° **Troupeau** qu'elle conduit étant bergère. — 11° **Voile**, car elle voua sa virginité à Dieu.

GENÉVRIER. Arbrisseau toujours vert à rameaux étalés, aux feuilles piquantes et aux baies à odeur et saveur aromatique. — Voir : 1° *Apollon* — 2° *Asile* — 3° *Protection* — 4° *Secours*.

GÉNIE. — **Platane**, arbre consacré aux plaisirs de l'esprit.

GENTIANE. — Plante herbacée aux fleurs jaunes dont la racine possède une saveur très amère. — Voir *Je suis à vous*.

GENTILLESSE. — 1° **Fuchsia**, plante aux fleurs délicates et charmantes — 2° **Rose pompon** aux fleurs pleines de gentillesse.

GENTILS. — 1° **Ane**. — 2° **Chien**. Ces animaux symbolisent les hérétiques. — 3° **Colombe**.

GÉOMÉTRIE. — 1° **Compas.** — 2° **Livre** — 3° **Règle divisée.** — 4° **Tablette,** instruments servant au tracé des figures géométriques.

GEORGES (Saint).

ANIMAUX. — 1° **Cheval** sur lequel il est monté. — 2° **Dragon** qui dévastait la province de Cappadoce et qu'il tua.

DIVERS. — 1° **Costume militaire** de sa profession. — 2° **Lance** de laquelle il perça le dragon. — 3° **Roue,** instrument de son supplice.

GÉRANIUM. Plante de nos jardins. — Voir : 1° *Amitié vraie* — 2° *Esprit mélancolique* — 3° *Ingénuité* — 4° *Je puis parler* — 5° *Mélancolie* — 6° *Préférence* — 7° *Rappel* — 8° *Rencontre attendue* — 9° *Sottise* — 10° *Soulagement* — 11° *Stupidité.*

GÉRANIUM A FEUILLE DE LIERRE. — Voir *Amour conjugal.*

GÉRANIUM CITRON. — Voir *Rencontre inattendue.*

GÉRANIUM SAUVAGE. — Voir *Solide piété.*

GERBES DE BLÉ. — Voir *Isidore (saint).*

GERFAUT. Sorte de grand faucon, dressé autrefois pour la chasse au vol. — Voir *Magnanimité.*

GERMAIN (Saint). Évêque. — 1° **Chaînes,** car il délivra des prisonniers. — 2° **Clefs,** car il protégea la ville de Paris. — 3° **Incendie** qu'il éteignit par ses prières.

GERMANDRÉE. Plante assez répandue et réputée pour ses qualités digestives. — Voir *Facilité.*

GERVAIS (Saint). — 1° **Arbre** placé entre lui et son frère jumeau saint Protais. — 2° **Marteau** de son supplice.

GESSE ODORANTE ou *pois de senteur.* Plante cultivée pour ses fleurs. — Voir : 1° *Départ* — 2° *Plaisir délicat* — 3° *Plaisir durable.*

GIROFLE. Bouton du giroflier. — Voir *Dignité.*

GIROFLÉE. Plante croissant sur les terrains arides, les vieux murs, les ruines. Ses fleurs répandent un parfum suave et pénétrant. — Voir : 1° *Amour-propre* — 2° *Beauté durable* — 3° *Candeur* — 4° *Dépit* — 5° *Fidèle au malheur* — 6° *Liens d'amour* — 7° *Promptitude* — 8° *Sociabilité.*

GIROUETTE. Instrument placé sur les toits pour indiquer la direction du vent. — Voir : 1° *Frivolité* — 2° *Sottise.*

GLAIEUL. Plante aux fleurs rouges et pointues et aux feuilles en lame de sabre. — Voir : 1° *Défi* — 2° *Flamme* — 3° *Provocation.*

GLAIVE. — Voir : 1° *Agnès (sainte)* — 2° *Anges* — 3° *Barbe (sainte)* — 4° *Calomnie* — 5° *Chasteté* — 6° *Colère* — 7° *Constance* — 8° *David* — 9° *Denis (saint)* —

10° *Empereur* — 11° *Injustice* — 12° *Jacques le mineur (saint)* — 13° *Judith* — 14° *Justice* — 15° *Michel (saint)* — 16° *Paul (saint)* — 17° *Prudence* — 18° *Rhétorique* — 19° *Souverains* — 20° *Vérité.*

GLOBE. — Voir : 1° *Anges* — 2° *Astronomie* — 3° *Autorité* — 4° *Christ* — 5° *Clio* — 6° *Dieu* — 7° *Domination* — 8° *Dominique de Guzman (saint)* — 9° *Empereur* — 10° *Empire* — 11° *Pèlerinage* — 12° *Père éternel* — 13° *Puissance* — 14° *Rhétorique* — 15° *Souverains* — 16° *Terre* — 17° *Théologie* — 18° *Vertus.*

GLOIRE.

VÉGÉTAUX. — 1° **Laurier franc.** Les Grecs et les Romains en consacraient des couronnes à leurs héros. Daphné, fille de Pénée était aimée d'Apollon. Mais préférant la vertu à l'amour du dieu, elle s'enfuit. Sur le point d'être rattrapée, elle invoqua son père qui la changea en laurier. Cette plante glorifie la vertu. — 2° **Palmes.**

ANIMAUX. — **Paon** qui symbolise la vaine gloire.

DIVERS. — 1° **Blanc,** couleur qui lui est dédiée. — 2° **Couronne.** — 3° **Jaune,** couleur qui lui est propre. — 4° **Or.** — 5° **Trompette** de la renommée.

GLOIRE DÉCHUE. — **Hortensia.** Fleur apportée du Japon en 1790 et fort rare alors. Elle est des plus communes maintenant.

GLOIRE DU MATIN. — Voir *Affectation.*

GLOUTERON ou *Bardane.* Plante dont les feuilles sont amères et astringentes. — Voir : 1° *Entêtement* — 2° *Grossièreté* — 3° *Importunité* — 4° *Ne me touchez pas.*

GLYCINE. Plante aux belles fleurs d'un violet pâle très délicat. — Voir *Votre amitié est douce et précieuse.*

GŒA. En mythologie, nom de la terre. — Voir *Terre.*

GORGONES. — En mythologie, c'étaient trois sœurs : Méduse, Euryale et Sthéno, qui habitaient près du jardin des Hespérides. Elles n'avaient à elles trois qu'un œil et qu'une dent et s'en servaient à tour de rôle. Leurs cheveux étaient hérissés de serpents et elles changeaient en pierre ceux qui les regardaient. Persée les tua. — Voir *Couleuvre.*

GOUET ou *arum.* Plante très vénéneuse dont le fruit d'un beau rouge vif tente les enfants. Elle renferme un suc très irritant et très âcre. — Voir : 1° *Ardeur* — 2° *Piège.*

GOUPILLON. — Voir *Église.*

GOURDE. Plante dont les fruits séchés et vidés peuvent servir de récipients. — Voir 1° *Capacité* — 2° *Étendue.*

GOURMANDISE.

ANIMAUX. — 1° **Chien.** — 2° **Loup.** — 3° **Milan.** — 4° **Porc.** — 5° **Sanglier.** — 6° **Vautour.** Tous ces animaux sont renommés pour leur voracité.

DIVERS. — **Écuelle vide.**

GOUT. Un des cinq sens. — **Singe**, qui mord dans des fruits. Quand il signifie grâce, élégance : **Fuchsia écarlate**, plante aux fleurs gracieuses et élégantes.

GOUVERNAIL. — Voir : 1° *Fortune* — 2° *Prudence*.

GRACE. — 1° **Campanule** ou *miroir de Vénus*. Fleur bleue au centre de laquelle se trouve un disque jaune et brillant comparé à un miroir. Lorsque Vénus allait rejoindre Adonis, elle cueillait une de ces fleurs et s'y mirait pour se convaincre de sa beauté. — 2° **Fuchsia**. Plante aux fleurs en clochettes légères et gracieuses. — 3° **Rose à cent feuilles**. Lorsqu'en mythologie les Grâces accompagnent les Muses elles sont couronnées de ces fleurs. Elles sont couronnées de myrte lorsqu'elles suivent Vénus.

GRACE ET ÉLÉGANCE. — **Jasmin jaune** aux fleurs délicates.

GRACE SÉDUISANTE. — **Primevère**.

GRACE ENFANTINE. — **Œillet mignardise** aux fleurs nombreuses et fort petites.

GRACES ou *Kharites* en grec. En mythologie elles sont trois : **Aglaïa**, **Thalia** et **Euphrosyne**. Elles dispensent aux hommes les charmes et les séductions. Elles ont une **couronne d'olivier** et des attributs musicaux. — 1° **Flûte** — 2° **Lyre** — 3° **Syrinx**. Lorsque les Grâces suivent les Muses elles ont une couronne de roses. Lorsqu'elles suivent Vénus elles sont couronnées de myrte.

GRAMINÉES. Classe de plantes dont la plupart sont fort utiles à l'homme. — Voir : 1° *Dévouement* — 2° *Utilité*.

GRAMMAIRE. — Voir : 1° **Clef** symbolisant la clef de la langue. — 2° **Férule**. — 3° **Livre**. — 4° **Plume**.

GRAND CONVOLVULUS. — Voir : 1° *Espérances évanouies* — 2° *Nuit*.

GRANDE ÉCLAIRE. Plante vénéneuse secrétant un suc âcre utilisé pour la guérison des verrues — Voir *Guérison des peines de cœur*.

GRANDE LUNAIRE, oublie, monnaie du pape, monnoyère. — Voir *Oubli*.

GRANDE MARGUERITE. Plante dont les fleurs sont consultées comme oracle par les amoureux. — Voir *Oracle*.

GRANDEUR. — **Frêne**. Grand arbre de nos forêts. Dans l'Edda, les dieux s'assemblaient sous un frêne dont les branches recouvrent le monde, dont le sommet touche les cieux et dont les racines pénètrent jusqu'aux enfers.

GRAPPE DE RAISIN — Voir *Boniface (saint)*.

GRATITUDE. — **Ibis**. Les Égyptiens vénéraient cet oiseau, car ils croyaient que les ibis avaient pour mission de les débarrasser de serpents ailés qui sans eux auraient infesté le pays.

GRATTERON. Plante aux fruits hérissés de poils s'attachant aux vêtements. — Voir *Rudesse.*

GRAVURE. — **Burin,** principal outil des graveurs.

GRÉGOIRE LE GRAND (Saint). Pape.

ANIMAUX. — **Colombe** qui, perchée sur son épaule, l'inspire.

DIVERS. — 1° **Anges** qui chantaient le Regina cœli lorsque la procession des litanies passa sur le pont Saint-Ange. — 2° **Archange.** Saint Michel lui apparut, remettant son épée au fourreau pour lui annoncer la fin de la peste. — 3° **Église.** — 4° **Livres,** car il composa le chant grégorien.

GRELOTS. — Voir *Folie.*

GRENADE. — Fruit du grenadier. — Voir : 1° *Amitié parfaite* — 2° *Concorde* — 3° *Humilité* — 4° *Papauté* — 5° *Proserpine.*

GRENADIER. — Arbre aux belles fleurs rouges. — Voir : 1° *Académie* — 2° *Amitié* — 3° *Duplicité* — 4° *Église* — 5° *Fatuité* — 6° *Mauvaise foi* — 7° *Sottise* — 8° *Suffisance* — 9° *Union.*

GRENADILLE BLEUE ou *passiflore.* Plante dans la fleur de laquelle on se plait à retrouver les instruments de la passion. — Voir : 1° *Croyance* — 2° *Culte* — 3° *Passion* — 4° *Superstition.*

GRENAT. Pierre précieuse d'une couleur rouge foncé. — Voir : 1° *Dilection* — 2° *Franchise* — 3° *Loyauté.*

GRENOUILLE. — Batracien vivant dans les marécages. — Voir : 1° *Curiosité* — 2° *Démon* — 3° *Hérétiques* — 4° *Jacques de la Marche (saint)* — 5° *Résurrection.*

GRIFFES. — Voir *Démon.*

GRIFFON. — Animal fabuleux mi-partie aigle et lion. — Voir : 1° *Alexandre le Grand* — 2° *Apollon* — 3° *Christ* — 4° *Démon* — 5° *Église* — 6° *Pape.*

GRIL. Instrument de supplice. — Voir : 1° *Laurent (saint)* — 2° *Martyre.*

GRIS CENDRÉ. — Couleur triste. — Voir : 1° *Mort* — 2° *Pénitence.*

GROSEILLE A MAQUEREAU. Plante aux fruits bien connus. — Voir *Anticipation.*

GROSSEUR. — 1° **Citrouille.** Plante aux fruits très volumineux. — 2° **Pastèque.**

GROSSIÈRETÉ. — **Glouteron.** Plante commune et aux feuilles amères.

GRUE. Oiseau de grande taille de l'ordre des échassiers. Prise jeune, la grue s'apprivoise facilement et garde avec vigilance la maison qui l'abrite. — Voir : 1° *Loyauté* — 2° *Prudence* — 3° *Saturne* — 4° *Vigilance.*

GUÉRISON. — **Baume de Judée.** Il adoucit les maux soit macéré dans l'huile, soit en infusion.

GUÉRISON DES PEINES DE CŒUR. — **Grande éclaire,** plante qui secrète un suc corrosif.

GUERRE.

VÉGÉTAUX. — **Achillée mille feuilles.** Cette plante a la réputation de cicatriser les blessures faites par le fer. Achille s'en servit pour guérir la blessure de Télèphe.

DIVERS. — 1° **Armes diverses.** — 2° **Bâton de commandement.** — 3° **Bélier,** engin de guerre.

GUERRE DÉCLARÉE. — 1° **Belvédère** ou *ansérine à balais.* Dans certaines parties de l'Italie on présente des tiges de cette fleur à qui on veut insulter. — 2° **Tanaisie sauvage.**

GUI. Plante parasite qui s'attache aux plus hauts arbres et vit à leurs dépens. — Voir *Je surmonte tout.*

GUILLAUME (Saint). Évêque. 1° **Larmes** qu'il répandait lorsqu'il apprenait une offense faite à Dieu. — 2° **Ostensoir** car il avait une dévotion particulière au Saint-Sacrement.

GUIMAUVE. Plante mucilagineuse très adoucissante et employée en médecine. — Voir : 1° *Bienfaisance* — 2° *Persuasion.*

GYROSELLE. — Voir *Vous êtes ma divinité.*

HABACUC. — 1° **Ange** qui l'emporta par un cheveu dans la prison de Daniel où il lui portait un pain. — 2° **Corbeille.** — 3° **Pain.** Voir *Prophètes.*

HABITS NOIRS. — Voir *Adversité.*

HACHE. — Voir : 1° *Barnabé (saint)* — 2° *Colère* — 3° *Élisée* — 4° *Henri (saint)* — 5° *Idolâtrie* — 6° *Jean-Baptiste (saint)* — 7° *Mathias (saint)* — 8° *Mathieu (saint)* — 9° *Principautés* — 10° *Vulcain.*

HADÈS. Nom grec de Pluton. — Voir *Pluton.*

HAINE. — 1° **Basilic.** Vient probablement de l'animal du même nom dont le seul regard tuait. — 2° **Poignard** entouré d'un serpent.

HALLEBARDE. Sorte de lance. — Voir : 1° *Barnabé (saint)* — 2° *Jude (saint).*

HAMEÇON. Engin servant aux pêcheurs — 1° *Dialectique* — 2° *Perfidie.*

HARDIESSE. — 1° **Mélèze.** Grand arbre croissant sur les montagnes. — 2° **Œillet** au parfum piquant. — 3° **Pin** qui, poussant sur les montagnes, élève encore sa cime à une grande hauteur.

HARMONIE. — 1° **Arbre.** — 2° **Instruments de musique.** — 3° **Lyre**, attribut d'Apollon, dieu de l'harmonie.

HARPE. Instrument de musique. — Voir : 1° *Cécile (sainte)* — 2° *David* — 3° *Virginité.*

HARPÈ. Nom grec du Temps. — Voir *Temps.*

HARPIES. En mythologie, divinités de la tempête. Ces monstres étaient moitié femme et oiseau. Ils avaient un visage de vieille femme, des oreilles d'ours, un bec et des ongles crochus, un corps de vautour et des mamelles pendantes.

HÉBÉ. En mythologie elle prépare les festins des immortels et verse le nectar. On la représente sous les traits d'une jeune fille portant l'œnochoé.

HÉCATE. Nom de Diane considérée comme présidant aux enchantements. On la représente avec un corps à trois têtes et six mains.

VÉGÉTAUX. — 1° **Chêne**. — 2° **Fruits**.

ANIMAUX. — 1° **Chien** qui lui est consacré. — 2° **Serpents**.

DIVERS. — 1° **Coupe**. — 2° **Clefs**. — 3° **Épée**. — 4° **Flambeaux**. — 5° **Fouet**. — 6° **Poignard**.

HÉLÈNE (Sainte). Impératrice. — 1° **Clous** de la passion qu'elle retrouva sur le Calvaire. — 2° **Croix** de la passion qu'elle retrouva de même. — 3° **Mort** qu'elle ressuscita avec la vraie croix.

HÉLIANTE, soleil ou tournesol. Belle plante aux vastes fleurs jaunes. — Voir : 1° *C'est vous seul que j'aime* — 2° *Fausses richesses* — 3° *Prière*.

HÉLINIUM. — Voir : 1° *Larmes* — 2° *Pleurs*.

HÉLIOS. En mythologie nom grec du Soleil. — Voir *Soleil*.

HÉLIOTROPE. Plante dont la fleur violette et peu éclatante répand un parfum suave. — Voir : 1° *Dévouement* — 2° *Enivrement* — 3° *Fidélité* — 4° *Je vous aime*.

HELLÉBORE ou *Rose de Noël*. Plante toujours verte fleurissant au cœur de l'hiver. Ses diverses parties renferment un poison violent et jouissaient autrefois d'une grande faveur comme remède à la folie. — Voir : 1° *Calomnie* — 2° *Folie* — 3° *Manie* — 4° *Scandale*.

HENRI (Saint). Évêque.

ANIMAUX. — **Corbeau** qui fait reconnaître son corps.

DIVERS. — 1° **Doigt** qui gardait son anneau. — 2° **Hache** de son supplice.

HÉPATHIQUE. Plante employée en infusion dans la médecine populaire. — Voir *Confiance*.

HÉPHAISTOS. En mythologie nom grec de Vulcain. — Voir *Vulcain*.

HÉRA. En mythologie nom grec de Junon. — Voir *Junon*.

HÉRACLÈS. En mythologie nom grec d'Hercule. — Voir *Hercule*.

HÉRAUTS. — **Sceptre** orné de deux rubans flottants qu'ils portaient lorsqu'ils faisaient fonction d'ambassadeurs.

HERBE AUX ARAIGNÉES. — Voir *Estime sans amour*.

HERBE AUX GUEUX ou *clématite*. Plante commune aux belles fleurs blanches d'un parfum suave. Son écorce produit des ulcères passagers dont se servent les mendiants pour exciter la compassion. — Voir : 1° *Artifice* — 2° *Beauté morale* — 3° *Pauvreté* — 4° *Sûreté*.

HERBE AUX OIES, *argentine ou potentille*. Petite plante herbacée. — Voir *Naïveté*.

HERBE AUX PAPILLONS. — Voir *Laissez-moi aller*.

HERBE AUX PERLES ou *Grémil*. Plante herbacée très commune. — Voir *Simple parure*.

HERBE AUX TEIGNEUX, *bardane* ou *glouteron*. Plante commune dont les capitules épineux s'accrochent aux vêtements. — Voir : 1° *Entêtement* — 2° *Grossièreté* — 3° *Importunité* — 4° *Ne me touchez pas*.

HERBE BLANCHE ou *pied de chat*. — Voir *Souvenir fidèle*.

HERBE DE LA HOUETTE ou *apocyn tue-chien*. Plante herbacée de la famille des gobe-mouches. Ces dernières plantes attirent les mouches par un liquide sucré et se repliant ensuite, les retiennent prisonnières. — Voir : 1° *Mensonge* — 2° *Tromperie*.

HERBE DE SAINT-JEAN ou *armoise*. Autre nom de l'absinthe. — Voir : 1° *Animosité* — 2° *Bonheur* — 3° *Santé* — 4° *Superstition*.

HERBE DE SAINT-JOSEPH, ou *mille feuilles* ou *achillée mille feuilles*. Plante qui, croyait-on, avait la propriété de guérir les plaies causées par le fer. — Voir : 1° *Guerre* — 2° *Soulagement*.

HERBE IMPATIENTE ou *balsamine*. Plante jouissant d'une propriété singulière. Lorsque les graines sont mûres, la capsule qui les renferme s'ouvre brusquement au moindre attouchement et les projette au loin. — Voir : 1° *Activité* — 2° *Ardeur* — 3° *Caractère impatient* — 4° *Impatience* — 5° *Ne me touchez pas* — 6° *Pureté de sentiment* — 7° *Résolution hâtive*.

HERCULE ou *Hèraclès*, en grec. — En mythologie, il a pour attribut en général tout ce qui peut rappeler ses travaux célèbres.

VÉGÉTAUX. — **Couronne de peuplier.**

ANIMAUX. — 1° **Caille.** Hercule ayant, dit-on, été tué par Typhon, Iolaüs lui rendit la vie avec l'odeur d'une caille. — 2° **Cerf.** — 3° **Lion** dont il porta la peau en souvenir de sa victoire sur le lion de Némée. — 4° **Serpents** qu'il étouffa étant encore au berceau.

DIVERS. — **Massue** qui était son arme favorite.

HÉRÉSIE. — **Autruche**, animal peu intelligent.

HÉRÉTIQUE. — 1° **Chien.** — 2° **Grenouille.**

HÉRISSON. — Animal de nos campagnes. — Voir *Vue*.

HERMÈS. — En mythologie, nom grec de Mercure. — Voir *Mercure*.

HERMINE. Petit carnassier à la robe d'un blanc immaculé. — Voir : 1° *Modération* — 2° *Pureté* — 3° *Vue*.

HÉRON. Échassier. — Voir : 1° *Espérance* — 2° *Février* — 3° *Vigilance*.

HESTIA. — En mythologie, autre nom de Vesta. — Voir *Vesta*.

HÊTRE. Arbre de nos forêts. — Voir *Prospérité*.

HEURES ou *Saisons*. En mythologie, ce sont les gardiennes des portes du ciel. Elles président au changement des saisons et sont au nombre de trois. On les nomme *Diké* — *Eiréné* — *Euromia*. Elles tiennent à la main : 1° **Épis**. — 2° **Raisins**. — 3° **Rameaux fleuris**.

HEUREUX PRÉSAGE. — **Perce-neige**. Cette plante qui fleurit au milieu des neiges nous annonce le prochain retour du printemps.

HIBISCUS ou *Ketmie*. Plante de la famille des malvacées; remarquable par la grandeur et la beauté de ses fleurs. — Voir : 1° *Beauté délicate* — 2° *Ornement*.

HIBOU. Oiseau nocturne. — Voir : 1° *Démon* — 2° *Nuit* — 3° *Paresse*.

HIPPOPOTAME. Animal difforme vivant en Afrique. — Voir *Orgueil*.

HIRONDELLE. Oiseau qui ne vient passer, dans nos pays, que les beaux jours, et retourne ensuite dans les pays chauds. — Voir *Inconstance*.

HISPIDULA. Herbe blanche ou pied de chat. — Voir *Souvenir fidèle*.

HIVER. Lorsqu'on a assimilé les quatre saisons aux quatre âges de l'homme, l'hiver a représenté l'engourdissement de l'enfance.

VÉGÉTAUX. — 1° **Arbre** mort ou desséché. — 2° **Couronne de roseaux** à cause des pluies abondantes et des inondations. — 3° **Laurier** — 4° **Rose de gueldre**.

ANIMAUX. — 1° **Lièvre**. — 2° **Oie**. Ces animaux rappellent la chasse.

DIVERS. — 1° **Capuchon** pour se couvrir. — 2° **Feu** où il se chauffe. — 3° **Manteau** qui le préserve du froid. — 4° **Pioche** pour les travaux de la terre. — 5° **Vase** d'où coule de l'eau rappelant les pluies.

HONNÊTETÉ. — **Lunaire** ou *monnaie du pape*.

HONTE. — **Pivoine** dont les fleurs rouges rappellent le rouge de la honte.

HORLOGE. — Voir : 1° *Diligence* — 2° *Frivolité* — 3° *Nonchalance* — 4° *Prudence* — 5° *Tempérance* — 6° *Vigilance*.

HORREUR. — 1° **Mandragore**. Cette plante a une racine dont la forme peut rappeler celle d'un corps humain. On croyait jadis qu'elle poussait des cris horribles lorsqu'on voulait l'arracher du sol. — 2° **Serpentaire cactier**. Cette plante a des tiges hérissées d'épines qui ressemblent à des serpents.

HORTENSIA. Plante importée du Japon vers 1790 : elle jouissait alors d'une plus grande faveur qu'aujourd'hui. — Voir : 1° *Froideur* — 2° *Gloire déchue* — 3° *Réputation déchue* — 4° *Vous êtes froide*.

HOSPITALITÉ. — **Chêne**. Les Celtes adoraient cet arbre, comme emblème de l'hospitalité que son épais feuillage et son tronc peuvent donner à l'homme.

HOSTIE. — Voir : 1° *Barbe (sainte)* — 2° *Bernard (saint)* — 3° *Église* — 4° *Eucharistie* — 5° *Foi* — 6° *Melchisédec.*

HOUBLON. Plante grimpante employée à la fabrication de la bière. — Voir *Injustice.*

HOULETTE. Bâton terminé par un fer ou cuiller dont se servent les bergers. — Voir : 1° *Geneviève (sainte)* — 2° *Pan.*

HOUSTANIA. — Voir *Contentement.*

HOUX. Plante aux feuilles toujours vertes et aux baies d'un rouge éclatant. — Voir : 1° *Prévision* — 2° *Prévoyance.*

HOYAT ou *acacia vrai.* — 1° *Amitié* — 2° *Amitié constante* — 3° *Amour platonique* — 4° *Élégance* — 5° *Pudeur* — 6° *Sculpture.*

HUBERT (Saint). Évêque.

ANIMAUX. — 1° **Cerf** qui lui apparut. Cet animal qui portait une croix lumineuse dans ses bois lui parla et amena sa conversion. — 2° **Chiens** rappelant qu'il était chasseur.

DIVERS. — 1° **Clefs.** A sa confession il les reçut de saint Pierre. 2° **Cor** — 3° **Épieu.** Ces deux attributs rappellent qu'il était chasseur. — 4° **Étole** qui lui fut remise par la Sainte Vierge.

HUIT. Ce nombre est le nombre des **Béatitudes** et celui de la **Résurrection** qui eut lieu le huitième jour.

HUMANITÉ. — **Saule.** Cet arbre qui pousse au bord des rivières incline sur l'eau ses branchages qui peuvent ainsi sauver des personnes en danger de se noyer.

HUMILITÉ.

VÉGÉTAUX. — 1° **Genêt.** Plante à extérieur modeste mais utile cependant, car elle sert à faire des balais. — 2° **Lilas des champs.** — 3° **Liseron.** Plante qui rampe sur la terre et a besoin d'un appui pour s'élever. — 4° **Grenade,** fruit sans belle apparence dont l'intérieur est succulent. — 5° **Violette** au parfum suave, mais de couleur triste, et qui semble se cacher.

ANIMAUX. — 1° **Agneau,** animal timide. — 2° **Aigle** qui s'abaisse pour se relever ensuite. — 3° **Chien,** modèle d'attachement. — 4° **Lion.**

DIVERS. — 1° **Améthyste,** pierre précieuse dont la couleur rappelle celle de la violette. — 2° **Calcédoine,** pierre précieuse de nuance trouble et laiteuse. — 3° **Corde** que l'humilité porte au cou. — 4° **Tête de mort** nous rappelant notre fin. — 5° **Violet,** couleur qui lui est dédiée.

HUPPE. Oiseau qui porte sur la tête une belle aigrette. — Voir *Vanité.*

HYACINTHE. Pierre précieuse d'un bleu changeant. — Voir : 1° *Condescendance* — 2° *Prudence.*

HYDRANGÉE. Plante de la famille des saxifragées. — Voir : 1° *Jactance* — 2° *Manque de cœur.*

HYDRIES. Vases desquels l'Aurore fait pleuvoir la rosée sur la terre. — Voir *Aurore*.

HYÈNE. Animal carnassier. — Voir *Méchanceté*.

HYGIE. En mythologie, fille d'Esculape, elle personnifie le retour à la santé. Elle tient à la main une **coupe** à laquelle un **serpent** vient boire.

HYPOCRISIE. — **Masque** qui dissimule ses traits véritables.

HYSOPE. Plante vivant sur les rochers et les murailles. — Voir *Propreté*.

IBÉRIDE DE PERSE ou *Thlaspi vivace*. Plante cultivée dans nos jardins. — Voir : 1° *Indifférence* — 2° *Je brise tous les obstacles.*

IBIS. Oiseau échassier vénéré chez les Égyptiens. Ce peuple croyait en effet que les Ibis faisaient une guerre acharnée à des serpents ailés qui, sans eux, auraient dévasté le pays. — Voir *Gratitude.*

IDOLATRIE. — 1° **Hache**, instrument servant à tuer les victimes offertes aux dieux. — 2° **Idoles**. — 3° **Veau d'or**, une des idoles les plus fameuses.

IDOLES. — Voir : 1° *Christine (sainte)* — 2° *Idolâtrie* — 3° *Religion* — 4° *Suzanne (sainte)* — — 5° *Victor (saint).*

IF. Arbrisseau de la famille des conifères, et planté surtout dans les cimetières. — Voir : 1° *Chagrin* — 2° *Longévité* — 3° *Tendresse* — 4° *Tristesse.*

IGNORANCE.

VÉGÉTAUX. — 1° **Pavot** symbolisant le sommeil dans lequel est plongé l'esprit ignorant. — 2° **Ronces** qui retiennent la pensée prisonnière de l'ignorance.

ANIMAUX. — 1° **Chouette**. Animal qui se plaît uniquement dans la nuit. — 2° **Singe**. Animal présentant une certaine analogie physique avec l'homme, mais à l'esprit ignorant.

DIVERS. — 1° **Bandeau** qui lui couvre les yeux. — 2° **Livre** fermé qu'elle ne peut lire. — 3° **Oreilles d'âne**; l'âne étant le symbole de la stupidité.

IMAGINATION. — **Lupin**. Plante de la famille des légumineuses.

IMMORTALITÉ.

VÉGÉTAUX. — 1° **Amarante**, plante dont le nom en grec signifie « qui ne se flétrit pas ». Elle se dessèche, en effet, conservant sa forme et sa couleur. — 2° **Cèdre**. Bel arbre qui vit très longtemps. — 3° **Olivier**.

ANIMAUX. — 1° **Paon**. — 2°

Phénix, animal fabuleux qui renaissait de ses cendres.

DIVERS. — **Cercle** qui n'a ni commencement ni fin.

IMMORTELLE. Plante dont les fleurs coupées aussitôt l'éclosion et séchées à l'ombre se conservent fort longtemps en gardant leur forme et leur couleur. Elles sont employées pour les couronnes funéraires. Voir : 1° *A jamais* — 2° *Souvenir éternel* — 3° *Toujours*.

IMPARTIALITÉ. — **Balance** en équilibre, qui penche aussitôt que l'on charge un de ses plateaux, quel qu'il soit.

IMPATIENCE. — **Balsamine**. Plante de nos jardins. A la maturité, la capsule qui renferme les graines éclate au moindre attouchement, projetant celles-ci au loin.

IMPERFECTION. — **Jusquiame**. Plante dont toutes les parties mais surtout les tiges et les graines sont vénéneuses.

IMPÉTUOSITÉ. — **Sanglier**. Animal qui fonce aveuglément sur son ennemi quel qu'il soit.

IMPOLITESSE. — **Xanthium**. Plante aux capitules épineux.

IMPORTUNITÉ. — **Bardane**. Plante qui s'introduit dans les bons terrains d'où on l'extirpe ensuite avec les plus grandes difficultés. Elle porte en outre des capitules épineux qui s'attachent fortement aux vêtements.

IMPOSTURE. — **Fausse orange**.

IMPRUDENCE. — 1° **Chien**. 2° **Corbeau**.

INCENDIE. — Voir : 1° *Éloi (saint)* — 2° *Germain (saint)*.

INCERTITUDE. — **Algues**. Ces plantes aquatiques flottent au gré des courants sous-marins.

INCONSTANCE.

VÉGÉTAUX : 1° **Abatine** — 2° **Oenothère** à grandes fleurs. Originaire de la Virginie, cette plante fut à plusieurs reprises perdue puis retrouvée. — 3° **Pied d'alouette jaune**. — 4° **Primevères du soir**.

ANIMAUX. — 1° **Hirondelle** qui change de pays avec les saisons. — 2° **Papillon** qui voltige de fleur en fleur sans se fixer. — 3° **Poisson**.

DIVERS. — **Boule** qui roule.

IMCORRUPTIBLE. — **Cèdre du Liban**. Arbre au bois dur.

INDÉPENDANCE. — 1° **Chêne blanc**. — 2° **Prunier sauvage**. Arbre rebelle à la culture, et qui ne veut pas être transplanté.

INDIFFÉRENCE. — 1° **Ibéride** de Perse ou **Thlaspi** vivace. Plante dont l'aspect ne change pas et sur laquelle les saisons ne se font pas sentir. — 2° **Moutarde**. — 3° **Pavot simple** qui vit dans les terrains bons ou mauvais sans choix.

INDISCRÉTION. — Roseau plumeux. Midas ayant préféré le chant de Marcias à celui d'Apollon fut puni par celui-ci. Le dieu lui fit pousser des oreilles d'âne. Le barbier du roi les vit, et, ne pouvant conserver le secret qu'on lui avait interdit de dévoiler, il creusa une fosse et l'y enterra. Des roseaux poussèrent à cet endroit qui murmuraient sans cesse « Midas, le roi Midas a des oreilles d'âne. »

INFIDÉLITÉ. — Rose jaune. Le jaune est la couleur de l'infidélité; la rose symbolise l'amour.

INGÉNIOSITÉ. — Œillet blanc.

INGÉNUITÉ. — Géranium irradié.

INGRATITUDE. — 1° Pied de corbeau. — 2° Renoncule scélérate. Plante malfaisante, dont la culture augmente encore les défauts.

INJUSTICE.

VÉGÉTAUX. — **Houblon.** La végétation prodigieuse de cette plante épuise le terrain où elle croit.

DIVERS. — 1° **Croc.** — 2° **Glaive**, car l'injustice blesse profondément.

INNOCENCE.

VÉGÉTAUX. — 1° **Petite marguerite** ou fleur du nouveau-né. — 2° **Violette blanche.**

ANIMAUX. — 1° **Brebis.** — 2° **Colombe**, animaux blanc couleur d'innocence.

DIVERS. — **Blanc**, couleur qui lui est dédiée.

INNOCENCE DE LA JEUNESSE. — Lilas blanc.

INQUIÉTUDE.

VÉGÉTAUX. — **Souci**, plante à fleurs jaunes, symbole de l'inquiétude.

DIVERS. — **Jaune**, couleur qui lui est propre.

INSINUATION. — Grand liseron. Plante grimpante qui passe et s'insinue partout.

INSOUCIANCE. — Lis jaune.

INSPIRATION. — 1° Angélique. Les poètes lapons s'en couronnaient se disant inspirés par son odeur pénétrante. — 2° **Verveine.** Plante qui était sacrée pour les anciens. Les pythonisses s'en couronnaient et les druides en tenaient une branche en rendant des oracles.

INSTABILITÉ. — 1° Algues et herbes marines qui sont le jouet des flots. — 2° **Dahlia.**

INSTRUMENT DE MUSIQUE. — Voir : 1° *Académie* — 2° *Harmonie* — 3° *Muses* — 4° *Musique* — 5° *Oule.*

INSTRUMENTS DE PASSION. Voir *Bernard (saint).*

INSTRUMENTS DE SUPPLICE. — Voir : 1° *Martyr* — 2° *Saint.*

INTELLIGENCE.

VÉGÉTAUX. — **Noyer.** Arbre de nos jardins.

ANIMAUX. — **Coq.**

INTRÉPIDITÉ.

VÉGÉTAUX. — **Chêne** qui tient tête aux orages et symbolise la résistance.

DIVERS. — 1° **Armure.** — 2° **Massue** rappelant les combats.

INUTILITÉ. — **Spirée ulmaire** ou *reine des prés.* Plante qui fleurit nos champs mais dont les bestiaux ne veulent pas et qui est sans applications.

IPONÉE ÉCARLATE. — Voir *Je m'attache à vous.*

IRIS. Plante poussant dans les marais et au bord des rivières. Certaines espèces sont cultivées dans les jardins et portent de belles fleurs jaunes ou violettes. — Voir : 1° *Ardeur* — 2° *Bonnes nouvelles* 3° *Confiance* — 4° *Feu* — 5° *Flamme* — 6° *Message.*

IRIS. — Dans la Mythologie, messagère des dieux et personnification de l'**arc-en-ciel**. Elle est **ailée** et porte le **caducée**.

IRONIE. — **Sardonie.** Plante vénéneuse qui a la propriété singulière de faire contracter la face en une sorte de rictus ou rire sardonique.

ISAIE. — Un des quatre grands prophètes. — 1° **Arbre** d'où sort l'enfant Jésus car il prédit l'arbre de Jessé. — 2° **Cadran solaire** dont il fit reculer l'ombre en faveur d'Ezéchias. — 3° **Charbon ardent** avec lequel un séraphin lui purifia les lèvres. — 4° **Scie**, instrument de son supplice car il fut scié en deux. — Voir *Prophètes.*

ISIDORE (Saint). — 1° **Ange.** Pendant qu'il priait un ange conduisait sa charrue. — 2° **Bâton** qu'il enfonce en terre afin de faire jaillir une source qui rafraîchit son maître. — 3° **Charrue**, car il fut laboureur. — 4° **Gerbes de blé** pour la même raison. — 5° **Source** qu'il fit jaillir.

IVRAIE. — **Herbe vivace**, très recherchée des bestiaux mais envahissant tout. — Voir : 1° *Méchanceté* — 2° *Vice.*

IVRESSE. — **Vigne**, plante produisant le vin.

JACINTHE. Plante de nos jardins aux fleurs élégantes et parfumées. — Voir : 1° *Amabilité discrète* — 2° *Apollon* — 3° *Bienveillance* — 4° *Divertissement* — 5° *Jeu* — 6° *Sport* — 7° *Théâtre*.

JACINTHE DES PRÉS. — Voir : 1° *Chagrin* — 2° *Soumission*.

JACOB. Patriarche. — 1° **Ange** contre lequel il lutta. — 2° **Échelle** qui touchait le ciel et qui lui apparut en songe.

JACQUES DE LA MARCHE (Saint). Franciscain.

ANIMAUX. — **Grenouilles**, dont les coassements le gênaient pour la récitation de son bréviaire et qu'il fit taire.

DIVERS. — 1° **Calice**, avec serpents; car les hérétiques italiens tentèrent plusieurs fois de l'empoisonner. — 2° **Coupe** pour la même raison. — 3° **Drapeau**, car il prêcha la guerre sainte.

JACQUES MAJEUR (Saint). — Voir *Apôtres*.

ANIMAUX. — **Cheval** qui lui apparut.

DIVERS. — 1° **Bourdon** du pèlerin, en souvenir du pèlerinage de Compostelle. — 2° **Coquille** portant le nom du saint et que les pèlerins fixent sur leur manteau. — 3° **Couteau**, instrument de son martyre, car il fut égorgé. — 4° **Croissant**, rappelant sa victoire sur les Maures. — 5° **Croix aiguisée** en poignard. — 6° **Drapeau**, car il entraîna les Espagnols à la victoire. — 7° **Épée** de son martyre.

JACQUES MINEUR (Saint). — Voir *Apôtre*. — 1° **Bâton**, car il fut assommé. — 2° **Équerre**. — 3° **Glaive** de son martyre. — 4° **Massue**, car il fut assommé. — 5° **Pains** dont il demanda la multiplication à Jésus-Christ.

JACTANCE. — **Hydrangée**. Genre de plantes dont l'hortensia est une espèce.

J'AIME. — **Chrysanthème rouge**.

J'AI PERDU LE REPOS.

— **Euphorbe réveil-matin**. Si, lorsqu'on a cueilli cette plante, on se frotte les yeux avec la main, les paupières s'enflamment, et la douleur vive empêche le repos.

JALOUSIE. — 1° **Menthe**. — 2° **Rose jaune**, car la rose est l'emblème de l'amour, et le jaune symbolise l'amour malheureux. — 3° **Souci**.

JAMBES. — Voir *Adrien (saint)*.

JANUS. D'une rare prudence, ce personnage mythologique regardait constamment le présent et l'avenir; ce qui le fit représenter avec deux visages, l'un devant, l'autre derrière la tête. — Voir : 1° *Année*, car l'une des faces regarde l'année écoulée et l'autre celle qui va venir. — 2° *Janvier*, mois qui sépare les deux années.

JANVIER. Mois consacré à **Junon**. Dans le zodiaque il correspond au signe du **Verseau**. Le moyen âge le représente se chauffant et festinant. — Voir *Janus*.

JASMIN. Plante de nos jardins aux fleurs élégantes et à odeur suave. — Voir : 1° *Bonheur* — 2° *Grâce et élégance* — 3° *Officieux*.

JASMIN BLANC. Plante de nos jardins. — Voir *Amabilité*.

JASMIN DE L'INDE. — Voir : 1° *Attachement* — 2° *Je m'attache à vous*.

JASMIN D'ESPAGNE. — Voir *Sensualité*.

JASMIN DE VIRGINIE. — Voir *Séparation*.

JASMIN DU CAP. — Voir : 1° *Je suis trop heureux* — 2° *Transport de joie*.

JASPE. Pierre opaque, dure et verte. — Voir : 1° *Anges* — 2° *Courage* — 3° *Éternité* — 4° *Foi* — 5° *Sagesse*.

JAUNE. Couleur. — Voir : 1° *Gloire* — 2° *Inquiétude* — 3° *Joseph (saint)* — 4° *Souci* — 5° *Synagogue*.

JEAN (Saint). Apôtre.

ANIMAUX. — 1° **Aigle**. Animal évangélique attribué à saint Jean. — 2° **Perdrix** qu'il avait apprivoisée.

DIVERS. — 1° **Chaînes**. — 2° **Chaudière** d'huile où il fut plongé. — 3° **Ciseaux**, car on lui coupa les cheveux. — 4° **Coupe** de laquelle sort un serpent, car on tenta de l'empoisonner. — 5° **Églises** au nombre de sept et qui l'entourent. — 6° **Émeraude** qui lui est dédiée. — 7° **Fosse** creusée près d'un autel et où il s'étend à l'approche de la mort. — 8° **Tinette** ou hotte de bois dont se servent les vignerons dont il est le patron. — 9° **Vierge** qui lui apparut. — Voir *Apôtres*.

JEAN-BAPTISTE (Saint).

VÉGÉTAUX. — 1° **Lis** de sa virginité. — 2° **Palmes** de son martyre.

ANIMAUX. — 1° **Agneau** qu'il porte. — 2° **Renard** qu'il foule aux pieds et qui symbolise Hérode son persécuteur. — 3° **Sauterelle** dont il se nourrit au désert.

DIVERS. — 1° **Croix**, car il prêcha la pénitence. — 2° **Dé-**

sert où il vécut. — 3° **Étendard** car ses prédications l'entourèrent de disciples. — 4° **Flambeau**, car il vint annoncer le Christ, lumière du monde. — 5° **Hache**, car il fut décapité. — 6° **Jésus** enfant, avec lequel il joue, car ils étaient parents. — 7° **Peau de chameau** dont il était couvert. — 8° **Prison** où Hérode le fit jeter. — 9° **Source**. — 10° **Tête** que l'on apporta à Hérode après sa décollation.

JEANNE DE CHUSA (Sainte).

ANIMAUX. — **Agneau**, à cause du Christ qu'elle servit.

DIVERS. — 1° **Bourse**, car elle fit l'aumône. — 2° **Pain**. — 3° **Vase**, car elle était chargée de pourvoir aux besoins et de servir le Christ et ses disciples.

JE BRISE LES OBSTACLES. — **Thlaspi** ou *Iberide*, plante qui croît dans les terrains pierreux. Sa racine pénètre dans les roches et les divise.

JE BRULE. — 1° **Fleur de lis** — 2° **Raquette**. Plante équatoriale qui se plaît au plus ardent soleil. Elle est couverte d'épines dont les piqûres causent des douleurs brûlantes.

JE M'ATTACHE A VOUS. — 1° **Iponée écarlate**. Plante qui a besoin d'un appui pour soutenir ses tiges frêles. — 2° **Jasmin de l'Inde**.

JE ME CONSUME D'AMOUR. — **Fraxinelle**. Cette plante, dans les jours de forte chaleur, exhale un gaz très inflammable qui détonne à l'approche d'un corps enflammé.

JE ME CONTENTE DE PEU. — **Joubarbe des toits**. Poussant sur les toits et les vieux murs, elle se contente pour subsister de la poussière accumulée et de l'eau des pluies.

JE ME DÉCLARE CONTRE VOUS. — 1° **Belvédère** ou belle à voir. — 2° **Réglisse**.

JE ME PLAIS OU VOUS ÊTES. — **Phlox**. Fleur qui se plaît et prospère partout. On peut impunément la déplacer et la transplanter.

JE MEURS SI ON ME NÉGLIGE. — **Viorne laurier tin**. Plante qui exige des soins constants.

J'EN AURAI LA FORCE. — **Valériane**. Plante employée pour combattre les maladies nerveuses et rendre les forces corporelles.

JE NE VOUS SURVIVRAI PAS. — **Mûrier à fruits noirs**. Pyrame croyant Thisbé dévorée par une lionne se tua de douleur. Thisbé que la crainte seule avait éloignée revint pour assister à la mort de Pyrame. Elle saisit alors un poignard et se donna la mort. Les nymphes la pleurèrent et son sang teignit en noir un mûrier blanc qui se trouvait non loin de là.

JE PARTAGE VOS SENTIMENTS. — 1° **Aster de la Chine double**. — 2° **Petite marguerite double**. Il paraitrait que la permission donnée par une dame à son chevalier de faire graver cette fleur dans ses armes était l'aveu public du sentiment qu'elle éprouvait pour lui.

JE PERDS LA RAISON. — **Vigne.** En effet la vigne fournissant le vin donne l'ivresse, qui elle, fait rapidement perdre la raison.

JE PUIS PARLER. — **Géranium Robertin.** Cette plante est un astringent employé contre les maux de gorge.

JÉRÉMIE. Prophète. — 1° **Citerne** où il fut jeté. — 2° **Pierres**, car il fut lapidé. — Voir *Prophètes*.

JÉROME (Saint).

ANIMAUX. — 1° **Dragon**, symbole du mal et du démon. — 2° **Lion** de la patte duquel il arracha une épine et qu'ainsi il s'attacha.

DIVERS. — 1° **Anges** qui le châtièrent pour son amour des auteurs païens. — 2° **Barbe** longue, car il vécut au désert. — 3° **Cabane**, car il vécut solitaire. — 4° **Caillou**, dont il se frappait la poitrine comme mortification. — 5° **Crèche**, car il vécut et fut enterré près de Bethléem. — 6° **Désert** où il vécut. — 7° **Lampe** qui éclairait ses veilles. — 8° **Livre**, car il écrivit. — 9° **Plume**, pour la même raison. — 10° **Tête de mort** rappelant le jugement dernier.

JE SENS VOS BIENFAITS. — **Lin.** Plante bienfaisante dont les fibres nous fournissent la toile.

JESSÉ. (Arbre de). Arbre généalogique du Christ. On le représente ainsi : **Jessé, vieillard** à longue barbe, est endormi. De sa poitrine sort le tronc de l'arbre. Sur les branches sont étagés les ancêtres, à genoux, assis ou sortant à mi-corps des corolles de fleurs gigantesques. Ils montrent du doigt le Christ et la Vierge qui terminent l'arbre. Les personnages principaux sont les suivants :

1° *Jessé* — 2° *David* — 3° *Salomon* — 4° *Roboam* — 5° *Abias* — 6° *Asa* — 7° *Josaphat* — 8° *Joram* — 9° *Azias* — 10° *Joatham* — 11° *Achaz* — 12° *Ezéchias* — 13° *Manassé* — 14° *Amon* — 15° *Jacob* — 16° *Joseph* — 17° *Jésus*.

Les principaux prophètes y figurent aussi souvent, entourés des attributs qui les distinguent.

JE SUIS A VOUS. — **Gentiane jaune.**

JE SUIS DIGNE DE VOUS. — **Rose blanche**, symbole de pureté.

JE SUIS TROP HEUREUX. — **Jasmin du cap.**

JE SUIS VOTRE ESCLAVE. — **Fleur de pêcher.**

JE SURMONTE TOUT. — **Gui.** Plante parasite qui vit aux dépens des arbres sur lesquels elle croit, envahissant jusqu'aux plus hautes branches.

JÉSUS (enfant). — Voir : 1° *Christofle* (*saint*) — 2° *François d'Assise* (*saint*) — 3° *Jean-Baptiste* (*saint*) — 4° *Joseph* (*saint*).

JEU. — Jacinthe. D'après la fable, Hyacinthe, jeune homme aimé d'Apollon et de Zéphire jouait au palet avec eux. Croyant qu'Hyacinthe favorisait Apollon, Zéphire lui lança le palet à la tête et le tua. Apollon pleura son ami et afin d'en perpétuer le souvenir le changea en jacinthe.

JEUNE FILLE. — Bouton de rose blanche. Telle que la fleur non encore complètement éclose, la jeune fille attend le complet épanouissement de la femme.

JEUNESSE.

VÉGÉTAUX. — **Lilas blanc.** Allusion à la pureté de couleur de ses fleurs mais aussi à leur peu de durée.

ANIMAUX. **Épervier.**

DIVERS. — Le **soleil** représente la jeunesse dans tout son éclat.

JE VAIS VOUS QUITTER. — Julienne blanche et violette.

JE VIS POUR TOI. — Feuilles de cèdre.

JE VOUS AIME. — Héliotrope. Plante dont le nom signifie : je me tourne vers le soleil. En effet, la fleur aime celui-ci et le suit dans sa course.

JE VOUS ATTENDS. — Julienne.

JE VOUS VOIS AVEC PLAISIR. — Julienne de Mahon.

JOB. — Prophète. — 1° **Fumier** sur lequel il vécut. — 2° **Lèpre** dont il était couvert. — Voir *Prophètes.*

JOEL. Prophète. — **Lion.** — Voir *Prophètes.*

JOIE.

VÉGÉTAUX. — 1° **Crocus safran** — 2° **Oxalis.** Plante qui le soir ferme ses fleurs et laisse tomber les folioles de ses feuilles pour ne reprendre son aspect qu'au lever du soleil, comme si la vue de celui-ci la comblait de joie et lui rendait la vie. — 3° **Verdure** qui annonçant le printemps est accueillie avec joie.

ANIMAUX. — 1° **Bœuf.** — 2° **Coq** qui chante au lever du jour.

DIVERS. — **Cornaline,** pierre qui lui est dédiée.

JOIE A VENIR. — Chélidoine ou *éclaire.*

JOIE DU SOUVENIR. — Pervenche blanche.

JOIE SPIRITUELLE. — Rose, couleur qui lui est consacrée.

JONAS. Prophète.

VÉGÉTAUX. — **Courge** qui est son attribut.

ANIMAUX. — **Baleine** qui l'avala et le rendit ensuite. — Voir *Prophètes.*

JONC DES CHAMPS. Plante aux tiges souples et se tressant avec facilité. — Voir : 1° *Docilité* — 2° *Souplesse.*

JONC FLEURI ou *butome en ombelle.* Belle fleur poussant dans les marécages et les rivières. — Voir : 1° *Eau* — 2° *Vous m'attirez.*

JONQUILLE. — Belle plante à fleurs jaunes. Voir : 1° *Accord* — 2° *Désir.*

JOSEPH (Saint).

VÉGÉTAUX. — **Lis** symbolisant sa chasteté.

DIVERS. — 1° **Baguette** qui fleurit pour le désigner comme époux de la Vierge. — 2° **Bâton** sur lequel il se soutient, rappelant sa fuite en Égypte. — 3° **Bisaiguë**, car il était charpentier. — 4° **Bonnet juif** rappelant sa race. — 5° **Chapelet**. — 6° **Jaune**, couleur qui lui est dédiée. — 7° **Jésus**, enfant qu'il porte.

JOSEPH.

VÉGÉTAUX. — **Épis** au nombre de sept rappelant le songe du Pharaon qu'il expliqua.

ANIMAUX. — **Vaches** au nombre de sept, pour la même raison.

DIVERS. — 1° **Citerne** dans laquelle ses frères le descendirent pour l'abandonner. — 2° **Manteau** qu'il laissa aux mains de la femme de Putiphar.

JOUBARBE. Plante croissant sans aucun soin sur les toits et les murailles. — Voir : 1° *Activité* — 2° *Je me contente de peu* — 3° *Vivacité.*

JOUG. Pièce de bois que l'on assujettit à la tête des bœufs pour les atteler. — Voir : 1° *Anarchie* — 2° *Concorde* — 3° *Docilité* — 4° *Obéissance* — 5° *Patience* — 6° *Rigueurs* — 7° *Tempérance* — 8° *Tyrannie.*

JUDAISME. — **Colombe.**

JUDAS. — 1° **Arbre** auquel il se pendit. — 2° **Bourse**, car il était chargé des dépenses par le Christ. — 3° **Corde** qui lui servit à se pendre. — 4° **Deniers** au nombre de trente, prix de sa trahison. — 5° **Nimbe noir** qui lui est particulier. — 6° **Ventre** ouvert d'où s'échappent les entrailles.

JUDE ou *Thadée* (Saint). Apôtre. — 1° **Croix**, car il fut crucifié. — 2° **Épée** de sa décapitation. — 3° **Flèches** de son martyre. — 4° **Hallebarde**. — 5° **Massue** de son supplice. — Voir *Apôtre.*

JUDITH. — 1° **Glaive** qui lui servit à couper la tête d'Holopherne. — 2° **Sac de cuir** où elle la déposa. — 3° **Tête coupée** d'Holopherne.

JUGEMENT. — 1° **Balances** en équilibre. — 2° **Colonne** de l'expérience sur laquelle il s'appuie. — 3° **Règle** pour indiquer la droiture qui doit présider aux jugements.

JUIFS. — 1° **Chien.** — 2° **Vipère.**

C'est par ces animaux peu estimés que le christianisme les symbolise.

JUILLET. — Mois consacré à **Jupiter.** Il correspond dans le Zodiaque au signe du Lion. Le moyen âge le représentait fauchant des **épis** *et aiguisant sa* **faux.**

On le couronne d'**épis mûrs** et

on lui donne des cheveux roux rappelant la couleur des moissons.

JUIN. Mois consacré à **Mercure**. Il correspond dans le Zodiaque au signe du **Cancer**.

Le moyen âge le représente tondant ses **moutons**.

On lui donne aussi : 1° **Cadran solaire**, car c'est dans ce mois que les jours atteignent leur plus grande durée. — 2° **Faucille**. — 3° **Torche** rappelant les grandes chaleurs.

JUJUBIER. Arbre aux fruits comestibles. — Voir *Concorde*.

JULIEN L'HOSPITALIER (Saint).

ANIMAUX. — **Cerf**. A la chasse un cerf gigantesque lui prédit qu'il tuerait ses parents.

DIVERS. — 1° **Barque** dans laquelle il faisait passer le fleuve près duquel il s'était retiré. — 2° **Costume** de pèlerin, rappelant ses pèlerinages. — 3° **Fleuve** auprès duquel il se fixa. — 4° **Lépreux** qu'il recueillit, qu'il soigna et qui était le Christ. — 5° **Lit** dans lequel il se coucha pour réchauffer le lépreux recueilli. — 6° **Masque** car il était le patron des ménétriers.

JULIENNE. Plante ornementale aux belles fleurs et à odeur suave. — Voir : 1° *Amusez-vous* — 2° *Je vais vous quitter* — 3° *Je vous attends* — 4° *Je vous vois avec plaisir* — 5° *Ne nous séparons pas* — 6° *On vous trompe*.

JUNON, ou *Héra* en Grec. — En mythologie, femme de Jupiter.

VÉGÉTAUX. — 1° **Couronne** composée de feuilles de cognassier. — 2° **Dictame**. — 3° **Grenade** qu'elle porte à la main et qui symbolise l'union conjugale. — 4° **Pavot**.

ANIMAUX. — 1° **Agneau**. — 2° **Cigogne**. — 3° **Coucou**. Ne pouvant fléchir Junon, Jupiter un jour fit éclater un orage et se présenta à la déesse sous la forme d'un coucou tremblant de froid. La déesse le réchauffa dans son sein. Jupiter reprit alors sa forme première et Junon consentit à l'épouser. Son sceptre est surmonté d'un coucou. — 4° **Epervier**. — 5° **Oison**. — 6° **Paon**, oiseau spécialement consacré à la déesse qui a, répandu sur son plumage, les cent yeux d'Argus.

DIVERS. — 1° **Char** traîné par des paons. — 2° **Ciel étoilé** que la déesse personnifie. — 3° **Polos**, coiffure cylindrique qu'elle porte. — 4° **Sceptre**, car elle règne sur les autres déesses. — 5° **Stéphanos**, couronne basse qu'elle porte. — 6° **Voile**, car elle préside aux mariages et est déesse des unions chastes.

JUPITER ou *Zeus* en grec. En mythologie roi des dieux.

VÉGÉTAUX. — 1° **Chêne**, arbre symbolisant la force et la puissance. — 2° **Couronne** de chêne et de laurier — 3° **Olivier**.

ANIMAUX. — 1° **Abeilles**. Considérées comme nourrices de Jupiter. — 2° **Aigle**. Oiseau qui s'élève le plus près des cieux. Il est l'emblème du roi des Dieux et est placé à ses pieds et sur son sceptre. — 3° **Bœuf**. — 4° **Cheval**.

DIVERS. — 1° **Ciel**. Jupiter personnifie le ciel de jour. — 2° **Foudre** que le dieu porte. — 3° **Hyacinthe**, pierre qui lui est dédiée. — 4° **Sceptre**, car il règne sur les autres dieux.

JUPITER. Astre. — Il représente la vieillesse et exerce son influence sur le foie (Voir lune).

JUSQUIAME. Plante contenant un poison fort violent. — Voir : 1° *Défaut* — 2° *Imperfection*.

JUSTICE.

VÉGÉTAUX. — 1° **Olivier**, symbole de la paix. Attribut de la justice car elle est pacifique. — 2° **Rudbeckia**.

ANIMAUX. — 1° **Abeille** vivant en colonie administrée par une reine. — 2° **Aigle** symbolisant la puissance suprême. — 3° **Autruche**. — 4° **Paon**.

DIVERS. — 1° **Ailes** car elle plane au-dessus de l'humanité. — 2° **Balances** en équilibre. — 3° **Bandeau** sur les yeux. — 4° **Casque** et **bouclier** qui la défendent contre les corrupteurs. — 5° **Croix**. — 6° **Couronne**. — 7° **Feu** qui brûlait autrefois les coupables. — 8° **Glaive** pour exécuter ses sentences. — 9° **Livre** de la loi. — 10° **Pourpre**, couleur qui lui est attribuée. — 11° **Sceptre**, car elle règne sur les hommes. — 12° **Verges** symbolisant les peines dont elle frappe les coupables. — Voir *Thémis*.

J'Y SONGERAI. — 1° **Aster de la Chine** simple. — 2° **Marguerite des prés**. Au temps de la chevalerie, poursuivie par les vœux d'un soupirant et ne voulant ni les accepter ni les rejeter, la dame répondait par le port de cette fleur.

KENNÉDIA. — Voir *Beauté intérieure*.

KÈRES. En mythologie, génies qui portaient à l'homme le coup fatal. — 1° **Ailes** aux pieds et aux épaules. — 2° **Peau noire**. — 3° **Visage hideux**.

KETMIE ou *Hibiscus*. Plante de la famille des malvacées et portant de belles fleurs. — Voir 1° **Beauté délicate** — 2° **Ornement**.

KHARITES. Nom grec des Grâces. — Voir *Grâces*.

LA BEAUTÉ EST VOTRE SEUL ATTRAIT. — Rose du Japon.

LACHÉSIS. — En Mythologie, une des trois Parques. — 1° **Quenouille.** — 2° **Fuseaux.** — Voir *Parques.*

LACHETÉ. — 1° **Ane**, que l'on frappe vainement pour en obtenir un travail. — 2° **Bœuf.** — 3° **Lièvre**, renommé pour sa poltronnerie.

LAGERSTRŒNIA DE L'INDE. — Voir *Éloquence.*

LAISSEZ-MOI ALLER. — Herbe aux papillons.

LAISSEZ-MOI DANS MA MÉDIOCRITÉ, OU PRENEZ GARDE. — Pariétaire. Plante qui croît dans les lieux solitaires et sur les murs. Les étamines de ses fleurs sont très irritables; lorsqu'on en effleure le filet, qui est replié en dedans, il se déroule, l'anthère se redresse et lance au loin du pollen.

LAITUE. Plante potagère de nos jardins. — Voir : 1° *Froideur* — 2° *Refroidissement.*

LAMENTATION. — Peuplier tremble. Bel arbre au feuillage léger qui, au moindre souffle de vent, s'agite et gémit.

LAMPE. Appareil d'éclairage. — Voir : 1° *Albert (saint)* — 2° *Ardeur* — 3° *Charité* — 4° *Constance* — 5° *Foi* — 6° *Jérôme (saint)* 7° *Piété* — 8° *Prudence* — 9° *Pureté* — 10° *Sagesse* — 11° *Vierges folles* — 12° *Vierges sages* — 13° *Vigilance* — 14° *Zèle.*

LANCE. Arme: emblème de **Minerve**, considérée comme déesse guerrière. — Voir : 1° *Barnabé (saint)* — 2° *Colère* — 3° *Folie* — 4° *Georges (saint)* — 5° *Mathieu (saint)* — 6° *Michel (saint)* — 7° *Odin* — 8° *Prudence* — 9° *Thomas (saint).*

LANGUEUR. — Pavot; allusion aux vertus narcotiques de cette plante.

LANTERNE. — Voir *Doute.*

LARGESSE.—**Améthyste.** Pierre qui lui est dédiée.

LARMES.

VÉGÉTAUX. — **Hélénium.**

DIVERS. — **Opale,** pierre précieuse un peu trouble. — Voir : 1° *Guillaume (saint)* — 2° *Madeleine (sainte).*

LARMES DE JOB. Plante de la famille des graminées, encore appelée larmille, et cultivée pour l'ornementation des jardins. — Voir *Enterrez-moi au milieu des beautés de la nature.*

LAURENT (Saint). — 1° **Bourse** qu'il porte en faisant l'aumône. — 2° **Croix de procession,** car il fut porte-croix du pape. — 3° **Évangéliaire.** — 4° **Flammes,** car il fut brûlé. — — 5° **Gril** sur lequel on le brûla vif. — 6° **Livre.** — 7° **Vases sacrés** qu'il vendit, quoiqu'ils lui fussent confiés, afin de secourir les pauvres.

LAUREOLE ou *Bois-gentil.* Petit arbrisseau aux fleurs roses répandant une odeur suave. — Voir : 1° *Coquetterie* — 2° *Désir de plaire.*

LAURIER BLANC. — Voir *Candeur.*

LAURIER FRANC. Plante aux feuilles toujours vertes. Celles-ci ont une odeur aromatique et sont employées comme stimulant et condiment. — Voir : 1° *Académie* — 2° *Apollon* — 3° *Clémence* — 4° *Daphné* — 5° *Gloire* — 6° *Hiver* — 7° *La mort seule peut me faire changer* — 8° *Muses* — 9° *Orgueil* — 10° *Perfidie* — 11° *Persévérance* — 12° *Poésie* — 13° *Récompense* — 14° *Vérité*— 15° *Victoire.*

LAURIER DE MONTAGNE. — Voir *Ambition.*

LAURIER-ROSE. — Bel arbrisseau croissant le long des ruisseaux dans la région méditerranéenne. Il porte de jolies fleurs roses mais possède un suc âcre qui est un poison narcotique. — Voir : 1° *Beauté* — 2° *Danger* — 3° *Douceur* — 4° *Prenez garde.*

LAURIER TIN. Arbrisseau toujours vert originaire d'Espagne. — Voir *Signe.*

LAVANDE. Plante de la famille des labiées, ayant une forte odeur aromatique. Elle est employée aussi bien en médecine qu'en économie domestique. — Voir *Vertu.*

LAVANDE ASPIC. Plante de l'espèce de la lavande qui fournit une huile essentielle qui est l'huile d'aspic. — Voir *Méfiance.*

LÉDA. En mythologie, fille de Thestius, femme de Tyndare; se promenant sur le bord de l'Eurotas, elle fut rencontrée par Jupiter. Celui-ci, changeant Vénus en aigle et lui-même en cygne que l'oiseau de proie poursuivait, alla se jeter dans les bras de Léda. Celle-ci accoucha de deux œufs, le premier renfermait Pollux et Hélène et le second Castor et Clytemnestre. — **Cygne.**

LÉGÈRETÉ.

VÉGÉTAUX. — 1° **FUCHSIA.**

Plante aux fleurs en clochettes légères et gracieuses. — 2° **Pied d'alouette.** Allusion à la légèreté de l'oiseau dont elle porte le nom.

ANIMAUX. — **Papillon,** insecte au vol léger et capricieux.

LÉGÈRETÉ DE CŒUR. — **Shamrock.**

LENTEUR. — **Chrysocome.** Plante de la famille des composées, aux fleurs de couleur jaune d'or

LÈPRE. — Voir : 1° *Constantin (saint)* — 2° *Job.*

LÉPREUX. — Voir : 1° *Éloi (saint)* — 2° *Julien l'Hospitalier (saint).*

LÉTHARGIE. — **Pavot noir.** Allusion à l'engourdissement où vous plonge ce puissant narcotique.

LÉVRIER. Espèce de chiens très rapides à la course. — Voir *Envie.*

LÉZARD. Animal de l'ordre des sauriens connu dans nos campagnes. Voir : 1° *Malice.* Dans la mythologie, Abas fut changé en lézard par Cérès qui voulut ainsi se venger des railleries qu'elle dût supporter de lui. — 2° *Septembre.*

LIANES. Plantes grimpantes et enlaçantes. — Voir *Nœuds.*

LIBÉRALITÉ.

ANIMAUX. — 1° **Aigle.** — 2° **Coq.**

DIVERS. — 1° **Corne d'abondance.** — 2° **Coupe** pleine de bijoux

LIBERTÉ.

VÉGÉTAUX. — 1° **Chêne.** — 2° **Saule.**

DIVERS. — **Chaînes brisées.**

LIBERTINAGE. — **Torche** symbolisant le feu des passions.

LICHEN. Plante parasite. — Voir : 1° *Abattement* — 2° *Solitude.*

LICORNE. Animal fantastique que l'on croyait ainsi composé : corps de cheval, barbe de chèvre, et au milieu du front une corne. Au moyen âge, on croyait que les vierges seules pouvaient prendre cet animal. — Voir : 1° *Chasteté* — 2° *Christ* — 3° *Vierge* — 4° *Virginité.*

LIENS. — **Convolvulus,** plante grimpante qui enserre étroitement son support.

LIENS D'AMOUR. — 1° **Chèvrefeuille.** Plante grimpante s'enroulant étroitement autour de son support. — 2° **Giroflée.**

LIERRE. Plante toujours verte bien connue, s'attachant étroitement aux murs qui la soutiennent. Consacré à **Bacchus,** de même que la vigne, car les anciens lui croyaient la propriété d'empêcher l'ivresse. Aussi dans les festins les convives s'en couronnaient-ils. — Voir : 1° *Académie* — 2° *Amitié* — 3° *Attachement* — 4° *Attention continuelle à plaire* — 5° *Fidélité* — 6° *Poésie.*

LIÈVRE. Animal de nos climats dont la poltronnerie est bien connue. — Voir : 1° *Chasse* — 2° *Crainte* — 3° *Hiver* — 4° *Lâcheté*

— 5° *Martin (saint)* — 6° *Ouïe* — 7° *Peur* — 8° *Timidité*.

LIGURIUS. Pierre d'aspect violacé. — Voir 1° *Détachement* — 2° *Suavité*.

LILAS BLANC. Arbuste cultivé dans nos jardins pour ses belles fleurs à odeur suave. — Voir : 1° *Innocence de la jeunesse*. — 2° *Jeunesse* — 3° *Première émotion d'amour*.

LILAS DES CHAMPS ou *Muscari*. Plante commune dans les champs et les vignes. — Voir *Humilité*.

LIME. — **Académie**. Allusion à la perfection que l'on doit attendre dans les travaux de ceux qui la composent.

LIN. Plante textile aux jolies fleurs bleues. C'est elle qui nous fournit le fil, la toile, etc. — Voir : 1° *Activité* — 2° *Destinée* — 3° *Je sens vos bienfaits* — 4° *Susceptibilité*.

LINAIRE. Plante herbacée, vivace, commune dans les lieux arides et incultes. Elle porte des fleurs d'une forme bizarre pouvant se rapprocher de celle d'une tête d'animal. — Voir *Fascination*.

LION. Animal bien connu. — Voir : 1° *Adrien (saint)* — 2° *Ambition* — 3° *Aumône* — 4° *Christ* — 5° *Clémence* — 6° *Colère* — 7° *Colérique* — 8° *Courage* — 9° *Cybèle* — 10° *Daniel* — 11° *David* — 12° *Démon* — 13° *Force* — 14° *Générosité* — 15° *Hercule* — 16° *Humilité* — 17° *Jérôme (saint)* — 18° *Joël* — 19° *Juillet* — 20° *Marc (saint)* — 21° *Orgueil* — 22° *Paul (saint)* — 23° *Raison* — 24° *Religion* — 25° *Salomon* — 26° *Samson* — 27° *Terre* — 28° *Zodiaque*.

LIONNE. — Voir *Malice*.

LIS. Plante de nos jardins aux splendides fleurs d'un blanc immaculé. — Voir : 1° *Albert (saint)* — 2° *Alphonse de Liguori (saint)* — 3° *Antoine de Padoue (saint)* — 4° *Chasteté* — 5° *Christ* — 6° *Claire (sainte)* — 7° *Dominique de Guzman (saint)* — 8° *Douceur* — 9° *François d'Assise (saint)* — 10° *François Xavier (saint)* — 11° *Gabriel* — 12° *Insouciance* — 13° *Jean-Baptiste (saint)* — 14° *Je brûle* — 15° *Joseph (saint)* — 16° *Louis de Gonzague (saint)* — 17° *Majesté* — 18° *Mensonge* — 19° *Miséricorde* — 20° *Principautés* — 21° *Printemps* — 22° *Pureté* — 23° *Simplicité* — 24° *Souveraineté* — 25° *Thomas d'Aquin (saint)* — 26° *Vierge* — 27° *Vierges* — 28° *Virginité*.

LIS DE SAINT BRUNO. Nom commun du phalangium liliago, plante de la famille des liliacées. — Voir *Coquetterie*.

LISERON. Petite plante grimpante commune dans nos champs, portant de charmantes fleurs en clochettes. — Voir : 1° *Humilité* — 2° *Insinuation*.

LIT. — Voir : 1° *Élisabeth (sainte)* — 2° *Julien l'Hospitalier (saint)*.

LIVRE. Attribut commun à un grand nombre de mots. — Voir : 1° *Académie* — 2° *Albert (saint)* — 3° *Alphonse de Liguori (saint)* — 4° *André (saint)* — 5° *Antoine* (*saint*) — 6° *Apôtres* — 7° *Augustin* (*saint*) — 8° *Barbe* (*sainte*) — 9° *Benoît* (*saint*) — 10° *Boniface* (*saint*) — 11° *Bruno* (*saint*) — 12° *Catherine d'Alexandrie* (*sainte*) — 13° *Chasteté* — 14° *Christine* (*sainte*) — 15° *Dialectique* — 16° *Dignité* — 17° *Dominique de Guzman* (*saint*) — 18° *Église* — 19° *Érudition* — 20° *Fiacre* (*saint*) — 21° *Foi* — 22° *Fondateur d'ordre* — 23° *François d'Assise* (*saint*) — 24° *Geneviève* (*sainte*) — 25° *Géométrie* — 26° *Grammaire* — 27° *Grégoire le Grand* (*saint*) — 28° *Ignorance* — 29° *Jérôme* (*saint*) — 30° *Justice* — 31° *Laurent* (*saint*) — 32° *Loi* — 33° *Madeleine* (*sainte*) — 34° *Médecine* — 35° *Méditation* — 36° *Papauté* — 37° *Paul* (*saint*) — 38° *Père éternel* — 39° *Pierre* (*saint*) — 40° *Piété* — 41° *Prédicateurs* — 42° *Prière* — 43° *Prudence* — 44° *Religion* — 45° *Sagesse* — 46° *Saint* — 47° *Saint-Esprit* — 48° *Solitude* — 49° *Sibylles* — 50° *Tempérance* — 51° *Théologie* — 52° *Thérèse* (*sainte*) — 53° *Thomas d'Aquin* (*saint*).

LIVRE DE LOI. — Voir *Anarchie*.

LOBÉLIA. Plante cultivée dans nos jardins et renfermant un suc très âcre. — Voir *Malveillance*.

LOGIQUE. — **Scorpion**.

LOI. — 1° **Épée** chargée de la faire respecter. — 2° **Livre** qui la contient.

LONGÉVITÉ.

VÉGÉTAUX. — **If**, arbre employé dans la décoration des cimetières à cause de sa longévité.

ANIMAUX. — **Cerf**.

LOTUS. Plante aquatique dont la fleur se plonge sous l'eau le soir, et n'en sort qu'à la lumière du soleil. — Voir : 1° *Apollon* — 2° *Beauté toujours nouvelle* — 3° *Éloquence* — 4° *Rétractation* — 5° *Vous n'avez plus mon cœur*.

LOUIS (Saint). Roi de France.

VÉGÉTAUX. — **Chêne** sous lequel il rendait la justice.

DIVERS. — 1° **Clou** de la passion. — 2° **Couronne d'épines** de la passion, qu'il rapporta d'Orient à Paris. — 3° **Drapeau**, car il partit en croisade. — 4° **Écusson** indiquant ses armes de roi de France. — 5° **Sainte Chapelle**, monument qu'il édifia à Paris pour y déposer les reliques qu'il rapporta d'Orient.

LOUIS DE GONZAGUE (Saint).

VÉGÉTAUX. — **Lis** de virginité.

DIVERS. — 1° **Couronne** à ses pieds rappelant qu'il méprisa les honneurs. — 2° **Discipline**, de ses austérités. — 3° **Surplis** qu'il portait dans ses fonctions.

LOUP. Animal carnassier. — Voir : 1° *Apollon* — 2° *Avarice* — 3° *Colère* — 4° *Correction* — 5° *Démon* — 6° *Edmond* (*saint*) — 7° *Gourmandise* — 8° *Mars* — 9° *Odin* — 10° *Rapacité* — 11° *Rapine*.

LOUVE. Femelle du loup. Emblème de la ville de Rome. Lorsque les fils de Mars, Romulus et Rémus, furent abandonnés au bord du Tibre, une louve les nourrit de son lait.

LOYAUTÉ.

ANIMAUX. — **Grue.**

DIVERS. — **Grenat,** pierre précieuse rouge qui lui est consacrée.

LUC (Saint). Évangéliste.

ANIMAUX. — **Bœuf ailé**, animal apocalyptique.

DIVERS. — **Boite à onguents** car il était médecin.

LUCIE (Sainte).

ANIMAUX. — **Bœufs** par lesquels on voulut la faire trainer dans un mauvais lieu.

DIVERS. — 1° **Bûcher** où on la fit monter. — 2° **Cordes** dont on la lia. — 3° **Couronnes** au nombre de trois rappelant sa naissance, sa virginité, son martyre. — 4° **Yeux** qui lui furent arrachés. — 5° **Poignard** qui lui perce le cou.

LUCINE. En mythologie surnom de Junon, présidant à la naissance. — **Couronne de dictame**.

LUNAIRE ou *Monnaie du pape*. Plante d'ornement bien connue. — Voir *Honnêteté*.

LUNE ou *Séléné*. En mythologie, sœur d'Hélios. Elle a : 1° **Couronne d'or** qui lui ceint le front et 2° **Montée à cheval**.

LUNE. Astre. Elle représente l'enfance.

ANIMAUX. — **Vache.**

DIVERS. — **Sélénite**, pierre précieuse qui lui est dédiée. — Voir : 1° *Diane* — 2° *Vierge*.

Dans les livres d'heures gothiques, un corps humain est figuré entr'ouvert, et les sept planètes dardant chacune un rayon sur une partie différente de ce corps. On indiquait par là la croyance que les organes divers étaient soumis à l'influence des astres. La lune exerçait son influence sur le cerveau.

LUPIN. Plante de la famille des légumineuses utilisée parfois comme fourrage. — Voir : 1° *Imagination* — 2° *Voracité* — 3° *Vous rendez le calme à mon âme*.

LUTTE. — **Coq**, animal de nos basses-cours, prompt à la colère et à la lutte.

LUXE. — **Marronnier d'Inde**. Arbre au port majestueux, aux belles fleurs, ornant nos parcs et nos avenues, mais sans utilité pratique.

LUXURE.

VÉGÉTAUX. — 1° **Fleurs**. — 2° **Rosier** et en particulier la rose rouge.

ANIMAUX. — 1° **Bouc**. — 2° **Cerf**. — 3° **Chèvre**. — 4° **Colombe**. — 5° **Coq**. — 6° **Ours**. — 7° **Panthère**. — 8° **Porc**. — 9° **Sanglier**. — 10° **Singe**. — 11° **Sirène**.

DIVERS. — 1° **Cassette**. — 2° **Miroir**.

LUZERNE. Plante fourragère très employée pour la nourriture des bestiaux. — Voir *Vie*.

LYCHNIS DES PRÉS du mot grec qui signifie lampe, allusion à la forme de la fleur. Plante à fleurs rouges, commune dans les prés et les endroits marécageux. — Voir : 1° *Esprit* — 2° *Regards brillants.*

LYCOPODE. Plante cryptogame produisant une poudre très inflammable. — Voir *Flamme.*

LYRE. Instrument de musique antique. — Voir : 1° *Apollon* — 2° *Harmonie* — 3° *Mercure* — 4° *Poésie.*

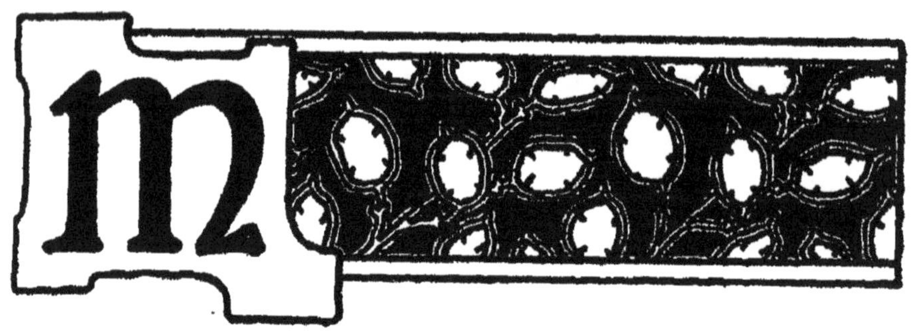

MADELEINE (Sainte). — 1° **Anges.** Lorsqu'elle était dans sa retraite de la Sainte Baume, des anges l'enlevaient au ciel aux heures des offices. — 2° **Chevelure.** Elle essuya avec ses cheveux les pieds de Jésus-Christ; et plus tard lorsqu'elle se retira du monde, sa chevelure lui servit d'unique vêtement. — 3° **Collier** de pierres précieuses en souvenir de sa vie première. — 4° **Croix** devant laquelle elle prie. — 5° **Démons** au nombre de sept qui furent expulsés de son corps. — 6° **Larmes** qu'elle répandit pendant sa longue pénitence. — 7° **Livre** à cause de ses méditations. — 8° **Miroir** en souvenir de sa vie mondaine et de sa coquetterie. — 9° **Racines** rappelant ses mortifications. — 10° **Tête de mort** devant laquelle elle médite. — 11° **Vaisseau désemparé** sur lequel les Juifs la mirent, et qui aborda à Marseille. — 12° **Vase** contenant les parfums qu'elle répandit sur les pieds du Christ.

MAGIE. — **Morelle des sorciers.** Plante contenant un poison assez violent.

MAGNANIMITÉ. — **Gerfaut.** Oiseau fort employé autrefois pour la chasse au vol.

MAGNIFICENCE.

VÉGÉTAUX. — **Tulipe.** En Orient on célèbre au printemps la fête des tulipes qui par la richesse de leur coloris méritent d'être le symbole de la magnificence.

DIVERS. — 1° **Compas.** — 2° **Couronne.** — 3° **Équerre.** — 4° **Palais.** — 5° **Sceptre** attributs de la magnificence.

MAGNOLIA. Bel arbre originaire de l'Asie, qui fait l'ornement de nos jardins. — Voir : 1° *Amour de la nature.* — 2° *Persévérance.*

MAGNOLIA A FEUILLES DE LAURIER. — Voir *Dignité.*

MAI. Cinquième mois de l'année correspondant au signe des *Gémeaux* dans le Zodiaque. Le moyen âge le représente avec des *fleurs* et des *bois feuillus*. Dans la mythologie, **Apollon** préside à ce mois. On le représente portant des **Fleurs**.

— **M'AIMEZ-VOUS ? — Chrysanthème des prés** ou *grande marguerite* que l'on effeuille pour l'interroger sur l'amour.

MAINS. — Voir : 1° *Adrien (saint)* — 2° *Amitié* — 3° *Cécile (sainte)* — 4° *Mariage* — 5° *Thomas (saint)*.

MAIN DE JUSTICE. — Voir *Souverain*.

MAINS LEVÉES AU CIEL. — Voir *Piété*.

MAJESTÉ. — 1° **Couronne impériale**. Plante aux fleurs d'un rouge brun, vivant dans les prairies humides et au port majestueux. — 2° **Lis commun**. Le lis est le symbole de la majesté à cause de l'emploi fréquent de sa fleur dans les armoiries, et de l'aspect majestueux de la plante. Les anciens lui croyaient une origine divine et le prétendaient né du lait de Junon.

MAL. — **Dragon à sept têtes**, peut-être en souvenir des sept péchés capitaux.

MALACHIE. Prophète. — Voir *Prophètes*.

MALADIE. — **Anémone des prés**. On croit, dans certains pays, cette fleur douée d'une action si pernicieuse qu'elle peut empoisonner le vent qui passe sur elle, et que ceux qui le respirent sont sujets aux maladies les plus redoutables. Les paysans en débarrassent leurs prés, car elle est aussi néfaste aux bestiaux.

MALAISE. — **Souci cultivé**. Plante de la famille des composées, à grandes fleurs jaunes, d'une odeur forte et désagréable pouvant occasionner un malaise passager.

MALÉDICTION. — **Fer**.

MALICE. — 1° **Chouette**. — 2° **Lézard**. Abas, fils d'Hypothoon et de Mélanie, fut changé en lézard par Cérès qui se vengea ainsi des railleries piquantes qu'elle avait eu à subir de lui. — 3° **Lionne**, animal connu pour ses ruses.

MALVEILLANCE. — **Lobélia**. Plante renfermant un suc très âcre.

MAMELLES. — Voir *Barbe (sainte)*.

MANCENILLIER. Arbre se rencontrant aux Antilles et au Brésil. Il a le port et la taille d'un de nos pommiers. Très joli d'aspect, cet arbre secrète dans tous ses organes un suc laiteux très vénéneux. — Voir : 1° *Fausseté* — 2° *Mensonge*.

MANDRAGORE. D'après la légende, cette plante a une racine rappelant la forme du corps humain; elle pousse des cris lorsqu'on l'arrache de terre. La plante, vénéneuse, était fort employée autrefois par les sorciers, et provoque un délire furieux. — Voir : 1° *Délire* — 2° *Fureur* — 3° *Horreur* — 4° *Rareté*.

MANIE. — **Éllébore.** Les anciens préconisaient cette plante comme remède à la folie.

MANNE. — Voir : 1° *André (saint)* — 2° *Élisabeth de Hongrie (sainte)*.

MANQUE DE CŒUR. — **Hydrangée.** Plante de la famille des saxifragées originaires de l'Amérique du Nord, de la Chine et du Japon, mais qui vit très bien dans nos climats.

MANQUE DE FOI. — **Circée** ou *arbre de Judas* ou *herbe aux sorcières.* Plante autrefois employée dans les charmes.

MANQUE DE SINCÉRITÉ. — **Digitale.** Belle fleur très vénéneuse, ce qui empêche beaucoup de l'employer comme plante ornementale.

MANSUÉTUDE. — 1° **Agneau.** — 2° **Bœuf.** De ces deux animaux la passivité est bien connue.

MANTEAU. — Voir : 1° *Aurore* — 2° *Force* — 3° *Hiver* — 4° *Joseph* — 5° *Martin (saint)* — 6° *Odin* — 7° *Pierre (saint)* — 8° *Roi* — 9° *Souverains.*

MANTEAU ROYAL. — Voir *Colombe (sainte)*.

MANUSCRIT. — Voir *Clio.*

MARC (Saint). Évangéliste, disciple de saint Pierre.

ANIMAUX. — 1° **Cheval.** Il a été traîné à terre par un cheval furieux. — 2° **Lion.** On représente symboliquement saint Marc sous la forme d'un lion ailé.

DIVERS. — 1° **Bâton** qui servit à l'assommer. — 2° **Massue.** Instrument de son supplice.

MARCEL (Saint). Pape. — 1° **Calice.** Il changea en église la maison de sainte Lucine. — 2° **Chevaux.** Il fut condamné à garder les chevaux dans une écurie.

MARGUERITE (Sainte). — 1° **Ceinture.** Les femmes enceintes se ceignent les reins d'une ceinture contenant des reliques de la sainte. — 2° **Croix** qu'elle présenta au démon pour en avoir raison. — 3° **Cuve** dans laquelle on la plongea inutilement pour la noyer. — 4° **Dragon** qui l'engloutit et d'où elle sortit en lui perçant les entrailles avec la croix qu'elle portait sur elle. — 5° **Troupeau** car elle gardait les moutons chez sa nourrice.

MARGUERITE. — Fleur bien connue de nos prés et que les amoureux effeuillent en la consultant comme oracle. — Voir : 1° *Amour* — 2° *J'y songerai* — 3° *Oracle* — 4° *Préférence.*

MARIAGE.

VÉGÉTAUX. — **Tilleul d'Amérique.**

DIVERS. 1° **Cœurs unis** au nombre de deux. — 2° **Deux flammes** qui se confondent. — 3° **Deux mains unies.** — 4° **Nœud d'amour.**

MARIÉE EN DEUIL. — **Passion malheureuse.**

MARJOLAINE. Plante ayant beaucoup de ressemblance avec le thym et cultivée dans nos jardins à cause de son odeur aromatique. — Voir : 1° *Douleur* — 2° *Toujours heureux.*

MAROTTE. Sorte de sceptre surmonté d'une tête coiffée d'un bonnet orné de grelots. Les bouffons des rois en portaient toujours une. — Voir *Folie.*

MARRONNIER D'INDE. Bel arbre originaire des montagnes du nord de l'Inde et qui est un des plus beaux ornements de nos jardins et de nos avenues. — Voir : 1° *Luxe* — 2° *Sensualité* — 3° *Volupté.*

MARS ou *Arès* (en grec). Dieu de la guerre.

ANIMAUX. — 1° **Chevaux**, ces animaux ont de tout temps été montés par les guerriers. — 2° **Coq.** Mars aimait passionnément Vénus : il chargea Alectrion ou Gallus de le prévenir de l'arrivée de son rival le Soleil. Gallus s'acquitta si mal de sa mission que le Soleil parut voilé d'un nuage et alla dénoncer les amants à Vulcain. Mars pour punir Alectrion le changea en coq, oiseau qui annonce toujours le lever du Soleil. — 3° **Lion** *qu'on offrait* au dieu en sacrifice. — 4° **Loup**, attribut de Mars. — 5° **Vautour**, animal consacré au dieu.

DIVERS. — 1° **Armure d'airain.** — 2° **Bouclier.** — 3° **Casque d'or.** — 4° **Hallebarde**, tous objets servant à faire la guerre. — 5° **Rubis balai**, pierre qui lui est consacrée.

MARS. Troisième mois de l'année correspondant au signe du bélier dans le Zodiaque. Les Romains consacraient ce mois à **Minerve.** Au moyen âge on le représente sous la forme d'un jeune homme labourant et taillant la vigne. On place d'ordinaire auprès de lui un **bouc** et une **hirondelle.**

MARS. Planète la plus rapprochée de la terre. Dans les livres d'heures gothiques, un corps humain est figuré entr'ouvert, et les sept planètes dardant chacune un rayon sur une partie différente de ce corps. On indiquait par là la croyance que les organes divers étaient soumis à l'influence des astres. La planète Mars exerçait son influence sur le foie.

Elle représente aussi la maturité de l'homme.

MARTEAU. — Voir : 1° *Architecture* — 2° *Éloi (saint)* — 3° *Gervais (saint)* — 4° *Sculpture* — 5° *Thor* — 6° *Vulcain.*

MARTHE (Sainte). — 1° **Croix**, car elle fut crucifiée. — 2° **Épée** dont on la transperça pendant qu'elle était sur la croix.

MARTIN (Saint). Évêque de Tours.

ANIMAUX. — 1° **Cheval**, car il était soldat. — 2° **Lièvre** qu'il préserva de la poursuite des chiens. — 3° **Oie**, qui, par ses cris, trahit l'endroit de sa retraite.

DIVERS. — 1° **Arbre** auquel il fut attaché par les païens. — 2° **Armure** : il était soldat. — 3° **Démon** qui lui apparut au moment où il allait mourir. — 4° **Épée** avec laquelle il coupa son manteau pour vêtir un pauvre. — 5° **Manteau** qu'il donna à un pauvre et qu'il vit dans une apparition sur Jésus-Christ.

MARTYRE.

VÉGÉTAUX. — 1° **Rose rouge** comme symbole du sang répandu. — 2° **Palmes.**

DIVERS. — 1° **Argent.** — 2° **Blanc,** couleur qui représente la pureté de leur foi. — 3° **Croix,** instrument de supplice. — 4° **Gril.** — 5° **Or.** — 6° **Rouge,** couleur du sang qu'ils répandirent. — 7° **Sarde.** — 8° **Tenailles,** instruments de supplice.

MARTYRS.

VÉGÉTAUX. — **Palmiers,** attribut des martyrs.

ANIMAUX. — **Brebis,** symbolisant la douceur des martyrs.

DIVERS. — 1° **Couronne.** — 2° **Instruments de supplice.** — 3° **Palmes.** — 4° **Rouge,** couleur qui leur est dédiée.

MASQUE. — Voir : 1° *Bacchus* — 2° *Danse* — 3° *Dissimulation* — 4° *Hypocrisie* — 5° *Julien l'hospitalier (saint)* — 6° *Vérité.*

MASSUE. — 1° *Eugène (saint)* — 2° *Folie* — 3° *Force* — 4° *Hercule* — 5° *Intrépidité* — 6° *Jacques mineur (saint)* — 7° *Jude ou Thadée* — 8° *Marc (saint)* — 9° *Mathias (saint).*

MATHIAS (Saint). — Apôtre, patron des vignerons. — 1° **Croix :** il fut crucifié. — 2° **Épée :** de son martyre. — 3° **Hache,** il a été décapité. — 4° **Massue,** instrument de son martyre. — Voir *Apôtres.*

MATHIEU (Saint). Évangéliste et apôtre.

ANIMAUX. — **Dragon** qu'il mit en fuite.

DIVERS. — 1° **Ange.** On représente saint Mathieu sous la forme d'un ange. — 2° **Argent.** Il était receveur de taxe de son métier. — 3° **Autel.** Il célébrait la messe lorsqu'un envoyé du roi Hirlacus vint l'arrêter. — 4° **Bourse** à cause de son ancien métier. — 5° **Chasuble** qu'il portait lorsqu'il fut arrêté. — 6° **Corde** qu'on lui mit au cou. — 7° **Écritoire.** Il écrivit l'évangile. — 8° **Hache,** instrument de son martyre. — 9° **Lance,** pour la même raison. — 10° **Sacs** dans lesquels il mettait l'argent qu'il recevait.

MATURITÉ. — Voir *Mars.*

MAUVAISE FOI. — **Grenadier.** Nommé pommier punique par les Romains ; la mauvaise foi des Carthaginois lui avait fait donner cette signification.

MAUVE. Plante de la famille des malvacées, très commune. Cette plante possède des propriétés adoucissantes qui la font employer comme remède contre les affections des bronches. — Voir *Douceur.*

MAUVE DE SYRIE. — Voir *Consumé par l'amour.*

MAUVE DE VENISE. Voir *Beauté délicate.*

MÉCHANCETÉ.

VÉGÉTAUX. — 1° **Ivraie**. Graminée nuisible, et d'autant plus qu'elle pousse dans le blé et que sa graine mêlée à celle de celui-ci donne au pain des qualités pernicieuses. — 2° **Renoncule scélérate**. Cette fleur jaune du bord des étangs est très vénéneuse et ses feuilles appliquées sur la peau y causent des plaies.

ANIMAUX. — **Hyène**, animal réputé pour sa méchanceté.

MÉDAILLE. — Voir *Geneviève (sainte)*.

MÉDECINE.

ANIMAUX. — 1° **Coq** immolé à Esculape, dieu de la médecine. — 2° **Serpent**. Le serpent est l'emblème de la médecine.

DIVERS. — 1° **Cassette** renfermant des onguents. — 2° **Fiole**. — 3° **Livre** dans lequel on puise la science pour guérir les malades.

MÉDISANCE.

VÉGÉTAUX. — **Ortie brûlante**. Les méchants propos brûlent comme les piqûres de cette plante.

ANIMAUX. — **Vipère**, reptile venimeux. On se sert souvent de cette expression « langue de vipère » pour désigner les médisants.

DIVERS. — 1° **Flambeau** de la discorde qui entraîne souvent la médisance. — 2° **Voile**, car elle cache la vérité.

MÉDITATION.

VÉGÉTAUX. — **Pensée**, symbole de la méditation.

ANIMAUX. — **Chouette**, cet animal semble méditer pendant ses veilles.

DIVERS. — **Livre** sur le texte duquel on médite.

MÉFIANCE.

VÉGÉTAUX. — **Lavande**.

ANIMAUX. — **Aspic**. On croyait autrefois que l'aspic, serpent des plus dangereux, se tenait le plus souvent sous la lavande, plante recommandable pour son odeur.

MÉLANCOLIE. — 1° **Feuilles mortes** qui annoncent la mauvaise saison et les temps mélancoliques. — 2° **Géranium foncé** attristant par sa couleur sombre. — 3° **Saule de Babylone**, à cause du port triste de cet arbre.

MÉLANCOLIQUE. Dans les manuscrits du moyen âge, la mélancolie est représentée par un homme appuyé sur un bâton, ou un **porc** qui fouille la terre.

MELCHISÉDEC. Roi de Salem. — 1° **Calice**. — 2° **Hostie**. Prêtre du Très-Haut il bénit Abraham et lui présenta le pain et le vin.

MÉLÉAGRE. — **Sanglier**. On place auprès de Méléagre, fils d'Œnée, une hure de sanglier pour rappeler qu'il a tué le fameux sanglier de Calydon.

MÉLÈZE. — Grand arbre de la famille des conifères. — Voir : 1° *Audace*. — 2° *Hardiesse*. Cet arbre se plaît et croît avec une grande rapidité dans les hautes montagnes du centre de l'Europe.

MÉLISSE. — Plante herbacée ayant une odeur suave et employée en médecine comme excitant et tonique. — *Voir* : 1° *Charmes* — 2° *Gaieté* — 3° *Plaisanterie*.

MELPOMÈNE. Muse de la Tragédie. — 1° **Cothurne** dont elle est chaussée. — 2° **Couronnes** qu'elle tient à la main. — 3° **Masque tragique** dont elle se couvre le visage. — 4° **Massue.** — 5° **Poignard** ensanglanté.

MEMOIRE. — **Seringat.** Sorte d'arbrisseau cultivé dans les jardins pour l'odeur suave répandue par ses fleurs.

MENACES. — **Ours.** Animal féroce.

MÉNIANTHE. — *Voir* : *Calme*. Cette fleur ne fleurit que les jours calmes.

MENSONGE.

VÉGÉTAUX. — 1° **Apocyn tue chien.** Plante herbacée de la famille des gobe-mouches. Ces dernières plantes attirent les mouches par un liquide sucré, et se repliant ensuite les retiennent prisonnières. — 2° **Buglosse.** La racine de cette plante sert à la composition de plusieurs fards. — 3° **Lis jaune.** — 4° **Mancenillier.** Très joli d'aspect, cet arbre secrète dans tous ses organes un suc laiteux très vénéneux.

ANIMAUX. — 1° **Corbeau.** Apollon avait envoyé un corbeau avec une coupe pour lui apporter de l'eau. L'oiseau s'arrêta sur un figuier, dont les fruits le tentaient, pour attendre la maturité de celui qu'il convoitait. Pour expliquer son retard, il prit un serpent qu'il accusa de l'avoir empêché de puiser de l'eau. Apollon voulant punir le corbeau de son mensonge, changea son plumage blanc en un plumage noir. — 2° **Taupe**, animal insectivore à l'air sournois.

MENTHE. Plante de la famille des Labiées répandant quand on la froisse une odeur très agréable; elle est employée en médecine. — *Voir* : 1° *Jalousie*. Une nymphe nommée Menthe ayant attiré l'attention de Pluton, Proserpine jalouse la changea en la plante qui porte ce nom. — 2° *Vertu*.

MENTHE POIVRÉE. Variété de menthe au parfum plus pénétrant. — *Voir* *Chaleur de sentiment*.

MER. — **Poisson** dont elle est le royaume.

MERCURE ou Hermès (en grec). En Mythologie, dieu du commerce et de l'éloquence.

ANIMAUX. — 1° **Bouc**, car il est protecteur des troupeaux. — 2° **Chien**, animal consacré à Mercure, à cause de sa vigilance et de ses ruses. — 3° **Cigogne**, animal consacré au dieu en Égypte. — 4° **Coq.** Les Grecs se divertissaient aux combats de coqs. Ils immolaient cet oiseau à Mercure pour symboliser la lutte et les exercices de la palestre. Il est ainsi l'emblème de Mercure qui est le dieu des gymnastes et symbolise aussi la vigilance que le dieu devait apporter dans ses fonctions. — 5° **Tortue.** Attribut de Mercure, parce que l'écaille de cet animal lui servit à créer la lyre.

DIVERS. — 1° **Agate**. Pierre précieuse qui lui est dédiée. — 2° **Bâton** auquel on ajoute des ailes et qui devient le caducée. — 3° **Bourse**. La bourse est l'emblème qui caractérise le dieu du commerce dans les monuments anciens. — 4° **Caducée**. Mercure, messager des dieux, porte un sceptre nommé caducée. Voyant deux serpents qui se battaient, Mercure voulut les séparer avec son sceptre, les serpents s'y enroulèrent. — 5° **Couronne de lierre, d'olivier et de mûrier**. Le lierre dans la couronne symbolise l'attachement que Mercure avait pour les dieux puisqu'il les servait avec un zèle infatigable et l'olivier symbolise la paix qui est nécessaire au dieu du commerce. — 6° **Lyre**, attribut de Mercure qui, en venant au monde, aperçut une tortue et se servit de son écaille pour en composer cet instrument. — 7° **Pétase**. Coiffure que portait Mercure, comme gardien des routes et comme voyageur. — 8° **Rame**. Instrument symbolisant le commerce maritime. — 9° **Talonnières**. — 10° **Trompette** dans laquelle il souffle.

MERCURE. Planète voisine du soleil. Dans les livres d'heures gothiques, un corps humain est *figuré entr'ouvert* et les sept planètes dardant chacune un rayon sur une partie différente de ce corps. On indiquait par là la croyance que les organes divers étaient soumis à l'influence des astres. La planète Mercure exerçait son influence sur le rein.

MERCURIALE. Plante de la famille des Euphorbiacées, vénéneuse et surtout dangereuse pour les moutons qui la rejettent d'ailleurs à cause de sa saveur âcre. — Voir : 1° *Bonté* — 2° *Déception*.

MÉRITE CACHÉ. — **Coriandre**. Plante ombellifère qui, fraîche, répand une odeur désagréable. Son nom du reste signifie punaise (de Koris). La graine de cette plante répand un parfum très agréable et est employée par les confiseurs pour faire de petits bonbons.

MES BEAUX JOURS SONT PASSÉS. — **Colchique**. Plante de la famille des colchicacées fleurissant à l'automne et annonçant la venue des mauvais jours. Son nom de colchique lui vient de ce qu'elle était répandue autrefois dans la Colchide.

MÉSEMBRIANTÈMUM. — Voir *Paresse*.

MES REGRETS VOUS SUIVENT AU TOMBEAU. — **Asphodèle**. Plante de la famille des liliacées qu'on plantait autrefois près des tombeaux. Les ombres se promenaient dans des prairies d'asphodèles.

MESSAGE. — **Iris**. Plante de la famille des iridées. Son nom lui vient de la messagère des dieux qui ne portait que de bonnes nouvelles. — Voir *Bonne nouvelle*.

MÉTIERS. — Attributs tirés des outils employés dans ces métiers. Exemple. 1° **Marteau** pour le forgeron. — 2° **Navette** pour le tisserand.

MEULE. Sorte de pierre plate servant à broyer les grains : employée aussi autrefois comme instrument de supplice. — Voir : 1° *Christine (sainte)* — 2° *Christofle (saint)* — 3° *Victor (saint)*.

MICHÉE. Prophète. — **Rocher** d'où il fut précipité.

MICHEL (Saint). Archange. — 1° **Armure** complète dont il est couvert. — 2° **Balance**, car il est introducteur des âmes en paradis. — 3° **Bouclier**, car il est costumé en guerrier. — 4° **Coquille**, rappelant le pèlerinage à Saint-Michel de Tombelaine, le lieu de ce pèlerinage étant situé au bord de l'Océan. — 5° **Démon** qu'il foule au pied et perce de la croix. — 6° **Dragon** représentant le démon. — 7° **Étendard**, car il est le chef de la milice céleste. — 8° **Glaive**, arme que portent les guerriers. — 9° **Lance** avec laquelle on le représentait perçant le démon.

MICOCOULIER. Arbre de la famille des Ulmacées ressemblant beaucoup à l'orme et dont le bois sert à la fabrication d'instruments à vents. — Voir *Concert*.

MILAN. Oiseau de proie. — Voir : 1° *Envie* — 2° *Gourmandise* — 3° *Rapacité* — 4° *Rapine*.

MILLEFEUILLE ou *herbe de Saint-Joseph* ou *achillée millefeuille*. Cette plante a la réputation de cicatriser les blessures faites par le fer. On se sert aussi de ses fleurs en infusion comme remède adoucissant contre les affections des bronches. Voir : 1° *Guerre* — 2° *Soulagement*.

MILLET. Sorte de céréale. — Voir *Persévérance*.

MIMOSA. — Voir *Sensibilité excessive*. Lorsqu'on irrite les feuilles de cette plante, elles s'étiolent et se fanent immédiatement.

MINERVE ou *Athéné* (en grec). — Déesse de la sagesse, de la guerre, de la science et des arts.

VÉGÉTAUX. — 1° **Couronne d'olivier**. — 2° **Olivier** qu'elle fit sortir de terre à Athènes. Cela lui valut l'honneur de donner son nom à la ville.

ANIMAUX. — 1° **Chouette**, animal qui lui est consacré. — 2° **Coq** symbolisant la vigilance et à ce titre employé parfois comme attribut de Minerve. — 3° **Dragon**, animal qui lui est consacré. — 4° **Serpent** qui s'enroule autour de son bouclier.

DIVERS. — 1° **Bouclier** qu'elle tient à la main. — 2° **Casque** à cimier élevé. — 3° **Égide** qu'elle porte sur la poitrine et sur laquelle Jupiter avait fait étendre la peau de la chèvre Amalthée. Elle est garnie des écailles d'un reptile monstrueux dont Minerve délivra la Lybie et ornée au milieu de la tête de Méduse — 4° **Fuseau**, attribut de Minerve qui a appris aux femmes l'art de filer. — 5° **Lance**.

MIROIR. — Voir : 1° *Docilité* — 2° *Luxure* — 3° *Madeleine (sainte)* — 4° *Prudence* — 5° *Sagesse* — 6° *Tempérance* — 7° *Vanité* — 8° *Vérité* — 9° *Vierge* — 10° *Vue*.

MIROIR DE VÉNUS ou *Campanule* ou *Gant de Notre-*

Dame. Fleur bleue au centre de laquelle se trouve un disque jaune brillant qu'on a comparé à un miroir. Lorsque Vénus allait retrouver Adonis elle cueillait une de ces fleurs et s'y mirait pour se convaincre de sa beauté. — Voir : 1° *Attraits* — 2° *Beauté* — 3° *Charmes* — 4° *Flatterie* — 5° *Grâce* — 6° *Surveillance*.

MISANTHROPIE. — 1° **Chardon à foulons** ou *Cardère*. D'un aspect rébarbatif avec ses épines, ce chardon était cependant utile et servait à peigner les draps ; d'où son nom de cardère. — 2° **Aconit**.

MISÉRICORDE.

VÉGÉTAUX. — **Lis**, attribut de la miséricorde.

ANIMAUX. — 1° **Cigogne**. — 2° **Pélican**.

DIVERS. — **Calcédoine**, sorte d'agate d'un blanc laiteux, symbole de la miséricorde.

MITRE. — Voir : 1° *Adolphe (saint)* — 2° *Barnabé (saint)* — 3° *Bernard (saint)* — 4° *Bruno (saint)* — 5° *Évêque* — 6° *Nicolas (saint)* — 7° *Pontife* — 8° *Thomas d'Aquin (saint)*.

MODE. — **Raquette des jardins**.

MODÉRATION.

ANIMAUX. — 1° **Agneau**. — 2° **Hermine**. — 3° **Poisson**.

DIVERS. — 1° **Mors** servant à modérer l'ardeur des chevaux. — 2° **Règle**. — 3° **Sablier** indiquant la division du temps, et marchant avec une régularité parfaite.

MODESTIE.

VÉGÉTAUX. — **Violette**. Fleur à odeur suave et qui cache presque ses fleurs. Les Grecs et les Celtes en décoraient les cercueils des jeunes vierges.

DIVERS. — 1° **Voile** sous lequel la modestie dérobe ses traits. — 2° **Yeux baissés**.

MŒURS. — **Rue sauvage**. On croit que Mercure donna une racine de cette plante à Ulysse pour le préserver des breuvages enchantés de Circé.

MOINEAU. Oiseau de l'ordre des Passereaux qui crie à tout instant. — Voir *Bavardage*.

MOISE. Chef et législateur du peuple hébreux. — 1° **Buisson ardent** au milieu duquel Dieu lui apparut sur le mont Horeb — 2° **Colonne** surmontée du serpent d'airain qu'il érigea dans le désert. — 3° **Cornes** au front ; attribut de Moïse. — 4° **Serpent d'airain** surmontant la colonne que Moïse érigea dans le désert. — 5° **Tables de la loi** ou *Décalogue* données par Dieu à Moïse sur le mont Sinaï. — 6° **Verge** avec laquelle il fit des prodiges.

MOMORDIQUE PIQUANTE. Le nom de cette plante vient du latin « mordeo », je mords. — Voir *Critique*.

MONASTÈRE. — Voir *Augustin (saint)*.

MON CŒUR EST PÉNÉTRÉ DE VOS BONTÉS. — **Seringat**. Plante à fleurs blanches à odeur agréable, forte et pénétrante.

MONNAIE. — Voir : 1° *Avarice* — 2° *Richesse.*

MONNAIE DU PAPE, monnoyère, oublie ou grande lunaire. Plante de la famille des Crucifères. — Voir *Oubli.*

MONNOYÈRE, monnaie du Pape, oublie ou grande lunaire. — Voir *Oubli.*

MONSTRANCE. — Voir *Claire (sainte).*

MORELLE. Plante de la famille des Solanées. — Voir *Vérité.*

MORELLE DES SORCIERS. Plante contenant un poison assez violent puisqu'il peut déterminer la mort chez les adultes. — Voir 1° *Magie* — 2° *Sorcellerie.*

MORPHÉE. En mythologie, fils du Sommeil et de la Nuit. — **Pavots** qui croissaient spontanément dans le jardin de Morphée, roi des songes, et qui secrètent l'opium, procurant le sommeil et les rêves.

MORS. Sorte de pièce de fer qu'on met en travers dans la bouche du cheval et qui sert à le diriger. — Voir : 1° *Modération* — 2° *Tempérance.*

MORT.

VÉGÉTAUX. — **Cyprès,** attribut de la mort. Le cyprès est un arbre qui décore les cimetières.

ANIMAUX. — 1° **Bœuf.** — 2° **Chauve-souris,** oiseau nocturne rappelant les ténèbres de la mort. — 3° **Chouette,** pour la même raison. — 4° **Coq,** symbolisant l'éveil à la vie éternelle.

DIVERS. — 1° **Ailes** de chauve-souris pour indiquer la rapidité avec laquelle elle nous surprend. — 2° **Faux,** attribut de la mort. — 3° **Fer,** métal qui lui est dédié. — 4° **Gris cendré,** couleur qui lui est attribuée. — 5° **Noir,** couleur qui symbolise le deuil. — 6° **Plomb,** attribué à la mort à cause de sa lourdeur et de sa couleur terne. — 7° **Squelette.** On représente la mort sous la forme d'un squelette tenant une faux à la main. — 8° **Torche renversée** qui, tenue par un génie, est l'emblème de la mort.

MORT. En mythologie la mort ou Thanatos était frère jumeau d'Hypnos, le sommeil. Ils étaient tous deux ailés et presque semblables.

MORT RESSUSCITÉ.—Voir *Hélène (sainte).*

MORT SEULE PEUT ME FAIRE CHANGER. — **Laurier,** car le feuillage de cette plante est toujours vert.

MOUCHE. — Voir *Désirs charnels.*

MOULIN. — Voir *Tempérance.*

MOURON. Plante croissant dans les champs. — Voir *Simplicité ingénue.*

MOURON ANAGOLIS. — **Rendez-vous.**

MOUSSE. — Voir : 1° *Amour maternel* — 2° *Santé.*

MOUSSERON. Sorte de champignon comestible, mais qui inspire malgré tout la crainte et le soupçon puisque souvent les champignons sont vénéneux. — Voir *Soupçon*.

MOUTARDE. — Voir *Indifférence*.

MOUTON. — Le mouton est si doux qu'il peut symboliser la patience. — Voir *Patience*.

MUFLE DE VEAU appelé aussi gueule de loup. Plante de la famille des Scrofularinées. — Voir *Présomption*.

MUGUET. Cette plante aux légères clochettes blanches fleurit aux premiers jours du printemps et nous ramène la belle saison. — Voir *Retour du bonheur*.

MULE. — La mule est connue pour son entêtement. — Voir *Obstination*.

MULE BLANCHE. — Le blanc est la couleur chaste par excellence. — Voir *Chasteté*.

MULET. Animal réputé pour son entêtement. — Voir *Entêtement*.

MURE DES HAIES ou *ronce bleue*. Petit arbrisseau commun dans les haies, qui fleurit de mai en juillet. — Voir *Sérénade*.

MURIER BLANC. Arbre des pays chauds dont les feuilles servent à nourrir les vers à soie. — Voir *Sagesse*.

MURIER A FRUITS NOIRS. Cet arbre, originaire de l'Asie, est particulièrement cultivé dans le midi de la France. — Voir *Je ne vous survivrai pas*.

MUSES. En mythologie, filles de Zeus. Leur rôle est de charmer les immortels par leurs chants; elles sont au nombre de neuf : 1° *Calliope* — 2° *Clio* — 3° *Erato* — 4° *Euterpe* — 5° *Melpomène* — 6° *Polymnie* — 7° *Terpsichore* — 8° *Thalie* — 9° *Uranie*. Le mont Parnasse était leur demeure favorite. Elles ont à leur tête *Apollon* portant une lyre à la main et couronné de lauriers.

VÉGÉTAUX. — 1° **Laurier**. — 2° **Palmier**.

DIVERS. — **Instruments de musique**.

MUSIQUE.

VÉGÉTAUX. — **Roseaux**. Pan poursuivait Syrinx au bord du Ladon en Arcadie. La nymphe implora le fleuve qui la reçut dans ses ondes et la changea en roseau. Pan en coupa plusieurs de différentes longueurs et en fit la première flûte des bergers.

ANIMAUX. — **Canard**, attribut de la musique.

DIVERS. — **Instruments de musique**.

MYOSOTIS. Plante herbacée, à jolies petites fleurs bleues, se plaisant dans les marais et lieux humides. Cette plante est le vergiss mein nicht (*ne m'oubliez pas*) des Allemands. — Voir : 1° *Charité* — 2° *Ne m'oubliez pas* — 3° *Simplicité ingénue* — 4° *Souvenez-vous de moi* — 5° *Véritable amour*.

MYROBOLAN. Nom de fruits provenant de l'Inde, de l'Égypte et employés autrefois en médecine comme laxatifs. — Voir *Privation*.

MYRRHE. Sorte de gomme résineuse renfermant une huile volatile appelée myrrhol, une résine appelée myrrhine et différents sels. Elle possède une odeur agréable quand on la chauffe et brûle avec une flamme claire et brillante. — Voir *Allégresse*.

MYRTE. Arbre croissant dans les régions chaudes. Ses feuilles répandent une odeur agréable lorsqu'on les froisse et sont employées en médecine comme astringentes et stimulantes. Les anciens le consacraient à Vénus dont le temple à Rome en était entouré. — Voir : 1° *Académie* — 2° *Allégresse* — 3° *Amitié* — 4° *Amour* — 5° *Apollon* — 6° *Avril* — 7° *Erato* — 8° *Poésie* — 9° *Union*.

MYRTIL ou *airelle anguleuse*. Le myrtil est un petit arbrisseau qui se plaît parmi les bruyères des bois montueux. Les tiges de cette plante portent de petites feuilles finement dentelées. Le fruit est une baie noire d'un goût agréable. On emploie souvent les baies de l'airelle pour combattre la dysenterie. — Voir *Trahison*.

MYSTÈRES DE CŒUR. — Polyanthe cramoisi.

N'ABUSEZ PAS.— Safran. Plante herbacée qui en infusion légère porte à la gaieté, mais dont l'abus peut déterminer la folie.

NAHUM. Prophète qui prédit la ruine de Ninive par Nabopolassar. — Voir *Prophètes*.

NAISSANCE. — Fraxinelle ou *dictame de Crète*. Junon portait une couronne de fraxinelle quand elle présidait à la naissance des enfants.

NAIVETÉ. — Argentine.

NARCISSE. Plante à fleurs blanches, cultivée dans nos jardins. — Voir : 1° *Égoïsme* — 2° *Vanité*.

NAVET. Plante potagère. — Il existe plusieurs espèces de navets, toutes cultivées soit pour leurs racines alimentaires soit pour leurs graines oléagineuses. — Voir *Charité*.

NAVIRE. Grand bateau. — Voir : 1° *Espérance* — 2° *Vierge*.

NEIGE. — Voir : *François d'Assise (saint)*.

NE ME LAISSEZ PAS DANS L'ANXIÉTÉ. — Rose de Noël. Cette plante avait la réputation, chez les anciens, de guérir de la folie.

NE ME TOUCHEZ PAS. — 1° **Balsamine.** Lorsque les fruits de cette plante sont à maturité, les valves très élastiques de sa capsule s'ouvrent comme un ressort et lancent les graines au loin. — 2° **Bardane.** Plante dont les capitules épineux s'attachent fortement aux vêtements.

NÉMOPHILE. — Pourquoi vous cachez-vous?

NE M'OUBLIEZ PAS. — Myosotis. Légende allemande : autrefois deux amants se promenaient au bord du Danube. La jeune fille voit une fleur au fond extrême de l'eau et la désire. L'amant se précipite, la saisit et est englouti. On dit que d'un dernier effort il jeta la fleur sur le rivage en s'écriant : Ne m'oubliez pas.

NE NOUS SÉPARONS PAS. — Julienne blanche.

NÉNUPHAR. — Belle plante aquatique qui fait le plus bel ornement de nos bassins. — Voir : 1° *Déjanire* — 2° *Froideur* — 3° *Pureté* — 4° *Regrets.*

NEPTUNE ou *Poseidon* (en grec). En mythologie fils de Saturne et de Rhéa, dieu de la mer.

ANIMAUX. — 1° **Cheval marin** ou *hippocampe* qui traîne son char. — 2° **Dauphin** que le dieu chargea de négocier son mariage avec Amphitrite. — 3° **Taureau** qui par son mugissement rappelle le bruit des flots. — 4° **Thon.**

DIVERS. — 1° **Nudité.** Le dieu est représenté nu sur son char. — 2° **Trident** qui lui sert de sceptre.

NÉRÉE. Dieu marin, fils de l'Océan et de Téthys. Est considéré comme dieu de la mer bienfaisante, et est représenté moitié homme et moitié poisson. — Voir : 1° *Queue de poisson* — 2° *Sceptre.*

NÉRÉIDES. En mythologie, filles de Nérée au nombre de cinquante. Elles habitent au fond des eaux et représentent les divers états de la mer. Elles ont une figure humaine et sont montées sur des chevaux marins ou des dauphins. Elles tiennent des branches de corail et sont aussi quelquefois représentées moitié femmes et moitié poissons. — Voir *Amphytrite.*

NEUF. Nombre angélique ; il y a neuf chœurs d'anges.

NIAISERIE. — **Persil des fous.**

NICOLAS (Saint). Évêque de Myre. — 1° **Ancre,** parce qu'il est patron des marins. — 2° **Bourse** contenant les dots qu'il donna à trois jeunes filles pauvres. — 3° **Fenêtre** par laquelle il déposa la dot des trois jeunes filles. — 4° **Mitre** qu'il reçut de la main d'un ange et qui lui fut enlevée après avoir souffleté Arius au concile de Nicée. — 5° **Pain,** parce qu'il procura du blé pendant une famine. — 6° **Sabre** comme défenseur et protecteur de la Russie. — 7° **Saloir** d'où il ressuscita trois enfants qui y avaient été coupés en morceaux. — 8° **Vaisseau** comme patron des marins.

NID. — Voir *Anne (sainte).*

NIELLE DES BLÉS. Plante herbacée à jolies fleurs, très commune dans les moissons. — Voir *Bon ton.*

NIMBE. Irradiation de la tête. On en fait de plusieurs sortes : le nimbe carré, l'étoilé, le rond, le noir, le triangulaire. — Voir : 1° *Anges* — 2° *Judas* — 3° *Patriarches* — 4° *Pierre (saint)* — 5° *Prophètes* — 6° *Puissance* — 7° *Saint* — 8° *Souveraineté* — 9° *Vierge.*

NISUS. Nisus avait un cheveu pourpre auquel était attachée la conservation de son royaume. Sa fille le lui arracha et le donna à Némos ; celui-ci put alors s'emparer de la ville. Pour expier sa trahison la fille de Nisus fut changée en alouette. — Voir : 1° *Alouette* — 2° *Trahison.*

NOBLESSE. — 1° **Cheveux longs** des efféminés. — 2° **Cou-**

ronne, c'est par la couronne généralement que se distinguent les différents titres de noblesse.

NOÉ. Patriarche, père de Sem, Cham et Japhet.

VÉGÉTAUX. — **Vigne** qu'il planta et cultiva le premier et avec le vin de laquelle il s'enivra.

ANIMAUX. — 1° **Colombe** qui lui rapporta le rameau d'olivier. — 2° **Corbeau**.

DIVERS. — **Arche** que Dieu lui avait ordonné de construire et qui le protégea au moment du déluge.

NŒUDS. — **Lianes**. Plantes qui enlacent de leurs nœuds tout ce qui les environne. — Voir *Mariage*.

NOIR. Couleur qui est l'attribut de : 1° *Démon* — 2° *Deuil* — 3° *Mort* — 4° *Nuit* — 5° *Ténèbres* — 6° *Tristesse*.

NOIRCEUR. — 1° **Cytise**. — 2° **Ébénier**. Pluton, roi des enfers, était assis sur un trône d'ébène. Le bois de cet arbre est très noir.

NOMBRES. — Voir à ceux-ci.

NONCHALANCE. — 1° **Horloge renversée** qui ne peut marcher qu'avec peine. — 2° **Tortue**, animal dont la réputation de lenteur est bien connue.

NOUVELLE JEUNESSE. — **Gainier** ou *arbre de Judée*. Au début du printemps cet arbre avant les feuilles se couvre de fleurs rouges.

NOVEMBRE. Onzième mois de l'année correspondant au signe du Sagittaire dans le Zodiaque. Le moyen âge le représentait ramassant du bois mort ou portant un fagot. Dans la mythologie **Diane** préside à ce mois.

NOYER. Arbre de grande taille cultivé en France pour sa grande utilité. Les fruits frais constituent un mets très agréable. On en extrait une huile employée pour l'éclairage. Le brou fournit une teinture brune servant à donner au bois blanc l'aspect du noyer. — Voir : 1° *Intelligence* — 2° *Stratagème*.

NUDITÉ. — Voir *Amour*.

NUIT. En mythologie, déesse des Ténèbres, fille du Ciel et de la Terre.

ANIMAUX. — 1° **Brebis noires**; chez les Grecs et chez les Romains on immolait à la nuit des brebis noires. — 2° **Hibou**, animal qui lui est consacré à cause de sa préférence pour les ténèbres.

DIVERS. — 1° **Ailes de chauve-souris** avec lesquelles on la figure souvent. — 2° **Flambeau renversé** qu'elle tient à la main.

NUIT.

VÉGÉTAUX. — 1° **Belle de nuit**, plante ne s'ouvrant qu'au déclin du jour. — 2° **Convolvulus de nuit**, plante ne s'ouvrant que la nuit.

ANIMAUX. — **Chouette**, animal nocturne.

DIVERS. — 1° **Lune**, astre ne

brillant que la nuit. — 2° **Noir,** couleur de la nuit.

NYMPHES. Divinités des eaux. On les représente sous la forme de jeunes femmes très belles, avec des chevelures vertes ; elles sont **demi-nues,** dans une **coquille** et portent une **urne.**

Ω. — Dernière lettre de l'alphabet grec. — Voir *Christ*.

OBÉISSANCE.

ANIMAUX. — 1° **Abeille.** Dans un essaim d'abeilles les ouvrières doivent obéissance à la reine et aux faux bourdons. — 2° **Agneau**, animal connu pour sa soumission. — 3° **Chameau**. — 4° **Chien**, cet animal est réputé fidèle et obéissant. — 5° **Serpent** ou *dragon vert à tête de femme* symbolisant le démon qui tenta Ève, laquelle obéit à ses conseils néfastes.

DIVERS. — 1° **Bâton de commandement**, à l'ordre duquel on obéit. — 2° **Bandeau**, car elle est aveugle. — 3° **Joug**.

OBSCURITÉ. — **Convolvulus de nuit.** Cette variété de liseron ne fleurit que la nuit.

OBSTACLE. — **Bugrane** ou *arrête-bœuf*, plante ainsi nommée à cause de sa racine cramponnée au sol assez fortement pour former obstacle à la charrue.

OBSTINATION.

VÉGÉTAUX. — **Petite bardane**, plante dont les capitules épineux s'attachent fortement aux vêtements.

ANIMAUX. — 1° **Ane.** — 2° **Mule.** Ces deux animaux sont connus pour leur obstination.

En *mythologie*, divinité passant pour être fille de la nuit.

OCCASION. En mythologie, divinité représentée sous la forme d'une femme nue n'ayant de cheveux que sur le dessus de la tête, montée sur une **roue** et tenant un **voile** dans la main.

Elle présidait au moment le plus favorable pour réussir.

OCTOBRE. Dixième mois de l'année correspondant au signe du scorpion dans le zodiaque. Le moyen âge le représente sous la forme d'un jeune homme chassant ou semant.

Dans la mythologie, **Mars** présidait à ce mois.

ODIN. Le plus ancien des dieux scandinaves.

ANIMAUX. — 1° **Corbeaux** au

nombre de deux qui placés sur ses épaules lui disent ce qu'ils ont vu et entendu. L'un s'appelle Hugin, qui signifie l'esprit; et l'autre Munin qui signifie la mémoire. — 2° **Loups** au nombre de deux.

DIVERS. — 1° **Anneau**. — 2° **Borgne**. On représente toujours Odin n'ayant qu'un œil. — 3° **Chapeau**. Son chapeau représente la voûte des cieux. — 4° **Lance** qu'il *tient à la main*. — 5° **Manteau bleu** qui représente l'atmosphère.

ODORAT. Un des cinq sens. Il est représenté sous la forme d'un jeune homme respirant un bouquet de roses. — 1° **Bouquet de roses**; la rose est la fleur la plus odoriférante. — 2° **Chien**, animal renommé pour son flair. — Voir *Sens*.

ŒIL. Organe de la vue. — Voir : 1° *Anges* — 2° *Cyclopes* — 3° *Dieu*.

ŒILLET. Genre de plantes faisant partie de la famille des Caryophillées et qui fait, sous différentes espèces, l'ornement de nos jardins. — Voir : 1° *Amour vif et pur* — 2° *Caprice* — 3° *Dédain* — 4° *Énergie* — 5° *Hardiesse* — 6° *Ingéniosité* — 7° *Refus* — 8° *Réciprocité* — 9° *Sensation* — 10° *Talent*.

ŒILLET ADONIS. — Voir *Souvenance*.

ŒILLET DE MONTAGNE. — Voir *Aspiration*.

ŒILLET DE PARIS. — Voir *Sympathie*.

ŒILLET DE POËTE. — Voir : 1° *Finesse* — 2° *Galanterie*.

ŒILLET D'INDE. — Voir : 1° *Aversion* — 2° *Toujours charmante*.

ŒILLET MIGNARDISE. — Voir : 1° *Enfantillage* — 2° *Grâces enfantines*.

ŒILLET MIGNONNETTE. — Voir *Amour filial*.

ŒNOCHOÉ. Vase grec, attribut d'Hébé. — Voir *Hébé*.

ŒNOTHÈRE A GRANDES FLEURS. — Cette plante originaire de la Virginie fut à plusieurs reprises perdue, puis retrouvée. — Voir *Inconstance*.

ŒUF. — Voir *Christ*.

OFFICIEUX. — **Jasmin rouge**.

OIE. Genre de gros oiseau de l'ordre des palmipèdes. — Voir : 1° *Ambroise (saint)* — 2° *Bêtise* — 3° *Hiver* — 4° *Martin (saint)* — 5° *Vigilance*.

OISEAU. Nom donné à tous les animaux vertébrés qui ont le corps recouvert de plumes et dont les mâchoires sont recouvertes d'une substance dure et cornée qui forme le bec. — Voir : 1° *Air* — 2° *Anges* — 3° *Évangélistes* — 4° *Février* — 5° *François d'Assise (saint)* — 6° *Hiver*.

OISON. Nom donné au petit de l'oie. — Voir *Junon*.

OLIPHANT. Sorte de cor. — Voir : 1° *Blaise (saint)* — 2° *Orgueil*.

OLIVIER. Arbre de la famille des oléacées dont les fruits produisent une huile comestible très recherchée.

En mythologie, cet arbre est consacré à Minerve qui d'un coup donné avec sa lance l'a fait sortir de terre. Elle a montré aux Athéniens la fabrication de l'huile et la culture des oliviers formait la principale richesse de ce peuple. — Voir : 1° *Académie* — 2° *Age d'or* — 3° *Apollon* — 4° *Automne* — 5° *Clémence* — 6° *Concorde* — 7° *Faunes* — 8° *Immortalité* — 9° *Justice* — 10° *Paix* — 11° *Raison* — 12° *Sagesse* — 13° *Tempérance* — 14° *Victoire* — 15° *Vierge* — 16° *Vierges folles* — 17° *Vierges sages*.

ON VOUS RENDRA JUSTICE. — **Tussilage odorant.** Le tussilage odorant vivrait encore ignoré au pied du mont Pila, si un savant botaniste n'avait su apprécier ses qualités bienfaisantes.

ON VOUS TROMPE. — **Julienne simple.**

ONYX. Pierre blanche veinée. — Voir : 1° *Discorde* — 2° *Dominations* — 3° *Innocence* — 4° *Querelle* — 5° *Vérité*. Autrefois on avait recours à certaine divination qui se faisait par le moyen des ongles et appelée onychomantie (d'onyx, ongle). On frottait avec de la cire les ongles d'un jeune garçon, et les exposant au soleil on y voyait des figures représentant ce qu'on désirait savoir.

OPALE. Pierre laiteuse présentant une irisation très vive et charmante à voir. — Voir : 1° *Larmes* — 2° *Pardon* — 3° *Prière*.

OPHRYS ARAIGNÉE. Plante herbacée de la famille des orchidées, ressemblant à l'insecte dont elle porte le nom et vivant dans les taillis et les pâturages. — Voir *Adresse*.

OPHRYS DOUBLE FEUILLE. — Voir *Erreur*.

OR. Métal précieux. — Voir 1° **Abondance**, l'or monnayé est un symbole de l'abondance. — 2° **Avarice.** L'avare cache son or et le contemple seul. — 3° **Beauté.** L'or est le plus beau de tous les métaux. — 4° **Charité** que l'on fait avec l'or. — 5° **Ciel.** — 6° **Divinité.** L'or est le métal choisi pour représenter les divinités. — 7° **Gloire**, rayonnement lumineux, représenté par l'or pour lui donner plus de clarté. — 8° **Martyre.** — 9° **Richesse.** Celui qui possède l'or possède la richesse. — 10° **Royauté.** — 11° **Sagesse.** — 12° **Trônes.**

ORACLE. — 1° **Grande marguerite.** Les amoureux effeuillent la marguerite et savent ainsi de quelle façon ils sont aimés. — 2° **Pissenlit** ou *dent de lion*. Les amoureux et les enfants interrogent la graine de cette plante et s'en servent comme d'un oracle.

ORANGER. Arbre toujours vert produisant d'excellents fruits et dont la culture se fait dans les pays chauds et dans une petite partie du midi de la France. Ses fleurs, d'un blanc très pur, répandent un parfum suave et pénétrant.

— Voir : 1° *Chasteté* — 2° *Générosité* — 3° *Vous êtes aussi pure que belle.*

Cet arbre est considéré comme l'arbre de la Science du bien et du mal.

ORCHIS. Plante très jolie ayant des formes bizarres et se rencontrant dans les bois. — Voir *Belle.*

ORCHIS ABEILLE. Plante dont la forme de la fleur se rapproche beaucoup de celle de l'insecte dont elle porte le nom. Voir : 1° *Activité* — 2° *Erreur.*

ORCHIS PAPILLON. — Cette fleur ressemble au papillon et on symbolise la légèreté et la gaieté. — Voir *Gaieté.*

OREILLE D'ANE. Plante herbacée à fleurs jaunes, violettes ou roses vivant dans les lieux humides. — Voir *Ignorance.*

OREILLE D'OURS ÉCARLATE. — Voir : 1° *Avarice* — 2° *Peinture* — 3° *Séduction.*

ORGUE. — Instrument de musique dans lequel les sons sont produits par l'air envoyé dans les tuyaux par des soufflets. — Voir *Cécile (sainte).*

ORGUEIL.

VÉGÉTAUX. — 1° **Laurier-cerise.** — 2° **Pavot rouge.** Cette plante a le port très fier à cause de sa fleur solitaire à l'extrémité d'une haute tige. — 3° **Rose à cent feuilles.**

ANIMAUX. — 1° **Aigle.** — 2° **Cheval,** attribut de l'orgueil. — 3° **Hippopotame.** — 4° **Lion,** le plus fier de tous les animaux. — 5° **Paon,** oiseau très orgueilleux de son plumage sur lequel Junon répandit les cent yeux d'Argus. — 6° **Serpent** à tête de femme symbolisant l'orgueil.

DIVERS. — 1° **Couronne.** — 2° **Oliphant,** sorte de cor que portaient les chevaliers du moyen âge.

ORGUEIL DE LA CHINE. — Voir *Dissentiment.*

ORGUEIL DE LA RICHESSE. — **Polyanthe.**

ORIGAN. — L'origan est une plante de la famille des labiées et du genre thym. Les origans contiennent une huile aromatique qui leur donne des propriétés toniques. Leurs feuilles sont d'un rouge pourpre et leurs fleurs d'un rouge rosé. — Voir *Rougeur.*

ORME. Cet arbre très beau et très grand, aux branches étalées formant une large cime, est très employé dans l'industrie Son bois est recherché pour la charpente, l'ébénisterie, etc. Les fibres de l'écorce servent souvent à faire des cordages, des nattes. Autrefois dans les villages, ceux qui rendaient la justice au nom du Seigneur se tenaient sous les ormes plantés devant la porte du château. — Voir : *Bienfaisance.*

ORME D'AMÉRIQUE. — Voir *Patriotisme.*

ORMEAU. Sorte de petit orme. — Voir *Dignité.*

ORNEMENT. — 1° **Charme.** Sous le nom de charmille, le charme faisait le principal ornement des jardins. On le taillait en forme de portiques, d'obélisques, de pyramides, de colonnades. — 2° **Ketmie** ou *Hibiscus*, arbrisseau qui sert à parer nos jardins.

ORNITHOGALE PYRAMIDAL. Cette plante, appelée aussi épi de la Vierge porte des fleurs d'un blanc immaculé et en forme de grappes pyramidales. — Voir *Pureté*.

ORPIN. Plante de la famille des crassulacées, formant des touffes vertes et se plaisant sur les toits, les murs et dans les endroits sablonneux. — Voir *Tranquillité*.

ORTIE. Plante herbacée vivace dont tous les organes sont hérissés de poils, renfermant un liquide très irritant et déterminant des boutons lorsqu'il est mis en contact avec la peau. — Voir : 1° *Cruauté* — 2° *Médisance*.

OSÉE. Le premier petit prophète juif qui prédit la captivité de Babylone. — Voir *Prophète*.

OSEILLE. Plante herbacée vivace dont les tiges dressées portent des feuilles en forme de flèche. — Voir *Affection*.

OSIER. Nom par lequel on désigne plusieurs petits arbustes dont les rameaux peuvent servir, par leur souplesse, à faire des objets de vannerie. — Voir *Franchise*.

OSMONDE. Fougère à feuilles très amples et très ornementales employées pour garnir les lits et les litières. — Voir : 1° *Rêveries* — 2° *Rêves*.

OSSEMENTS. — Voir *Ézéchiel*.

OSTENSOIR. — Soleil d'or ou d'argent supporté par un pied et dans lequel on met le Saint-Sacrement. — Voir : 1° *Alphonse de Liguori (saint)* — 2° *Dominique de Guzman (saint)* — 3° *Eucharistie* — 4° *Guillaume (saint)* — 5° *Thomas d'Aquin (saint)*.

OUBLI. — **Oublie** ou *grande lunaire*, ou *monnayère* ou *monnaie du pape*.

René, duc de Bar et de Lorraine, ayant été fait prisonnier à la bataille de Thoulongeau, peignit une branche d'oublies et l'envoya à ses gens pour leur reprocher le peu de diligence qu'ils mirent à le délivrer.

OUBLIE, grande lunaire, monnoyère ou monnaie du pape. Plante dont la graine est entourée d'un disque de couleur pâle. — Voir *Oubli*.

OUIE. Un des cinq sens. On la représente sous la forme d'une femme qui chante et s'accompagne sur un luth. Elle paraît attirer l'attention de petits enfants qui sont auprès d'elle ce qui symbolise l'instruction que l'on reçoit et pour laquelle l'ouïe est de la plus grande utilité.

Chez les Égyptiens l'hiéroglyphe de l'ouïe était une **biche** et un **lièvre**. Chez ces deux animaux l'ouïe est très développée. — Voir : 1° *Instrument de musique* — 2° *Sens*.

OURS. Animal carnivore, plantigrade, doué d'une force très grande et très dangereux. — Voir : 1° *Colère* — 2° *Colombe (saint)* — 3° *Cruauté* — 4° *Éloi (saint)* — 5° *Luxure* — 6° *Menaces* — 7° *Paresse* — 8° *Sottise* — 9° *Violence.*

OUTILS. — Voir *Saints ouvriers.*

OUVREZ-MOI VOTRE CŒUR. — **Sésame.** Les sorciers arabes attribuaient à cette graine des vertus magiques qui forçaient les portes à s'ouvrir d'elles-mêmes.

OXALIS. — L'oxalis, le soir, ferme ses fleurs et laisse tomber les folioles de ses feuilles, pour ne reprendre son aspect qu'au lever du soleil, comme si la vue de celui-ci la comblait de joie et lui rendait la vie. — Voir *Joie.*

PAILLE. Tige de céréale. — Voir : 1° *Querelle* — 2° *Rupture* — 3° *Union*.

PAINS. —Voir : 1° *Abdias* — 2° *Benoît (saint)* — 3° *Charité* — 4° *Claire (sainte)* — 5° *Dominique de Guzman (saint)* — 6° *Élie* — 7° *Geneviève (sainte)* — 8° *Habacuc* — 9° *Jacques mineur (saint)* — 10° *Jeanne de Chusa (sainte)* — 11° *Nicolas (saint)* — 12° *Tempérance*.

PAIX.

VÉGÉTAUX. — 1° **Blé**. La paix est représentée tenant des épis de blé. — 2° **Coudrier**. — 3° **Olivier**. La paix est couronnée d'olivier. Elle est, en mythologie, la fille de Jupiter et de Thémis et les Athéniens lui consacrèrent un temple. L'olivier est aussi l'attribut de la paix.

ANIMAUX. — 1° **Castor**, cet animal vit paisiblement dans les espèces de cabanes qu'il se construit. — 2° **Colombe** qui rapporta à Noé le rameau d'olivier en signe de paix.

DIVERS. — 1° **Caducée**, attribut du commerce qui prospère toujours en temps de paix. — 2° **Cornaline**, pierre qui lui est dédiée. — 3° **Corne d'abondance**.

PALAIS.—Maison somptueuse où loge un personnage éminent. — Voir *Magnificence*.

PALETTE. — Instrument dont les peintres se servent pour disposer leurs couleurs. — Voir *Peinture*.

PALLAS. En mythologie, déesse de la guerre, confondue souvent avec Minerve. — **Chauve-souris**, attribut de Pallas.

PALLIUM. — Bande de laine blanche formant collier, ornée de quatre croix rouges et de deux pendants. Le pape et les archevêques le portent par dessus leurs habits pontificaux. – Voir *Pierre (saint)*.

PALMES. Branche de palmier. — Voir : 1° *Anges* — 2° *Bruno (saint)* — 3° *Constance* — 4° *Daniel (saint)* — 5° *Espérance* — 6° *Gloire* — 7° *Jean-Baptiste (saint)*

— 8° *Martyr* — 9° *Martyre* — 10° *Paul (saint)* — 11° *Pierre (saint)* — 12° *Tempérance* — 13° *Victoire* — 14° *Vierge.*

PALMIER. Arbre aux belles feuilles vertes et décoratives, commun surtout en Amérique. — Voir : 1° *Abstinence* — 2° *Apollon* — 3° *Apôtres* — 4° *Charité* — 5° *Martyrs* — 6° *Muses* — 7° *Paul (saint)* — 8° *Paradis* — 9° *Pierre (saint)* — 10° *Prédication* — 11° *Vierge.*

PAN. En mythologie, divinité arcadienne, fils de Mercure et de Pénélope, inventeur de la flûte à sept tuyaux. — 1° **Cornes** dont il a le front orné. — 2° **Couronne de pin** qu'il porte toujours. Pan et Borée s'étaient disputé l'amour de la nymphe Pytis; celle-ci, ayant préféré le dieu Pan, fut jetée par Borée du haut d'un rocher. La terre prise de pitié la changea en pin. — 3° **Flûte** à sept tuyaux ou Syrinx. Le dieu Pan poursuivait la nymphe Syrinx de ses assiduités. Celle-ci se précipita dans le cours du Ladon et à la place où elle était tombée, il poussa des roseaux. Pan en coupa plusieurs de différentes longueurs et en fit un instrument de musique qui porta le nom de sa bien-aimée. — 4° **Houlette,** car il est considéré comme dieu des bergers. — 5° **Jambes de bouc.**

PANTHÈRE. Sorte de grand chat répandue dans l'Afrique, l'Asie et les îles de la Sonde. — Voir : 1° *Avarice* — 2° *Bacchus* — 3° *Chasteté* — 4° *Cybèle* — 5° *Luxure* — 6° *Vierge.*

PAON. — Oiseau magnifique de l'ordre des gallinacés ayant sur la tête une huppe mobile formant aigrette, et dont le plumage est admirable. — Voir : 1° *Anges* — 2° *Char* — 3° *Christ* — 4° *Coquetterie* — 5° *Gloire vaine* — 6° *Immortalité* — 7° *Junon* — 8° *Justice* — 9° *Orgueil.*

PAPAUTÉ. Dignité de pape. — 1° **Clefs,** attributs de la papauté. — 2° **Grenade.** — 3° **Livre.**

PAPE. Le chef de l'Église catholique dont le siège est à Rome.

ANIMAUX. — **Griffon** qui au XIIIe siècle symbolisait la sagesse.

DIVERS. — 1° **Clefs** que le pape met en sautoir sur ses armes. — 2° **Costume de dignité.** — 3° **Croix.** — 4° **Sedia,** sur laquelle on le porte. — 5° **Tiare,** signe de suprématie et de domination.

PAPILLON. Insecte dont les ailes sont recouvertes d'écailles aussi fines que la poussière et brillamment colorées. On représente l'Amour et les Plaisirs avec des ailes de papillon pour désigner le symbole de l'**étourderie,** de l'**inconstance** et de la **légèreté.** (Voir à ces mots.) — Voir : 1° *Adam.* — 2° *Ame* qui s'envole après la mort, dont le symbole chez les Anciens était représenté par le papillon.

PAQUERETTE. Sorte de petite marguerite se plaisant aux bords des chemins et dans les pelouses. — Voir : *Résurrection.* La pâquerette est le symbole de la résurrection parce qu'elle fleurit à Pâques.

PAQUERETTE DE NOEL. — Voir *Adieu*; car les beaux jours sont tout à fait finis à cette époque.

PAQUERETTE TEINTÉE. — Voir *Beauté*.

PAQUET. — Voir *Rapine*.

PARADIS. Selon la légende, jardin planté d'arbre de toute beauté tels que palmiers, orangers et pommiers, et ayant au centre une fontaine formant quatre fleuves.

VÉGÉTAUX. — 1° **Arbre**, le paradis est symbolisé par un arbre. — 2° **Palmiers**, symbole du paradis.

DIVERS. — **Vert**, couleur de l'espérance.

PARASOL. — Voir *Afrique*. Dans cette partie du globe le soleil est très chaud et pour s'en garantir on se sert du parasol.

PARDON. — Voir *Opale*.

PARESSE. En mythologie, divinité, fille du Sommeil et de la Nuit.

VÉGÉTAUX. — 1° **Arbre** mort et desséché, attribut de la paresse. — 2° **Mésembrianthénum**. — 3° **Souci figue** ou figuier d'Inde.

ANIMAUX. — 1° **Ane**. — 2° **Chat**. — 3° **Chien**. — 4° **Chouette**. — 5° **Ecrevisse**, *qui marche à reculons*. — 6° **Hibou**, qui ne sort que la nuit. — 7° **Ours**. — 8° **Poisson**. — 9° **Tortue**, animal en lequel la paresse fut métamorphosée pour avoir écouté les flatteries de Vulcain. — 10° **Vautour**. Tous ces animaux sont plus ou moins réputés pour leur nonchalance.

PARIÉTAIRE. Plante herbacée de la famille des urticées, poussant sur les vieux murs et le long des haies. Voir *Laissez-moi ma médiocrité ou prenez garde*.

PARQUES. En mythologie, filles de l'Érèbe et de la Nuit. Elles personnifiaient la destinée et étaient au nombre de trois. **Clotho** file la destinée de l'enfant qui vient de naître et tient la quenouille; **Lachésis** écrit ce qui doit lui arriver et **Atropos** coupe le fil au moment où la vie va cesser.

PAS DE CHEVAL. Plante herbacée commune surtout dans les terrains humides et argileux. — Voir *Adulation*.

PAS D'EXCÈS. — **Safran**. Le safran entre pour beaucoup dans la composition du laudanum qui pris en petite quantité est un calmant mais devient un poison lorsqu'on en abuse.

PASSEREAU. Classe d'oiseaux parmi lesquels se trouve le moineau. — Voir : 1° *Ame* qui s'envole à la mort et dont le passereau est le symbole. — 2° *Solitude*. Le passereau aime les endroits sauvages.

PASSE VELOURS ou *Amarante*. Cette plante symbolise l'immortalité surtout par la signification de son étymologie : a, privatif et, *marainein* flétrir; c'est-à-dire qui ne se flétrit pas. — Voir *Immortalité*.

PASSIFLORE ou *Grenadille*. Plante de la famille des passiflorées et dans laquelle on retrouve tous les instruments de la passion ; les cordes, le clou, le marteau et la couronne d'épines ; d'où son nom de fleur de la Passion. — Voir : 1° *Croyance* — 2° *Culte* — 3° *Passion* — 4° *Religion*.

PASSION. — **Fraxinelle blanche.** Allusion à ce que cette plante sécrète une huile très volatile et très inflammable.

PASSION DU CHRIST. —

VÉGÉTAUX. — **Passiflore**. Fleur dans laquelle on retrouve les instruments de la passion.

DIVERS. — 1° **Argent**, en souvenir des trente deniers que Judas reçut pour livrer son Maître. — 2° **Rouge**, couleur de la passion.

PASSION MALHEUREUSE. — **Mariée en deuil.**

PASTÈQUE. Sorte de melon qui, pour arriver à maturité, exige de fréquents arrosements, d'où son nom de melon d'eau. — Voir *Grosseur*.

PASTEURS. — Peuples chananéens qui, avant Jésus-Christ, conquirent la basse et la moyenne Egypte et qui la dominèrent pendant six cents ans. — Voir *Bœuf*.

PATÈRE. Sorte de coupe dont les Anciens se servaient dans les sacrifices. Voir *Religion*.

PATIENCE. Plante herbacée vivace appartenant à la famille des polygonées et ressemblant un peu à l'oseille. Voir *Patience*.

PATIENCE.

VÉGÉTAUX. — 1° **Fausse camomille**. Plante infestant les cultures et exerçant la patience de ceux qui sont chargés de l'arracher, car il faut en prendre les pieds un par un. — 2° **Patience**. La médecine fait un fréquent usage de la racine de patience, qui est fort amère, comme dépuratif du sang.

ANIMAUX. — 1° **Bœuf**. — 2° **Chameau**. — 3° **Mouton**. Ces animaux sont réputés pour leur patience.

DIVERS. — 1° **Flambeau** qui aide à passer les longues nuits. — 2° **Joug**, car la patience se soumet. La patience personnifiée est désignée ainsi : femme d'un âge mûr assise sur une pierre, portant un joug sur ses épaules, les mains jointes et les pieds nus sur un faisceau d'épines. Elle a l'air triste et résigné et porte une robe verte couleur d'espérance.

PATRIARCHES. On nomme ainsi chacun des chefs de famille dont il est fait mention dans la Bible depuis Adam jusqu'à Moïse. On leur donne un nimbe rond. — Voir *Nimbe*.

PATRIOTISME. — 1° **Capucine**. — 2° **Orme d'Amérique**.

PAUL (Saint). Apôtre.

VÉGÉTAUX. — 1° **Palmier**, symbolisant la perpétuité. — 2° **Roseaux**, rappelant le Tibre près duquel il a été décapité.

ANIMAUX. — 1° **Agneau**. — 2° **Colombe** ; ces deux animaux sont les symboles sous lesquels saint Paul est figuré.

DIVERS. — 1° **Colonne**, attribut de saint Paul — 2° **Couronne**, comme récompense du martyre qu'il a enduré. — 3° **Croix**, attribut du saint. — 4° **Glaive**, instrument avec lequel on l'a décapité. — 5° **Livre** désignant la doctrine. — 6° **Palme**, allusion à son martyre.

PAUL (Saint). Ermite.

VÉGÉTAUX. — **Feuilles** de palmier qu'il tressait pour s'en faire des vêtements.

ANIMAUX. — 1° **Corbeau** qui lui apportait son pain. — 2° **Lions** qui se chargèrent de creuser la fosse de saint Paul et qui ne s'en allèrent qu'après avoir reçu la bénédiction de saint Antoine venu pour ensevelir son ami.

PAUVRETÉ.

VÉGÉTAUX. — 1° **Basilic**. Les Anciens représentaient la Pauvreté sous les traits d'une vieille femme en haillons, regardant un pot de basilic. — 2° **Clématite persistante**.

DIVERS. — 1° **Chapeau tendu** pour recevoir l'aumône. — 2° **Clefs** car la pauvreté ouvre les portes du ciel.

PAVOT. Plante de la famille des Papavéracées dont on extrait l'opium, en pratiquant des incisions horizontales sur la surface de ses capsules. Cette espèce est cultivée dans les pays chauds. Dans nos climats, les capsules servent à faire des décoctions narcotiques et calmantes. — Voir : 1° *Cérès* — 2° *Étourderie* — 3° *Extravagance fantastique* — 4° *Ignorance* — 5° *Indifférence* — 6° *Junon* — 7° *Langueur* — 8° *Léthargie* — 9° *Morphée* — 10° *Orgueil* — 11° *Proserpine* — 12° *Sommeil* — 13° *Sommeil du cœur* — 14° *Surprise* — 15° *Surprise du cœur*.

PAVOT ROUGE ou *Coquelicot*. Fleur très répandue dans les moissons. — Voir : 1° *Consolation* — 2° *Renaissance*.

PEAU. — Voir *Barthélemy (saint)*.

PEAU DE BÊTE. — Voir : 1° *Adam* — 2° *Élie* — 3° *Hercule* — 4° *Jean-Baptiste (saint)*.

PEAU NOIRE. — Voir *Afrique*.

PÊCHER. — Arbre cultivé dans nos contrées pour l'excellence de son fruit. — Voir *Je suis votre esclave*.

PÉCHÉS. — Infraction à une loi religieuse. Il y a sept péchés capitaux : l'**avarice**, la **colère**, l'**envie**, la **gourmandise**, la **luxure**, l'**orgueil** et la **paresse**. — Voir ces mots.

PÉCHEUR. — **Corbeau**. Symbole du pécheur à cause de son plumage aussi noir que le péché.

PÉGASE. — En mythologie, cheval ailé qui naquit du sang de Méduse lorsque Persée lui trancha la tête.

PEIGNE DE FER. — Voir *Blaise (saint)*.

PEINE. Chagrin. — Voir *Souci*.

PEINTURE. Personnifiée, la peinture est représentée sous la forme d'une femme au maintien négligé, à l'attitude pensive et assise devant un chevalet sur lequel est un tableau ébauché.

VÉGÉTAUX. — **Oreille d'ours.**

DIVERS. — 1° **Chevalet.** — 2° **Palette.** — 3° **Pinceaux**, tous instruments de travail des peintres, et attributs de la peinture.

PÈLERINAGE. Voyage fait avec dévotion à un sanctuaire. — 1° **Bourdon.** Bâton recourbé dont se servent les pèlerins. — 2° **Globe terrestre**, indiquant que l'on y vient de tous les points du monde.

PÈLERINE. Sorte de grand collet. — Voir *François Xavier (saint)*.

PÉLICAN. Gros oiseau de l'ordre des palmipèdes. — Voir : 1° *Bonté* — 2° *Charité* — 3° *Christ* — 4° *Eucharistie* — 5° *Miséricorde* — 6° *Piété* — 7° *Rédemption*.

PÉNÉTRATION. — Épine vinette.

PÉNIBLE SOUVENIR. — Renoncule à fleurs rouges. Cette plante est très dangereuse pour les animaux qui la broutent au commencement du printemps à cause de la rareté des autres herbages ; elle provoque facilement la mort.

PÉNITENCE. Acte de repentir par lequel on se réconcilie avec Dieu après l'avoir offensé. — 1° **Calice**, rappelant la Passion de Notre-Seigneur Jésus-Christ. — 2° **Chaînes**, qui constituent l'esprit de pénitence. — 3° **Cheveux flottants**, exprimant le peu de soin extérieur que l'on doit prendre de soi-même dans la pénitence, puisque la principale pensée est de songer au salut de son âme. — 4° **Chrysolite**, pierre qui lui est dédiée. — 5° **Clefs**, au nombre de deux, une d'or et une d'argent liées par un cordon rouge. — 6° **Croix**, exprimant la mortification et la prière. — 7° **Couronne d'épines**, rappelant aussi la Passion du Christ. — 8° **Fouet**, instrument avec lequel on se mortifie pendant la pénitence. — 9° **Gris cendré**, couleur sombre qui lui est dédiée. — 10° **Tête de mort**, symbolisant la prière et la méditation. — 11° **Verges**, avec lesquelles on se mortifie. — 12° **Violet**, couleur qui lui est dédiée.

PENSÉE. Plante commune dans les moissons et terrains en friche. Ses fleurs prennent parfois des expressions bizarres. — Voir : 1° *Méditation* — 2° *Pensée* — 3° *Souvenir*.

PENSÉE. — Pensée. Cette fleur se symbolise elle-même par son nom.

PENSEZ A MOI. — Trèfle blanc.

PENSONS AUX AMIS ABSENTS. — Zinnia.

PERCE-NEIGE. Plante bulbeuse de la famille des amaryllidées qui fleurit au mois de février et qui croît dans les clairières et dans les prairies. — Voir : 1° *Con-*

solation — 2° *Espérance* — 3° *Heureux présage* — 4° *Premier regard d'amour.*

PERDRIX. — *Oiseau de l'ordre* des gallinacés recherché surtout pour l'excellence de sa chair. — Voir : 1° *Démon* — 2° *Jean* (*saint*) — 3° *Terre* — 4° *Véracité.*

PÈRE ÉTERNEL. Dieu le père, première personne de la sainte Trinité. On le personnifie sous la forme d'un vieillard ayant comme attributs : 1° **Couronne**, signe de sa toute-puissance. — 2° **Globe** car c'est lui le Créateur. — 3° **Livre** de la vie éternelle sur lequel sont marquées les lettres grecques, alpha et oméga. — 4° **Sceptre**, car il est le roi des rois.

PERFIDIE. En mythologie on la personnifie sous la forme d'une femme coiffée de serpents et ayant comme attributs : 1° **Hameçon** avec lequel elle prend au piège un serpent dont elle est ceinte. — 2° **Serpent** enroulé autour d'elle et qu'elle excite sous sa robe.

PERFIDIE. — 1° **Airelle.** — 2° **Laurier-amandier.** Arbre ayant l'odeur et l'aspect général de l'amandier mais distillant un poison des plus violents. — 3° **Laurier-cerise.** — 4° **Laurier commun.**

PÉRIL CACHÉ. — **Renoncule des jardins.** Belle fleur mais dangereuse.

PERROQUET. Oiseau de l'ordre des grimpeurs. — Voir : 1° *Docilité* ; ces oiseaux peuvent parler et répètent les mots qu'on leur a appris. — 2° *Feu*, car ils venaient autrefois de la Terre de feu.

PERSÉCUTION. — **Fritillaire tacheté.**

PERSÉVÉRANCE. On personnifie la persévérance sous la forme d'une femme tenant un vase dont l'eau coulant goutte à goute, a fini par creuser un rocher. — 1° **Chiendent.** Cette plante croît malheureusement dans les champs cultivés, et il faut tous les efforts du cultivateur pour l'empêcher de tout envahir et de tout étouffer. — 2° **Laurier nain.** — 3° **Magnolia des marais.** — 4° **Millet.**

PERSICAIRE. Plante commune dans les champs humides et sur le bord de l'eau. — Voir *Rentrée en grâce.*

PERSIL. Plante de la famille des ombellifères, originaire de l'Europe méridionale. On l'emploie beaucoup en cuisine pour donner un certain goût aux mets. — Voir : 1° *Festin* — 2° *Réjouissance.*

PERSIL DES FOUS ou *petite ciguë.* Cette plante a souvent occasionné des empoisonnements pour avoir été confondue avec le persil. — Voir *Niaiserie.*

PERSUASION. — **Guimauve royale.**

PERVENCHE. Plante à jolies fleurs bleu violacé, aux feuilles vert sombre et croissant dans les endroits ombragés. — Voir : 1° *Doux souvenirs* — 2° *Fidélité* — 3° *Joie du souvenir* — 4° *Première amitié.*

PÉTASE. Chapeau à larges bords dont les anciens coiffaient Mercure. — Voir *Mercure*.

PETITE BARDANE ou *Xanthium*. Plante herbacée portant deux sortes de capitules de fleurs, les uns globuleux à fleurs mâles, les autres épineux à fleurs femelles. Elle croît dans les lieux incultes. — Voir : 1° *Impolitesse* — 2° *Obstination*.

PETITE CAMPANULE BLANCHE. — Voir *Reconnaissance*.

PETITE CENTAURÉE ou *Chironée à fleurs rouges*. Plante herbacée à jolies fleurs roses dont les sommités fleuries sont douées d'une saveur très amère qui les fait employer en médecine comme dépuratif. — Voir *Félicité*.

PETIT HOUX. Petit arbrisseau toujours vert à rameaux aplatis simulant des feuilles épineuses. — Voir *Enchantement*.

PETITE MARGUERITE ou *fleur du nouveau-né*. Plante herbacée à jolies petites fleurs blanches, commune sur le bord des chemins. — Voir : 1° *Innocence* — 2° *Je partage vos sentiments*.

PETIT PLANTAIN D'EAU. — Voir *Tranquillité*.

PETITE SAUGE. — Plante herbacée à fleurs bleues, commune dans les endroits secs et herbeux. Ses feuilles sont employées en médecine pour activer et faciliter la digestion. — Voir *Estime*.

PEUPLE JUIF. — **Bœuf**, symbole du peuple juif.

PEUPLIER. Arbre de grande taille faisant l'ornement de nos jardins à cause de son port élancé et de sa forme pyramidale. — Voir : 1° *Courage* — 2° *Gémissement* — 3° *Lamentation* — 4° *Temps*.

PEUR. — 1° **Cerf**. — 2° **Lièvre**. Animaux réputés pour leur peu de bravoure.

PHARE. Appareil composé d'une lanterne extrêmement puissante qui, placé au sommet d'une construction sert de point de repère aux navires. — Voir *Espérance*.

PHÉNIX. Oiseau fabuleux d'Arabie, qui après avoir vécu cinq cents ans s'exposait aux feux du soleil pour être consumé et qui renaissait de ses cendres. On le représente de la grandeur d'un aigle, avec une grande huppe sur la tête, un plumage de plusieurs couleurs et les yeux brillant comme des étoiles. — Voir : 1° *Bacchus* — 2° *Chasteté* — 3° *Christ* — 4° *Constance* — 5° *Espérance* — 6° *Feu* — 7° *Immortalité* — 8° *Résurrection*.

PHILIPPE (Saint). Apôtre. — 1° **Croix**, attribut du saint. — 2° **Dragon**, qui était sorti de l'autel de Mars et avait tué plusieurs personnes. Le saint chassa le monstre et ressuscita ceux qui avaient été tués par lui.

PHILOSOPHIE. — Voir *Pin*, cet arbre poussant partout où il se trouve.

PHLOX. Plante de la famille des polémoniacées, croissant à n'importe quelle place. — Voir : 1°

Je me plais où vous êtes. — 2° *Unanimité.*

PHŒBUS. En mythologie, surnom d'Apollon. — Voir *Apollon.*

PHYLACTÈRE. Morceaux de peau où étaient inscrits des passages de la Sainte Écriture et que les Juifs portaient au bras ou sur la tête comme amulettes. — Voir : 1° *Gabriel (saint)* — 2° *Prophètes* — 3° *Rhétorique.*

PIE. Oiseau de la famille des corbeaux et de l'ordre des passereaux. — Voir : 1° *Bacchus.* On immolait la pie à Bacchus, parce que le vin rend indiscret. — 2° *Bavardage.* La pie apprend très facilement à parler et est très bavarde. — 3° *Dissimulation.* La pie cherche à dissimuler son vrai nid en en construisant d'autres où elle ne s'abrite pas. — 4° *Folie.*

PIEDS NUS. — Voir *Ambition.*

PIED COUPÉ. — Voir *Victor (saint).*

PIED D'ALOUETTE. Plante de la famille des renonculacées, à feuillage très léger et à fleurs bizarres. — Voir : 1° *Caractère hautain* — 2° *Inconstance* — 3° *Légèreté*, à cause de son feuillage et de l'aspect général de la plante.

PIED DE CHAT D'AMÉRIQUE ou *hispidula.* Plante de la famille des composées, croissant dans les bruyères. — Voir *Souvenir fidèle.*

PIED DE CORBEAU. Plante herbacée commune dans les prairies et les terrains humides. — Voir *Ingratitude.*

PIED D'OISEAU. Plante croissant dans les terrains sablonneux. Aux fleurs, succèdent des espèces de gousses dont l'ensemble forme un pied d'oiseau. C'est une très bonne plante fourragère, mais on ne peut pas s'en servir à cause du prix élevé de sa graine qui s'échappe quand le fruit est arrivé à maturité et qui est très difficile à recueillir. — Voir *Vengeance.*

PIÈGE. — 1° **Gouet-gobe-mouche.** Les mouches, attirées par la mauvaise odeur de cette plante, s'engagent dans ses fleurs et n'en peuvent plus sortir. — 2° **Serpentaire.** Les fruits de cette plante tentent souvent les enfants et les empoisonnent s'ils les mangent.

PIÈGE DE VÉNUS. — Voir *Tromperie.*

PIERRE (Saint). Apôtre.

VÉGÉTAUX. — 1° **Palmes** de son martyre. — 2° **Palmier** symbolisant l'immortalité.

ANIMAUX. — 1° **Agneau** symbolisant le Christ. — 2° **Colombe** symbolisant le Saint-Esprit. — 3° **Coq** qu'il entendit chanter après avoir renié le Christ.

DIVERS. — 1° **Anneau**, insigne dont il est paré. — 2° **Aube**, vêtement qu'il porte comme pape. — 3° **Chaînes** dont il est délivré par un ange qui le mène hors de sa prison. — 4° **Chasuble**, vêtement qu'il revêt lorsqu'il célèbre le Saint Sacrifice. — 5° **Clefs.** Une d'or et une d'argent car il est le gardien du troupeau mystique de Jésus-Christ. — 6° **Cordon** qui retient l'aube. — 7° **Couronne** qu'il reçoit lui-même de Jésus-Christ comme récompense. — 8° **Croix**, instrument de son supplice car il fut crucifié la tête en bas. — 9° **Croix patriarcale**. — 10° **Croix pectorale**. — 11° **Étole** qu'il met pour administrer les sacrements. — 12° **Livre** de la doctrine. — 13° **Manteau** recouvrant la tunique comme ceux des apôtres. — 14° **Nimbe** de la sainteté. — 15° **Pallium**, sorte de manteau que portent les papes. — 16° **Pieds nus** ou chaussés de sandales. — 17° **Pluvial**, vêtement qu'il porte. — 18° **Tiare**, insigne de domination. — 19° **Tonsure**. — 20° **Tunique** recouverte du manteau de l'apôtre.

PIERRES. — Voir : 1° *Barnabé (saint)* — 2° *Étienne (saint)* — 3° *Jérémie*.

PIÉTÉ. Divinité présidant elle-même au culte qu'on lui rend. On la représente sous la figure d'une femme assise, couverte d'un grand voile, tenant dans la main droite une **corne d'abondance**, et posant la main gauche sur la tête d'un enfant.

VÉGÉTAUX. — **Citronnier**.

ANIMAUX. — 1° **Colombe** symbolisant le Saint-Esprit. — 2° **Coq** qui veille. — 3° **Éléphant**, symbole de la chasteté. — 4° **Pélican**, symbole de piété et emblème de l'Eucharistie.

DIVERS. — 1° **Ailes**. — 2° **Cœur enflammé** symbolisant l'ardente piété. — 3° **Compas**. — 4° **Équerre**, ces deux attributs viennent de ce que la piété se construit une demeure céleste. — 5° **Lampes** au nombre de deux symbolisant l'âme et le corps. — 6° **Livre**. — 7° **Mains levées** au ciel. — 8° **Vase** d'encens fumant.

PIÉTÉ FILIALE. — **Cigogne**.

PIÉTÉ POUR LES MORTS. — **Dauphin**. D'après la fable cet animal ensevelissait les morts.

PIGEONS. — Oiseaux bien connus. — Voir : 1° *Char* — 2° *Vénus*.

PIMENT. Plante cultivée pour ses fruits qui ont une saveur analogue à celle du poivre. La décoction de la graine est recommandée contre la dysenterie. — Voir *Compassion*.

PIMPRENELLE. Plante herbacée commune dans les pâturages montueux et cultivée dans les jardins comme plante potagère : on l'emploie comme condiment dans la salade. — Voir : 1° *Changement* — 2° *Rendez-vous*.

PIN. Arbre toujours vert pouvant atteindre une grande hauteur. Il croit dans les forêts, les bois, les parcs et les jardins et réussit très bien dans les terrains siliceux. Il renferme dans son écorce une résine appelée térébenthine qui fournit l'essence de térébenthine. — Voir : 1° *Douleur* — 2° *Faunes* — 3° *Hardiesse* — 4° *Philosophie* — 5° *Pitié*.

PINCEAU. — Voir *Peinture*.

PIOCHE. Instrument servant à creuser la terre. — Voir *Hiver*.

PIQUE. Lame à fer plat et pointu terminant une hampe. — Voir *Religion*.

PISSENLIT ou *dent de Lion*. Plante vivace à fleurs jaunes et à feuillage dentelé très décoratif. — Voir *Oracle*. La graine du pissenlit est souvent consultée comme oracle par les amoureux.

PITIÉ. — 1° **Éléphant**. — 2° **Pin**.

PITHYS. Jeune nymphe aimée de Borée et de Pan. Borée irrité de voir que la nymphe lui préférait Pan la jeta avec violence sur un rocher, et la tua. Pan, touché de son malheur, pria la Terre de la faire revivre sous la forme d'un pin. — Voir *Douleur*.

PIVOINE. Plante de la famille des renonculacées aux belles fleurs rouges et au feuillage vert foncé. — Voir : 1° *Honte* — 2° *Timidité* — 3° *Vous me rendez le calme*.

PLAIES. Voir *Adversité*.

PLAISANTERIE. — **Mélisse citronnelle**. Cette plante exhale une agréable odeur de citron, son infusion calme les nerfs et porte à la gaieté.

PLAISIR. — **Cymbales**. Ces instruments accompagnaient souvent les danses antiques.

PLAISIR DANGEREUX. **Tubéreuse**. Cette fleur au parfum exquis, mais très violent, peut être dangereuse si on la respire trop longtemps.

PLAISIR DÉLICAT. — **Gesse odorante** ou *pois de senteur*. Ces fleurs exhalent un parfum suave et délicat.

PLAISIR DOUX. — **Rose trémière**.

PLAISIR DURABLE. — 1° **Gesse**. — 2° **Pois des quatre saisons**.

PLAISIR FACILE. — **Rose sans épines**.

PLAISIR DU SPORT. — **Queue de renard**. Cette plante très précoce est très productive et donne plusieurs coupes.

PLAN. — Voir *Architecture*.

PLATANE. Arbre pouvant atteindre une grande hauteur et faisant l'ornement de nos avenues et de nos jardins. Son bois est employé par les menuisiers, les luthiers, les tourneurs à cause de sa solidité et de son beau poli. — Voir : 1° *Génie* — 2° *Vierge*.

PLEURS. — **Hélénie**. Les fleurs de l'hélénie ressemblent à de petits soleils d'un beau jaune ; elles fleurissent en automne et furent produites, dit-on, par les larmes d'Hélène.

PLOMB. Métal gris bleuté, très brillant lorsqu'il vient d'être coupé, mais se ternissant rapidement à l'air humide. — Voir *Mort*.

PLUME. — Voir : 1° *Amérique* — 2° *Augustin (saint)* — 3° *Bernard (saint)* — 4° *Grammaire* — 5°

Jérôme (saint) — 6° *Sybilles* — 7° *Thérèse (sainte)* — 8° *Thomas d'Aquin (saint)* — 9° *Vanité*.

PLUMES DE PAON. — Voir : 1° *Ambition* — 2° *Barbe (sainte)* — 3° *Dérision*.

PLUS DE MÉRITE QUE DE BEAUTÉ. — **Rapette**.

PLUTOT MOURIR QUE DE PERDRE L'INNOCENCE. — **Rose blanche desséchée**. La rose blanche symbolisant ici l'innocence.

PLUTON ou *Hadès*. En mythologie, dieu des enfers, fils de Saturne et frère de Jupiter et de Neptune.

VÉGÉTAUX. — 1° **Capillaire** qui croît à l'ombre. — 2° **Cyprès**, arbre consacré à la mélancolie et à la douleur. — 3° **Ébénier**, arbre au bois noir, rappelant la noirceur des âmes qui entrent aux enfers. — 4° **Narcisse**. Fleur aimée des divinités infernales. — 5° **Satyrion**. Plante que les anciens plaçaient sur le temple de Sérapis, le même que Pluton.

DIVERS. — 1° **Cerbère**, chien à trois têtes, au cou hérissé de serpents, qui gardait le royaume des enfers. — 2° **Char** traîné par quatre chevaux noirs et fougueux. — 3° **Clefs** pour montrer que les âmes une fois entrées aux enfers y sont enfermées pour toujours. 4° **Couronne de cyprès**. — 5° **Trône** d'ébène ou de soufre.

POÉSIE. On représente la poésie sous la forme d'une jeune nymphe ayant l'air inspiré, le visage animé et les yeux levés au ciel. A ses côtés sont les attributs des héros dont elle célèbre la gloire. Elle tient une lyre à la main et est couronnée de lauriers.

VÉGÉTAUX. — 1° **Églantier**. L'églantine est la fleur des poètes; dans les jeux floraux elle est le prix d'une pièce célébrant les charmes de l'étude et de l'éloquence. Ces jeux furent institués à Rome, en l'honneur de la déesse Flore. Ils furent abandonnés avec le christianisme et furent restaurés par Clémence Isaure. Les vainqueurs recevaient une églantine d'or ou d'argent. — 2° **Laurier** symbolisant le triomphe de la poésie héroïque. — 3° **Lierre** symbolisant la poésie lyrique. — 4° **Myrthe** symbolisant la poésie pastorale. — 5° **Verveine**.

ANIMAUX. — 1° **Cigale**, attribut des mauvais poètes. — 2° **Cygne**, attribut des bons poètes.

DIVERS. — 1° **Ailes**, car elle élève très haut ses pensées. — 2° **Lyre**, car elle chante et fait une douce musique.

POIGNARD. Arme. — Voir : 1° *Anarchie* — 2° *Crime* — 3° *Désespoir* — 4° *Hécate* — 5° *Ignorance* — 6° *Lucie (sainte)* — 7° *Melpomène*.

POILS. — Voir *Démon*.

POING. — Voir *Puissances*.

POINTS CARDINAUX. Au nombre de quatre : 1° **Est** — 2° **Nord**. — 3° **Ouest**. — 4° **Sud**.

POIREAU. Plante potagère. — Voir *David (saint)*.

POIRIER. Arbre donnant des

fruits délicieux et dont le bois est employé par les menuisiers à cause de sa beauté et de sa solidité. — Voir : 1° *Affection* — 2° *Bien-être*.

POIS DE SENTEUR ou *gesse odorante*. Jolie fleur au parfum délicat. — Voir : 1° *Départ* — 2° *Plaisir délicat* — 3° *Plaisir durable*.

POIS DES QUATRE SAISONS. — Voir : 1° *Plaisir durable* — 2° *Rendez-vous convenu*.

POISSON. Nom donné aux animaux vertébrés à sang froid, vivant dans l'eau, respirant par des appareils appelés branchies et ayant des nageoires au lieu de membres. — Voir : 1° *André (saint)* — 2° *Antoine de Padoue (saint)* — 3° *Christ* — 4° *Eau* — 5° *Eucharistie* — 6° *Février* — 7° *François d'Assise (saint)* — 8° *Inconstance* — 9° *Mer* — 10° *Modération* — 11° *Paresse* — 12° *Raphaël (saint)* — 13° *Tobie* — 14° *Zodiaque*.

POLÉMOINE. — Voir *Rupture*.

POLÉMOINE ou *échelle de Jacob*. — Voir *Descendez*.

POLYANTHE. — Voir : 1° *Confiance* — 2° *Mystères de cœur*.

POLYGALA. Plante herbacée vivace, commune dans les pelouses sèches et les clairières des bois. — Voir : 1° *Ermitage* — 2° *Vocation d'ermite*.

POLYMNIE. En mythologie, muse de la poésie héroïque. — Voir *Muses*.

POMME ÉPINEUSE ou *datura stramonium*. Plante à belles fleurs mais sécrétant un suc des plus vénéneux. — Voir : 1° *Charmes trompeurs* — 2° *Déguisement*.

POMME DE PIN. Fruit du pin. — Voir *Sagesse*.

POMME DE RAQUETTE. Plante aux piquants acérés. — Voir *Satire*.

POMME DE TERRE. Plante herbacée originaire d'Amérique et introduite en France par Parmentier à la fin du XVIIIe siècle. C'est un précieux aliment, d'une saveur agréable. — Voir : 1° *Bienfaisance* — 2° *Bienveillance*.

POMMIER. Arbre fruitier très estimé. — Voir : 1° *Adam* — 2° *Discorde* — 3° *Enfant-Jésus* — 4° *Ève* — 5° *Préférence* — 6° *Sagesse* — 7° *Tentation* — 8° *Vierge*.

POMONE. Déesse d'une grande beauté, épouse de Vertumme, douée d'une adresse remarquable pour cultiver les jardins et les arbres fruitiers. — **Couronne de fruits**. Elle a comme attribut une couronne des fruits qu'elle s'est chargée de faire mûrir.

PONTIFES. — 1° **Costume de dignité** — 2° **Crosse** — 3° **Mitre** — 4° **Saints**.

PORC. Animal domestique. — Voir : 1° *Antoine (saint)* — 2° *Décembre* — 3° *Gourmandise* — 4° *Luxure* — 5° *Novembre*.

PORTE. Passage fait pour entrer dans un endroit fermé ou pour en sortir. — Voir : 1° *Anne (sainte)* — 2° *Christ* — 3° *Ezéchiel*.

POSEIDON. En mythologie nom grec de Neptune qui veut dire brise-vaisseau. — Voir *Neptune*.

POTENTILLE ARGENTINE ou *herbe aux oies*. Petite plante herbacée aux jolies fleurs jaunes. — Voir *Naïveté*.

POTS D'ÉTAIN. — Voir *Fiacre (saint)*.

POULE. Oiseau de l'ordre des gallinacés. — Voir : 1° *Charité*, la poule se dévoue pour défendre ses petits. — 2° *Tendresse maternelle*, car, pour que les poussins voient le jour, il faut que la mère les couve avec la plus grande sollicitude.

POULIOT. Plante de la famille des labiées appelée vulgairement herbe aux puces. — Voir *Fuyez*.

POUMON. — Voir *Saturne*.

POURPRE. Matière colorante d'un rouge très violent tirée autrefois par les anciens d'un mollusque portant ce nom. — Voir : 1° *Christ* vêtu d'un manteau pourpre pendant sa passion. — 2° *Dominations*. — 3° *Justice*. Les représentants de la justice ont des robes rouges. — 4° *Souverains*.

POURQUOI VOUS CACHEZ-VOUS? — **Némophile**. Jolie fleur croissant dans les solitudes ombragées des forêts d'Amérique.

PRÉCAUTION. — **Verge d'or**.

PRÉDICATEUR. — 1° **Livre de la doctrine**. — 2° **Saint**.

PRÉDICATION.

VÉGÉTAUX. — **Palmier** sous lequel saint Jean-Baptiste prêchait dans le désert.

DIVERS. — 1° **Ailes**, car la parole du prédicateur vole à travers le monde. — 2° **Trompette**, attribut signifiant que la voix de celui qui parle peut être entendue dans le monde entier.

PRÉDICTION. — **Souci prophétique**.

PRÉFÉRENCE. — 1° **Fleurs de pommier**. Fleur charmante qui, promettant de beaux et bons fruits, peut être préférée à la rose. — 2° **Géranium rosé**, peut être préféré aux autres espèces de géraniums à cause de sa douce odeur de roses et de la beauté de ses fleurs. — 3° **Giroflée jaune**. — 4° **Marguerite blanche** simple.

PRÉLATS. — **Bélier**. Le bélier prend souvent la forme du Christ dans le symbolisme.

PREMIER AVEU D'AMOUR. — **Rhododendron**.

PREMIÈRE AMITIÉ. — **Pervenche bleue**.

PREMIÈRE ÉMOTION D'AMOUR. — **Lilas**. Plante fleurissant une des premières et répandant un doux parfum.

PREMIÈRE JEUNESSE. — **Primevère**, une des premières fleurs au printemps.

PREMIER REGARD D'AMOUR. — **Perce-neige**. Allusion à cette fleur sortant la première sous la neige ainsi que le premier regard d'amour sort des neiges de l'innocence.

— **PRENEZ GARDE.** — **Laurier-rose.** Plante renfermant un poison assez violent.

PRÉSAGE. — **Souci pluviatile.** Cette fleur s'ouvre de sept heures à quatre heures si le temps est beau ; si elle ne s'ouvre pas ou qu'elle se ferme avant l'heure, c'est un présage de pluie.

PRÉSOMPTION. — **Mufle de veau.** Jolie plante à fleurs d'un rouge vif, mais se rendant parfois si importune en se répandant d'elle-même qu'on est obligé de la bannir des jardins.

PRESSOIR. — Voir : 1° *Avarice* — 2° *Force.*

PRÉTENTION. — 1° **Salicaire.** Plante qui croît sur le bord des eaux et qui s'y reflétant semble toujours contempler son image. — 2° **Saule herbacé.**

PRÊTRES. — 1° **Calice** — 2° **Chasuble** — 3° **Saint.**

PRÉVISION. — **Houx.** Comme si elle voulait se protéger, cette plante a des feuilles hérissées d'épines, mais seulement jusqu'à une certaine hauteur, les autres en étant dépourvues.

PRÉVOYANCE. — 1° **Châtaignier.** Le fruit du châtaignier est recueilli dans certaines contrées et sert en grande partie à nourrir les habitants pendant l'hiver. — 2° **Houx.** Cette plante a des feuilles hérissées d'épines jusqu'à une certaine hauteur ; à partir de cet endroit les feuilles sont douces et unies puisqu'elles n'ont plus à se méfier des êtres qui pourraient leur nuire. De plus, cette plante a la propriété de garder ses fruits l'hiver et les oiseaux s'en nourrissent pendant cette dure saison. — 3° **Trèfle incarnat.**

PRIAPE. En mythologie, fils de Vénus et de Bacchus. Il était le dieu des jardins et on croyait que c'était lui qui les faisait fructifier. — **Ane,** animal qu'on lui donnait en sacrifice depuis qu'il y en avait un qui avait eu l'audace de lui disputer le prix de la force.

PRIÈRE.

VÉGÉTAUX. — **Soleil** ou *tournesol,* cette plante se tourne vers le soleil et le suit dans sa course ; tels dans la prières nous tendons nos mains vers Dieu pour qu'il nous illumine de ses rayons.

ANIMAUX. — 1° **Cerf** qui court aux sources fraîches et y puise la vie ; les hommes aux sources de la religion trouvent une consolation dans la prière. — 2° **Coq** symbolise la vigilance.

DIVERS. — 1° **Chapelet.** — 2° **Cœur enflammé** de l'amour divin. — 3° **Encensoir,** dont la fumée monte vers Dieu ainsi que nos prières. — 4° **Flèches** qui ainsi que la prière percent les nues. — 5° **Opale,** pierre aux tons doux dédiée à la prière. — 6° **Rateau** qui attire les grâces célestes. — 7° **Rouge,** couleur qui lui est dédiée à cause de son éclat et qui symbolise la ferveur. — 8° **Vert** qui symbolise l'espérance.

PRIMEVÈRE. — Plante herbacée à jolies fleurs répandant une odeur douce et agréables et croissant dans les bois humides et les lieux herbeux. — Voir : 1° *Ame pensive* — 2° *Grâce séduisante* — 3° *Inconstance* — 4° *Première jeunesse.*

PRIMEVÈRE D'AMÉRIQUE. — Voir : 1° *Beauté divine* — 2° *Vous êtes ma divinité.*

PRINCIPAUTÉS.— Premier groupe des anges. Elles se reconnaissent à leurs attributs qui sont : 1° **Armure** au costume guerrier. — 2° **Aube.** — 3° **Dalmatique.** — 4° **Évangéliaire.** — 5° **Hache.** — 6° **Lis.** — 7° **Rose,** couleur qui lui est dédiée. — 8° **Sardoine** pierre qui leur est propre. — 9° **Sceau de Dieu.**

PRINTEMPS. Une des quatre saisons de l'année spécialement consacrée aux Muses. On représente le Printemps sous la forme d'un jeune homme vêtu d'une robe blanche avec une **couronne de fleurs** sur la tête, tenant d'une main un **chevreau** et de l'autre une **corne d'abondance**, un **lis** et un **rosier.**

Il représente aussi l'adolescence de l'homme.

PRISON. — Voir *Jean-Baptiste (saint).*

PRIVATION. — **Myrobolan.** Le myrobolan est un arbre ayant le port du prunier et portant des fruits de l'apparence d'une belle cerise, mais ne contenant qu'une eau fade et rebutante. Les oiseaux même se privent plutôt que de becqueter ce fruit.

PROFIT. — **Chou.** Les Romains ainsi que les Allemands aimaient beaucoup ce légume : ils en faisaient un grand commerce et en tiraient grand profit.

PROFONDE TIMIDITÉ. — **Rose rouge foncé.**

PROLIFIQUE. — **Figuier,** arbre qui porte de nombreux fruits.

PROMPTITUDE. — **Giroflée de Mahon.** Mettant une sorte d'amour-propre à devancer toutes les autres plantes; celle-ci quarante jours après les semailles est en pleine floraison.

PROPHÈTES. Chez les Hébreux, hommes qui prédisaient l'avenir. Ils sont au nombre de dix-sept dont quatre grands : **Daniel, Ezéchiel, Isaïe. Jérémie.** Les autres petits sont : **Abdias, Aggée, Amos, Baruch, Habacuc, Joël, Jonas, Malachie, Michée, Nahum, Osée. Sophonie, Zacharie.** On les représente parfois avec le nimbe rond. Ils ont comme attributs :

ANIMAUX. — **Colombe** symbolisant l'esprit saint qui les inspire.

DIVERS. — 1° **Bonnet juif** de leur race. — 2° **Phylactère** sur lequel sont écrites les prophéties.

PROPRETÉ. — 1° **Genêt.** Plante servant à faire des balais et par conséquent à approprier. — 2° **Hysope.**

PROSERPINE. En mythologie fille de Cérès et de Jupiter. Elle fut enlevée par Pluton, dieu des enfers, dans les prairies d'Euna en Sicile et devint la femme de ce dieu. On la nomme aussi Coré. — 1° **Blé** parce qu'ayant disparu au moment des semailles du blé, elle ne fut rendue à Cérès qu'au moment où celui-ci allait être moissonné. — 2° **Couronne d'épis.** — 3° **Fleur** qu'elle cueillait au moment de son enlèvement. — 4° **Grenade.** — 5° **Narcisse** qu'elle cueillait et qui devint la fleur préférée des esprits infernaux. — 6° **Pavot** symbolisant le sommeil.

PROSPÉRITÉ.

VÉGÉTAUX. — **Hêtre.** Cet arbre croît en tous lieux et si vite qu'il symbolise la prospérité.

DIVERS. — 1° **Agate**, pierre qui lui est dédiée. — 2° **Caducée**, attribut plus spécial de Mercure, dieu du commerce, celui-ci donnant la prospérité. — 3° **Corne d'abondance.**

PROTECTION. — **Genévrier.** Cet arbrisseau sert de refuge aux animaux poursuivis. L'odeur forte dégagée de ses baies met parfois en déroute les chiens de chasse et l'animal poursuivi est ainsi protégé.

PROVINCES. — Elles ont une **couronne murale** comme attribut.

PROVOCATION. — **Glaïeul.** Plante dont les feuilles sont en forme de lames de sabre.

PRUDENCE.

VÉGÉTAUX. — 1° **Aubépine.** Les Romains croyaient que l'aubépine avait le pouvoir de combattre les maléfices et en décoraient leurs maisons le jour de l'hyménée. — Voir *Espérance*. — 2° **Cormier.** Cet arbre symbolise la prudence parce qu'il ne porte ses fruits que lorsqu'il a acquis toute sa force et les conserve tout l'hiver. — 3° **Frêne de montagne.** — 4° **Sceau de Salomon.** Les sorciers attribuaient une grande vertu magique à cette plante et l'avaient dédiée à Salomon.

ANIMAUX. — 1° **Dragon.** — 2° **Fourmi**, animal qui travaille constamment, entasse des provisions, et qui symbolise à merveille la prudence. — 3° **Grue.** — 4° **Serpent.**

DIVERS. — 1° **Bâton** pour s'appuyer et se guider. — 2° **Bière**, car elle pense à la mort. — 3° **Bouclier** qui la défend. — 4° **Casque** pour se protéger. — 5° **Ceinture double.** — 6° **Compas**, car elle prend de justes mesures. — 7° **Cottes de mailles**, comme protection. — 8° **Crible**, car elle distingue le vrai du faux. — 9° **Croix** qui la guide. — 10° **Flèche.** — 11° **Glaive**, dont elle est armée. — 12° **Gouvernail**, car elle sait se diriger dans le droit chemin. — 13° **Horloge**, qui lui indique l'heure juste. — 14° **Hyacinthe.** — 15° **Lampe** qui l'éclaire. — 16° **Lance**, dont elle est armée. — 17° **Livre**, où elle puise de sages préceptes. — 18° **Miroir**, dans lequel elle voit son âme. — 19° **Règle.** — 20° **Sablier.** — 21° **Tête de mort** devant laquelle elle médite et pense à Dieu. — 22° **Triangle.** — On représente la prudence sous la forme d'une jeune femme portant un diadème et se regardant dans un miroir où se reflète sa face vieillie. Elle porte des ailes et des anges comptent des monnaies près d'elle.

PRUNIER SAUVAGE. Petit arbre rameux et épineux, dont les fruits petits et acerbes donnent par distillation une liqueur spiritueuse. — Voir *Indépendance*.

PRUNIER. Arbre fruitier cultivé dans nos jardins. — Voir : 1° *Fidélité* — 2° *Tenez vos promesses.*

PSALTÉRION. Instrument de musique à corde des Anciens. — Voir *David*.

PUDEUR.

VÉGÉTAUX. — **Acacia pudique** ou *sensitive*. Une nymphe était aimée du berger Iphis; elle allait être unie à lui, quand le berger ne maîtrisant pas sa passion la poursuivit dans les bois. La nymphe éperdue de douleur implora le dieu Hymen qui la changea en sensitive. Cette plante laisse retomber ses folioles au moindre attouchement.

ANIMAUX. — **Salamandre**, qui se cache dans les flammes.

DIVERS. — **Voile** qui lui sert à se cacher.

PUISSANCE.

VÉGÉTAUX. — 1° **Cresson.** — 2° **Impériale** ou *Fritillaire*. — 3° **Impériale Montagu.** Ces deux dernières justifient leur symbolisme par leur allure fière, majestueuse et forte.

ANIMAUX. — 1° **Aigle**, attribut de Jupiter, roi des dieux. — 2° **Éléphant.** La puissance et la force de ces deux animaux est bien connue.

DIVERS. — 1° **Clefs.** — 2° **Couronne.** — 3° **Globe crucifère.** — 4° **Nimbe.** — 5° **Sceptre.** Tous attributs de la puissance.

PUISSANCES. Une des trois divisions des anges gouverneurs. Elles ont comme attributs : 1° **Aube.** — 2° **Baguette d'or.** — 3° **Émeraude**, pierre qui leur est dédiée. — 4° **Sceau de dieu.** — 5° **Poing fermé** qui indique le combat qu'elles livrent au démon. On les représente foulant le démon aux pieds. — 6° **Vert** couleur qui leur est attribuée.

PUITS. — Voir : 1° *Geneviève (sainte)* — 2° *Vérité*.

PURETÉ.

VÉGÉTAUX. — 1° **Épis de la Vierge.** — 2° **Lis.** — 3° **Nénuphar.** — 4° **Ornithogale pyramidal.** Ces plantes symbolisent la pureté à cause de leur blancheur immaculée.

ANIMAUX. — 1° **Coq** qui trouve des perles dans son fumier. — 2° **Hermine**, symbole de pureté à cause de la blancheur de sa robe.

DIVERS. — 1° **Lampe.** — 2° **Soleil.** — 3° **Voile** sous lequel elle s'abrite.

PURETÉ DE SENTIMENT. — **Balsamine blanche.**

PYRAMIDE BLEUE. Sorte de campanule qui s'élève en pyramide. — Voir *Constance*.

PYTHIE. Prêtresse de l'oracle d'Apollon à Delphes. — Voir *Apollon*.

PYTHON. Serpent monstrueux qu'Apollon tua à coups de flèche. En mémoire de ce fait on institua les jeux pythiques.

QUATRE. Nombre terrestre. Voir : 1° *Docteurs* — 2° *Éléments* — 3° *Évangélistes* — 4° *Fleuves du paradis terrestre* — 5° *Points cardinaux* — 6° *Saisons* — 7° *Vents* — 8° *Vertus cardinales*.

QUENOUILLE. Bâton entouré de filasse de lin ou de chanvre et dont on se sert pour filer. — Voir : 1° *Clotho* — 2° *Geneviève (sainte)* — 3° *Lachésis*.

QUERELLE. — 1° **Onyx**. — 2° **Paille brisée**, symbolisant la rupture de l'amitié.

QUEUE. — Voir *Démon*.

QUEUE DE RENARD. — Voir *Plaisir du sport*.

QUEUE DE SERPENT. — Voir *Aquilon*.

QUI ME TOUCHE SE BLESSE. — **Echinops** ou *boule azurée*. Espèce de chardon cultivée comme plante d'ornement et dont la fleur en forme de boule est entourée d'épines.

QUINTEFEUILLE. Il paraît que par les temps pluvieux les feuilles de la quintefeuille se resserrent les unes contre les autres de façon à former une sorte d'abri. Telle une mère protégeant son enfant contre les dangers de la vie. — Voir : 1° *Affection maternelle* — 2° *Fille chérie*.

RACINES. — Voir *Madeleine (sainte)*.

RACINE VIERGE, *taminier* ou *sceau de Notre-Dame*. Plante grimpante à feuilles luisantes en forme de cœur et à fruits rouges. — Voir *Soyez mon appui*.

RAILLERIE. Divinité allégorique représentée sous la forme d'une femme dont le regard est plein de malignité et ayant dans les mains un trait à deux pointes pour montrer que la raillerie attaque non seulement l'amour-propre mais aussi l'honneur de l'homme. — **Citronnelle**. La raillerie est désagréable comme la saveur aigrelette de cette plante.

RAISIN. Fruit de la vigne. — Voir : 1° *Automne*, saison pendant laquelle on fait la vendange. — 2° *Christ* qui se donne à nous sous la forme du pain et du vin. — 3° *Eucharistie* — 4° *Septembre*, mois dans lequel le raisin arrive à maturité.

RAISINS SAUVAGES. — Voir *Charité*.

RAISON. Figure allégorique représentée sous la forme d'une femme armée ayant un **casque** surmonté d'un **diadème**, mettant un **lion** sous le joug, emblème des passions qu'elle doit dominer et ayant derrière elle un **olivier** qui symbolise la paix de l'âme. — 1° **Galega**. On employait les sucs de cette plante pour apaiser les transports du cerveau. — 2° **Rue de chèvre**.

RAME. Longue pièce de bois et plate dans le bout qui, plongée dans l'eau, sert à faire mouvoir une embarcation. — Voir : 1° *Activité* — 2° *Eau* — 3° *Fortune* — 4° *Mer*.

RAMEAU SEC. — Voir *Amitié*.

RAMEAU D'OLIVIER. — Voir *Bruno (saint)*.

RAPACITÉ. — 1° **Loup**. — 2° **Milan**. — 3° **Vautour**. Ces trois animaux sont réputés pour leur rapacité.

RAPETTE. — Voir *Plus de mérite que de beauté*.

RAPHAEL (Saint). Archange dont le nom signifie : remède de Dieu. Ses attributs sont : 1° **Bâton** qui lui servait d'appui dans ses longues marches. — 2° **Costume de voyageur.** — 3° **Poisson** à l'aide duquel il rendit la vue à Tobie.

RAPIDITÉ. — **Cheval** dont la course est rapide.

RAPINE. Figure allégorique représentée armée et portant un **casque** surmonté d'un **milan**, ayant à la main **une épée nue** et portant un paquet. Elle regarde derrière elle si elle n'est pas poursuivie. On lui donne aussi comme attribut un **loup** s'enfuyant avec une proie. — **Balance fausse** afin de donner moins que le poids.

RAPPEL. — **Géranium à feuilles argentées.**

RAQUETTE. — Voir : 1° *Je brûle* — 2° *Mode* — 3° *Rivalité.*

RARETÉ. — **Mandragore.**

RATEAU. — Instrument de jardinage. — Voir : 1° *Avarice* — 2° *Discernement* — 3° *Espérance* — 4° *Prière.*

RATS. — Voir *Synagogue.*

RAY-GRAS ou *fromental.* Plante herbacée commune dans les prairies et lieux herbeux. — Voir *Vice.*

RÉCIPROCITÉ. — **Œillet incarnat.**

RÉCOMPENSE. Figure allégorique représentée sous la forme d'une femme d'un âge mûr richement vêtue et ayant une **couronne d'or** sur la tête.

RÉCOMPENSE CÉLESTE. — **Vert,** couleur de l'espérance.

RÉCOMPENSE DE LA VERTU. — **Couronne de roses.** Saint Médard, évêque de Noyon, né à Salency, institua aux lieux de sa naissance, comme récompense de la vertu un prix qui consistait en une couronne de roses, et que devait recevoir la jeune fille la plus chaste et la plus soumise. La sœur de saint Médard fut nommée rosière en 532 et c'est de là que vient l'origine des rosières.

RÉCOMPENSE DU MÉRITE. — **Couronne de laurier.**

RÉCONCILIATION. Allégorie représentée par deux femmes qui s'embrassent. L'une tient un rameau d'olivier et l'autre foule aux pieds un serpent à face humaine. — Voir : 1° *Aveline* — 2° *Coudrier* — 3° *Diamant.*

RECONNAISSANCE. — 1° **Aigremoine** ou *religieuse des champs.* On pense que le nom de la plante vient de ce que ses calices dépouillés de fleurs ressemblent à la petite clochette des ermites. — 2° **Coquelicot.** — 3° **Dahlia.** — 4° **Figuier.** — 5° **Petite campanule blanche.**

RÉDEMPTION. — **Pélican,** symbole de la rédemption sur la croix.

REFROIDISSEMENT. — **Laitue.** Vénus, après la mort

d'Adonis se coucha sur un lit de laitues pour éteindre les feux d'un inutile amour.

REFUS. — **Œillet panaché.**

REGARDS BRILLANTS. — **Lychnis écarlate.**

RÈGLE. — Voir : 1° *Architecture* — 2° *Géométrie* — 3° *Jugement* — 4° *Modération* — 5° *Prudence* — 6° *Thomas (saint).*

RÉGLISSE. — **Je me déclare contre vous.**

RÉGLISSE SAUVAGE. Plante herbacée commune dans les bois, dont les feuilles ont une saveur sucrée; employée en médecine comme remède adoucissant dans les maladies des bronches. Voir : *Votre présence adoucit mes peines.*

REGRET. — Voir : 1° *Déjanire* — 2° *Nénuphar.*

REIN. — Voir : 1° *Mercure* — 2° *Vénus.*

REINE DES PRÉS ou *spirée ulnaire.* Plante herbacée commune dans les prés humides et au bord de l'eau. On la cultive dans les jardins pour ses belles grappes de fleurs blanches. — Voir *Inutilité.*

REINE-MARGUERITE. Nom vulgaire de la grande marguerite. — Voir : 1° *Splendeur* — 2° *Variété.*

RÉJOUISSANCE. — Voir *Persil.*

RELIGIEUSE DES CHAMPS ou *aigremoine.* Plante herbacée vivant dans les lieux incultes et sur la lisière des bois. — Voir : 1° *Confiance* — 2° *Reconnaissance.*

RELIGION. On représente souvent la religion sous la forme d'une femme prosternée devant un autel sur lequel il y a des charbons embrasés.

VÉGÉTAUX. — **Passiflore,** plante dans laquelle on trouve tous les instruments de la Passion du Christ.

ANIMAUX. — 1° **Cigogne** qui symbolise la piété filiale. — 2° **Dragon,** une des formes du démon qui nous tente pour nous éloigner de la religion. — 3° **Lion** qui respecte Daniel à genoux dans la fosse et priant. — 4° **Serpent** symbolisant l'erreur.

DIVERS. — 1° **Ailes,** car la religion nous ouvre les portes du ciel. — 2° **Autel.** — 3° **Encensoir.** — 4° **Idoles renversées.** — 5° **Livre fermé** symbolisant les mystères que la religion renferme. — 6° **Patère,** coupe dont on se servait dans les sacrifices. — 7° **Pique.** — 8° **Temple** — 9° **Tête de mort** devant laquelle on médite. — Voir *Croyance.*

REMÈDE POUR LES PEINES DE CŒUR. — **Canneberge.**

REMORDS.

VÉGÉTAUX. — 1° **Framboise.** — 2° **Ronce.** Ces deux plantes ont les tiges hérissées d'épines acérées.

ANIMAUX. — **Vautour** qui rongeait les entrailles de Prométhée et qui fut pris comme emblème du remords.

RENARD. Animal carnassier du genre chien. — Voir 1° *Démon* — 2° *Envie* — 3° *Équité* — 4° *Finesse* — 5° *Fourberie* — 6° *Jean-Baptiste (saint)* — 7° *Ruse* — 8° *Tromperie.*

RENCONTRE ATTENDUE. — Géranium muscade.

RENCONTRE INATTENDUE. — Géranium citron.

RENDEZ-MOI JUSTICE. — Châtaignier. Les châtaignes sont renfermées dans un calice commun qui devient une coque hérissée de piquants. Ceux qui ne connaissent pas cet arbre jettent le fruit à cause de son apparence.

RENDEZ-VOUS. — 1° Mouron anagalis. Cette plante, dont le nom est dérivé du grec « anago » qui veut dire attirer, avait la propriété, d'après Dioscoride, de faire sortir les fers de flèche qui étaient engagés dans les blessures. — 2° **Pimprenelle.**

RENDEZ-VOUS CONVENU. — Pois des quatre saisons.

RENOMMÉE. En mythologie messagère de Jupiter à laquelle les Athéniens avaient élevé un temple. En littérature on la dépeint comme une déesse énorme ayant cent bouches et cent oreilles.

VÉGÉTAUX. — **Tulipe.**

DIVERS. — **Ailes** immenses garnies d'yeux en dessous.

RENONCULE. Plante herbacée vivace, aux fleurs d'un beau jaune et au feuillage décoratif, mais très vénéneuse car elle peut causer la mort des animaux qui s'en nourrissent. — Voir : 1° *Désir des richesses* — 2° *Éclat* — 3° *Enfantillage* — 4° *Ingratitude* — 5° *Méchanceté* — 6° *Pénible souvenir* — 7° *Péril caché.*

RENONCULE ASIATIQUE. — Voir : *Vous êtes brillante d'attraits.*

RENTRÉE EN GRACES. — Voir *Persicaire.*

REPOS. — Belle de nuit.

REPOS COMPLET. — Trèfle des marais.

REPRÉSAILLES. — Trèfle des marais.

RÉPROUVÉS.

VÉGÉTAUX. — **Arbre mort** et desséché, attribut des réprouvés.

ANIMAUX. — **Bouc.**

RÉPUTATION DÉCHUE. — Hortensia. Cette jolie plante, rare autrefois et d'une grande valeur, est devenue tellement commune qu'elle passe inaperçue.

RÉSÉDA. Plante de la famille des résédacées aux fleurs répandant une odeur suave et renfermant dans ses tiges un principe colorant qui sert à teindre en jaune les tissus. — Voir *Vos qualités surpassent vos charmes.*

RÉSERVE. — Érable. Les fleurs de cet arbre tardent à s'ouvrir et tombent extrêmement lentement.

RÉSIGNATION. — **Croix,** rappelant la résignation de Jésus-Christ.

RÉSISTANCE. — 1° **Chêne,** arbre aux branches énormes et justifiant son symbole par son aspect majestueux et fort. — 2° **Houx.** Le houx résiste aux rigueurs de l'hiver et conserve un feuillage toujours vert. — 3° **Trenelle Nostor.** Espèce de champignon gélatineux dont les alchimistes se servaient pour préparer la pierre philosophale et la panacée universelle, comme une émanation des astres.

RÉSOLUTION HATIVE. — **Balsamine rouge.**

RÉSURRECTION.

VÉGÉTAUX. — **Pâquerette,** symbole de la résurrection, parce qu'elle fleurit à Pâques.

ANIMAUX. — 1° **Autruche,** parce qu'au moyen âge on employait l'œuf de cet animal pour symboliser la résurrection le jour de Pâques. L'œuf d'autruche déposé dans le sable éclot de lui-même à la chaleur du soleil. — 2° **Grenouille** qui symbolise la résurrection des corps. — 3° **Phénix,** symbole de la résurrection puisqu'il renaît de ses cendres.

RETARD. — **Eupatoire.**

RETOUR DU BONHEUR. — **Muguet.** Cette jolie fleur venant au retour du printemps nous annonce les beaux jours.

RÉTRACTATION. — **Feuille de lotus.**

REVANCHE. — **Trèfle.**

RÊVERIES. — 1° **Fougère** au printemps. — 2° **Osmonde.** Fougère qui croît sur les rochers humides et à laquelle on attribuait la vertu d'inspirer des songes prophétiques.

RÊVES. — **Osmonde.** Fougère croissant sur les rochers, et à laquelle autrefois on attribuait la vertu de provoquer des rêves.

RHÉTORIQUE. Figure allégorique représentée sous la forme d'une femme richement vêtue, parlant avec véhémence et tenant : 1° **Glaive,** car sa parole perce le monde entier. — 2° **Globe.** — 3° **Phylactère** sur lequel sont écrites ses pensées. — 4° **Trompette,** car sa voix se répand partout.

RHODODENDRON. — Voir : *Premier aveu d'amour.*

RHUBARBE. — La rhubarbe est une plante aux larges feuilles vertes et assez découpées, aux fleurs jaunes formant de petites grappes. — Voir : *avis.*

RICHESSE.

VÉGÉTAUX. — 1° **Blé.** Le blé étant l'aliment le plus utile à l'homme est considéré comme une des richesses de la nature. Pour récompenser Triptolème, roi d'Éleusis, de l'hospitalité qu'il lui avait accordée pendant qu'elle cherchait sa fille, Cérès donna à ce prince un épi de blé qui devint la source de ses richesses. — 2° **Tige de froment.**

DIVERS. — 1° **Collier** de pierres précieuses. — 2° **Corne**

d'abondance. — 3° **Couronne.** — 4° **Monnaies.**

RIGUEURS.

VÉGÉTAUX. — 1° **Branche d'épines.** — 2° **Camara piquant.** Arbre épineux d'Amérique. — 3° **Vierge d'Amérique.**

DIVERS. — 1° **Fouet.** — 2° **Joug** sous lequel elles vous tiennent.

RIVALITÉ. — **Raquette.**

RIVIÈRE. — Cours d'eau. — Voir *Eustache (saint).*

RIXE. — **Chien.**

ROBINIER ou *faux acacia jaune.* — Voir : *Amour secret.*

ROCH (Saint).

ANIMAUX. — **Chien** qui lui apportait un pain tous les jours.

DIVERS. — 1° **Ange** qui guérit une plaie qu'il avait à la cuisse. — 2° **Bourdon,** bâton de pèlerin. — 3° **Costume de pèlerin** qu'il portait lors de son voyage à Rome.

ROCHER. Voir : 1° *Barbe (sainte)* — 2° *Elisabeth (sainte)* — 3° *Nichée.*

ROI. — Chef d'État ayant pour attributs : 1° **Couronne** de pierres précieuses. — 2° **Manteau** doublé d'hermine. — 3° **Sceptre,** insigne de la toute puissance.

ROMARIN. — Arbuste de la famille des labiées, à feuilles droites et à fleurs violettes répandant une odeur aromatique très agréable. Le romarin a des propriétés stimulantes et est pour cette raison employé en médecine. De ses fleurs on extrait une essence qui entre dans la composition de l'eau de Cologne. — Voir : 1° *Souvenir* — 2° *Votre présence me ranime.*

ROME. Capitale de l'empire romain. **Louve** qui nourrit de son lait Romulus qui devint le fondateur de Rome sur le mont Palatin.

RONCE. Arbrisseau à tiges couchées munies de petites épines et portant des fruits d'un noir bleuâtre. Ses feuilles sont astringentes et employées en médecine contre les inflammations de la gorge. — Voir : 1° *Bassesse* — 2° *Envie* — 3° *Ignorance* — 4° *Remords* — 5° *Sérénade.*

ROSAIRE. Grand chapelet que l'on récite en l'honneur de la Vierge. — **Rosier** symbole du rosaire. — Voir *Dominique de Guzman (saint).*

ROSE. Couleur attribuée à la **Joie spirituelle** et aux **Principautés.** (Voir à ces mots).

ROSE. Nom de la belle fleur du rosier. — Voir : 1° *Allégresse* — 2° *Amour* — 3° *Beauté* — 4° *Erato* — 5° *Infidélité* — 6° *Jalousie* — 7° *Martyre* — 8° *Profonde timidité* — 9° *Récompense de la vertu* — 10° *Saints* — 11° *Union* — 12° *Vierges.*

ROSE A CENT FEUILLES Grosse rose très double. — Voir : 1° *Dignité d'esprit* — 2° *Grâce* — 3° *Orgueil.*

ROSE BLANCHE. — Voir : 1° *Discrétion* — 2° *Je suis digne de* *vous* — 3° *Plutôt mourir que perdre l'innocence* — 4° *Silence.*

ROSE CAPUCINE. — Voir *Eclat.*

ROSE DE BENGALE. — Voir *Complaisance.*

ROSE DE BOURGOGNE. — Voir *Beauté qui s'ignore.*

ROSE DE DAMAS. — Voir *Teint éclatant.*

ROSE DE GUELDRE. — Voir : 1° *Hiver* — 2° *Vieillesse.*

ROSE DE LA MARIÉE. — Petite rose blanche. — Voir *Amour heureux.*

ROSE DE NOEL. Belle plante toujours verte, aux belles fleurs d'un blanc rosé s'épanouissant durant tout l'hiver. Cette plante renferme un poison violent et peut causer des accidents mortels. Elle jouissait autrefois d'une grande célébrité et les anciens l'employaient pour guérir la folie. — Voir 1° *Calomnie* — 2° *Folie* — 3° *Manie* — 4° *Ne me laissez pas dans l'anxiété* — 5° *Scandale.*

ROSE DES QUATRE SAISONS. — Voir *Beauté toujours nouvelle.*

ROSE DES ROCHERS ou *ciste.* — Voir *Faveur populaire.*

ROSE DU JAPON. — Jolie rose mais sans parfum. — Voir *La beauté est votre seul attrait.*

ROSE MUSQUÉE. — Voir *Beauté capricieuse.*

ROSE POMPON. Ravissante petite rose. — Voir *Gentillesse.*

ROSE SANS EPINES. — Voir *Plaisir facile.*

ROSE TRÉMIÈRE. Sorte de plante, dont les fleurs se multiplient à l'infini, et ont de hautes tiges. — Voir : 1° *Ambition* — 2° *Fécondité* — 3° *Plaisir doux.*

ROSEAU. Plante herbacée aquatique. — Voir : 1° *Complaisance* — 2° *Confiance en Dieu* — 3° *Eau* — 4° *Hiver* — 5° *Indiscrétion* — 6° *Musique* — 7° *Paul (saint).*

ROSIER. Arbuste greffé sur l'églantier qui donne une variété infinie de fleurs. — Voir : 1° *Dominique de Guzman (saint)* — 2° *Luxure* — 3° *Printemps* — 4° *Rosaire* — 5° *Sibylles* — 6° *Vénus* — 7° *Vierge.*

ROUE. — Voir : 1° *Adrien (saint)* — 2° *Catherine d'Alexandrie (sainte)* — 3° *Fortune* — 4° *Georges (saint)* — 5° *Occasion* — 6° *Temps* — 7° *Trônes.*

ROUGE. Couleur. — Voir : 1° *Charité* — 2° *Démon* — 3° *Eucharistie* — 4° *Ferveur* — 5° *Martyre* — 6° *Passion du Christ* — 7° *Prière* — 8° *Saint-Esprit* — 9° *Séraphins* — 10° *Trinité.*

ROUGEUR. — Voir *Origan.*

ROYAUTÉ.

VÉGÉTAUX. — **Angrec.**

DIVERS. — 1° **Couronne**, attribut des rois. — 2° **Lune.** — 3° **Or.**

RUBIS. Pierre précieuse d'un

joli rouge et très transparente. — Voir : 1° *Beauté* — 2° *Elégance* — 3° *Mars*.

RUCHE. Petite cabane recouverte de paille où se tiennent les abeilles. — Voir : 1° *Bernard (saint)* — 2° *Espérance*.

RUDESSE. — **Grateron**. Plante très rugueuse.

RUDBECKIA. Plante cultivée pour ses fleurs ornementales et dédiée au botaniste Rudbeck. — Voir *Justice*.

RUE. Plante de la famille des rutacées aux fleurs jaunes à odeur forte et désagréable et aux feuilles au goût âcre et amer. L'emploi exagéré de cette plante peut déterminer des avortements. On l'emploie aussi comme remède contre la gale. — Voir : 1° *Bonté* — 2° *Dédain* — 3° *Mœurs* — 4° *Raison*.

RUPTURE. — 1° **Paille brisée** symbolisant la rupture. — 2° **Polémoine**. Le nom de cette plante vient de Polémos qui veut dire « guerre » parce que d'après Pline plusieurs rois se sont disputé l'honneur de l'avoir trouvée. — 3° **Valériane grecque**.

RUSE. — **Renard**. Cet animal est fameux pour ses ruses.

SABLIER. Instrument servant autrefois à mesurer le temps. — Voir : 1° *Éternité* — 2° *Prudence* — 3° *Tempérance*.

SABLIER AILE. — Voir : 1° *Diligence* — 2° *Modération*.

SABOT DE VÉNUS. Espèce d'orchidée dont le labelle a la forme d'un sabot. — Voir *Beauté capricieuse*.

SABRE. Arme à lame tranchante d'un côté. — Voir *Nicolas (saint)*.

SACS. — Voir : 1° *Judith* — 2° *Mathieu (saint)*.

SAFRAN. Plante herbacée bulbeuse à fleurs pourpres ou lilas renfermant un principe colorant jaune. Les propriétés stimulantes de cette plante sont utilisées en médecine, mais lorsqu'on en respire les émanations en grande quantité, elles peuvent déterminer un état apoplectique capable d'amener la mort. — Voir : 1° *N'abusez pas* — 2° *Pas d'excès*.

SAGESSE. Figure allégorique que les anciens représentaient sous la forme de Minerve.

VÉGÉTAUX. — 1° **Mûrier blanc** Les anciens ont appelé le mûrier blanc le plus sage des arbres, parce qu'il tarde longtemps à développer ses feuilles et reste ainsi à l'abri des surprises du printemps. — 2° **Pomme**, attribut de la sagesse. — 3° **Pomme de pin**.

ANIMAUX. — 1° **Chouette**, car cet animal voit dans les ténèbres. — 2° **Serpent**.

DIVERS. — 1° **Couronne**, car elle est honorée. — 2° **Jaspe**, pierre qui lui est dédiée. — 3° **Lampe**, pour éclairer ses veilles. — 4° **Livre**, où elle puise la vraie science. — 5° **Miroir**, symbole de la réflexion. — 6° **Olivier**, symbole de la paix intérieure et extérieure. — 7° **Or**. — 8° **Topaze**, pierre qui lui est dédiée.

SAGITTAIRE. Neuvième signe du zodiaque que le soleil parcourt du vingt novembre au vingt décembre. Constellation du zodiaque figurée sous les traits du centaure Chiron lançant une flèche

— Voir : 1° *Novembre* — 2° *Zodiaque*.

SAINFOIN OSCILLANT. Plante dont les folioles des feuilles sont toujours en mouvement. — Voir *Agitation*.

SAINT. Les insignes propres des saints en général sont : 1° **Couronne.** — 2° **Nimbe rond.**

Les saints se divisent en plusieurs catégories dont chacune a ses insignes particuliers :

1° Saints Apotres : **Livre de la doctrine.**

2° Saints Diacres : 1° **Dalmatique.** — 2° **Évangéliaire.**

3° Saints Fondateurs d'ordre : 1° **Costume de cet ordre.** — 2° **Livre de la règle.**

4° Saints martyrs : 1° **Couronne.** — 2° **Instruments de leur supplice.** — 3° **Palme.**

5° Saints ouvriers : **Outils de leur métier.**

6° Saints papes : 1° **Costume de dignité.** — 2° **Croix.** — 3° **Tiare.**

7° Saints pontifes : 1° **Costume de dignité.** — 2° **Crosse.** — 3° **Mitre.**

8° Saints prédicateurs : **Livre de la doctrine.**

9° Saints prêtres : 1° **Calice.** — 2° **Chasuble.**

10° Saints réguliers : **Costume de leur ordre.**

11° Saints souverains : 1° **Couronne royale.** — 2° **Glaive.** — 3° **Globe.** — 4° **Sceptre.**

12° Sainte Vierge : 1° **Lis.** — 2° **Rose.**

Chacun des saints a en plus de ceux-ci ses attributs particuliers.

SAINT-ESPRIT. Troisième personne de la sainte Trinité.

animaux. — **Colombe**, forme sous laquelle parut le Saint-Esprit le jour du baptême de Jésus-Christ.

divers. — 1° **Feu**, le Saint-Esprit descendit sur les apôtres sous forme de langues de feu, le jour de la Pentecôte. — 2° **Livre**, parce qu'il a parlé par les prophètes. — 3° **Rouge**, couleur qui lui est dédiée.

SAINTETÉ. — Voir : 1° *Agate (sainte)* — 2° *Diamant*.

SAINTE FACE. — Voir *Véronique (sainte)*.

SAINTES FEMMES. Femmes qui suivirent le Christ au calvaire. — **Blanc**, couleur qui leur est attribuée.

SAINTS OUVRIERS. Ils ont comme attribut : **Outils** de leur métier. — Voir *Saint*.

SAINTS RÉGULIERS Ils portent le costume de l'ordre. — Voir *Saint*.

SAISONS. Au nombre de quatre. Les anciens les ont personnifiées et les représentent sous la figure d'enfants ailés.

L'Automne a comme attributs : 1° **Fruits.** — 2° **Raisins.**

L'Été : 1° **Couronne d'épis de blé** sur la tête. — 2° **Faucille** qu'il tient en main.

L'Hiver. — 1° **Arbre dépouillé**, près duquel il est assis. — 2° **Oiseaux aquatiques** qu'il tient dans sa main.

Le Printemps. — 1° **Arbrisseau** bourgeonnant. — 2° **Chevreau** qu'il tient en main. — 3° **Couronne de fleurs** sur la tête.

SALAMANDRE. Sorte de batracien à longue queue ressemblant au lézard. — Voir : 1° *Chasteté* — 2° *Feu* — 3° *Pudeur* — 4° *Vierge.*

SALICAIRE. — Plante herbacée commune dans les prés marécageux renfermant dans ses fleurs en épis et de couleur pourpre une assez grande quantité de tannin. — Voir *Prétention.*

SALOIR. — Voir *Nicolas (saint).*

SALOMON. Roi d'Israël, fils de David et de Bethsabée. — 1° **Lions** au nombre de deux qui soutiennent son trône d'ivoire. — 2° **Temple** magnifique qu'il construisit.

SAMSON. Juge d'Israël célèbre par sa force et ses luttes fougueuses, contre les Philistins. **Lions** au milieu desquels il vivait dans le désert.

SANDALE. — Voir *Pierre (saint).*

SANGLIER. Animal sauvage ressemblant au porc. — Voir : 1° *Atalante* — 2° *Colère* — 3° *Démon* — 4° *Diane* — 5° *Envie* — 6° *Gourmandise* — 7° *Impétuosité* — 8° *Luxure* — 9° *Méléagre.*

SANGUIN. Personnifié il tient un **faucon** au poing et un **singe**.

SANTÉ. Divinité allégorique représentée sous la forme d'une jeune nymphe au teint frais, elle tient un **bâton** enroulé de serpents et un **coq**.

végétaux. — 1° **Armoise.** L'odeur de cette plante est très bienfaisante et a la propriété d'éloigner tout air malsain. — 2° **Mousse d'Islande.** — 3° **Sauge.** Chez les Grecs cette plante était très estimée pour ses vertus médicales. Son nom veut dire plante salutaire qui rend la santé.

SAPHIR. Pierre précieuse transparente de couleur bleue. — Voir : 1° *Conscience pure* — 2° *Contemplation* — 3° *Espérance* — 4° *Vérité* — 5° *Vertus.*

SAPIN. Arbre au tronc droit pouvant s'élever jusqu'à cinquante mètres, et poussant dans les régions montagneuses. — Voir : 1° **Élévation** à cause de la haute taille qu'il peut atteindre. — 2° **Espérance dans l'adversité**, à cause de sa couleur qui est toujours verte et qui symbolise l'espérance.

SARDE. Variété d'agate rougeâtre. — Voir *Martyre.*

SARDOINE. Pierre précieuse pourpre nuancée. — Voir : 1° *Charité* — 2° *Principautés.*

SARDONIE. Plante de la famille des renonculacées, très vénéneuse et qui provoque lorsqu'on l'absorbe des convulsions et des contractions de la bouche semblables au rire. — Voir *Ironie.*

SATIRE. Figure allégorique représentée sous la forme d'une femme souriant d'un air moqueur et tenant un **sifflet** entre ses mains.

VÉGÉTAUX. — **Pomme de raquette.**

SATURNE. En Mythologie, fils d'Uranus et père de Jupiter, Neptune et Pluton. Il se réfugia en Italie où il devint dieu de l'agriculture.

VÉGÉTAUX. — **Couronne de feuilles de vigne et de figuier.**

ANIMAUX. — 1° **Bœuf.** — 2° **Dragons.**— 3° **Grue,** attribut de Saturne.

DIVERS. — 1° **Béquille** sur laquelle il s'appuie. — 2° **Faucille** que Saturne porte à la main comme divinité italique de l'agriculture.— 3° **Saphir,** pierre précieuse qui lui est dédiée.

SATURNE. Planète supérieure. Dans les livres d'heures gothiques, un corps humain est figuré entr'ouvert et les sept planètes dardant un rayon sur une partie différente de ce corps. On indiquait par là la croyance que les organes divers étaient soumis à l'influence des astres. Saturne exerçait son influence sur les poumons.

SATYRES. Divinités champêtres représentées sous la forme de petits hommes velus ayant des **oreilles de chèvre** et une **queue de cheval.**

SATYRION. — Voir *Pluton.*

SAUGE. Plante herbacée à grandes fleurs bleues jouissant de propriétés toniques qui la font employer en médecine. Son nom veut dire : plante salutaire à la santé. — Voir : 1° *Santé* — 2° *Vertu domestique.*

SAULE. Arbrisseau au feuillage léger mais à l'aspect triste, à cause de ses branches tombantes. — Voir : 1° *Bravoure* — 2° *Deuil* — 3° *Humanité* — 4° *Liberté* — 5° *Mélancolie* — 6° *Prétention.*

SAULE RAMPANT. — Voir *Amour trahi.*

SAUTERELLE. Insecte herbivore dont les pattes de derrière sont très grandes. Les sauterelles ont causé la huitième plaie d'Égypte. — Voir *Jean-Baptiste (saint).*

SAVEUR. **Citron,** fruit à saveur acide très prononcée, mais agréable.

SAXIFRAGE. Plante de la famille des saxifragées à jolies fleurs et croissant principalement sur les montagnes.— Voir *Affection.*

SCABIEUSE. Plante à jolies fleurs mauves appelée aussi fleur de veuve et croissant dans les prairies. — Voir : 1° *Amour malheureux* — 2° *Deuil* — 3° *Veuvage.*

SCANDALE. **Hellébore.** Cette plante servait autrefois de remède à la folie.

SCEAU. — Voir 1° *Anges* — 2° *Dominations* — 3° *Principautés* — 4° *Puissances* — 5° *Vertus.*

SCEAU DE NOTRE-DA-

ME, racine vierge ou taminier. Plante herbacée à tiges minces et grimpantes poussant dans tous les endroits où elle trouve un appui pour s'y enrouler. — Voir *Soyez mon appui*.

SCEAU DE SALOMON. Plante herbacée commune dans les bois et dans les régions un peu montagneuses. — Voir *Prudence*.

SCEPTRE. Bâton de commandement et insigne de l'autorité royale. — Voir : 1° *Ambition* — 2° *Autorité* — 3° *Caducée* — 4° *Christ* — 5° *Dieu* — 6° *Dominations* — 7° *Empire* — 8° *Force* — 9° *Hérauts* — 10° *Junon* — 11° *Jupiter* — 12° *Justice* — 13° *Magnificence* — 14° *Père éternel* — 15° *Puissance* — 16° *Roi* — 17° *Souverains* — 18° *Vertus*.

SCHINUS. — Voir : *Enthousiasme religieux*.

SCIE. Lame d'acier pourvue de dents et servant à partager le bois, la pierre. — Voir : 1° *Isaïe* — 2° *Simon (saint)*.

SCIENCE. Figure allégorique représentée sous la forme d'une femme âgée ayant auprès d'elle un *compas*, une *sphère* et des *livres*. — 1° **Aigue-marine**. — 2° **Béryl**. — 3° **Chien**.

SCORPION. Signe du zodiaque correspondant au mois d'octobre — Voir : 1° *Dialectique* — 2° *Logique* — 3° *Octobre* — 4° *Synagogue* — 5° *Zodiaque*.

SCULPTURE. Figure allégorique représentée par une femme vêtue et ayant comme attributs : 1° **Ciseau**. — 2° **Ébauchoir**. — 3° **Marteau**. — 4° **Selle**, qui sont ses principaux instruments de travail.

VÉGÉTAUX : **Hoyat**, ou acacia vrai.

SECOURS. — **Genévrier**. L'odeur forte que cet arbrisseau répand met les chiens en déroute, et l'animal qui par instinct est venu se blottir sous ses rameaux se trouve ainsi secouru.

SEDIA. — Voir *Pape*.

SÉDUCTION. — **Oreille d'ours**. Cette charmante fleur répand une odeur douce et agréable.

SEINS COUPÉS. — Voir *Agathe (sainte)*.

SÉLÉNÉ. — En Mythologie, autre nom de la Lune. — Voir *Lune*.

SELLE. — Sorte de tabouret sur lequel les sculpteurs placent leur sujet. — Voir *Sculpture*.

SENS. Au nombre de cinq, et qui sont représentés avec des attributs servant à les distinguer.

Le Gout a comme attributs des **fruits** dont il goûte et apprécie la saveur.

L'Odorat respire le parfum des **fleurs**.

L'Ouïe entend les **instruments de musique**.

Le Toucher a comme attributs : 1° **Hérisson** aux poils piquants. — 2° **Hermine** à la fourrure douce, ces animaux expriment les deux extrêmes sensations qu'on peut éprouver au toucher. — 3° **Oiseau** qui becquète. — 4° **Sensitive** qui s'étiole au moindre attouchement.

La Vue a près d'elle : 1° **Aigle** dont la vue est très perçante. — 2° **Arc-en-ciel** exprimant la diversité des couleurs. — 3° **Miroir** dans lequel elle se contemple.

SENSATION. Œillet, couleur de chair.

SENSIBILITÉ. — Sensitive. Une nymphe était aimée du berger Iphis ; elle allait être unie à lui, quand le berger ne maîtrisant pas sa passion la poursuivit dans les bois. La nymphe éperdue de douleur implora le dieu Hymen qui la changea en sensitive, plante qui replie ses folioles au moindre attouchement.

SENSIBILITÉ EXCESSIVE. — Mimosa sensitive. — Voir *Sensibilité*.

SENSITIVE. Plante légumineuse des pays chauds qui, lorsqu'elle est touchée, laisse retomber ses folioles et prend un aspect lamentable. — Voir 1° *Abattement* — 2° *Pudeur* — 3° *Sensibilité excessive* — 4° *Sentiments délicats* — 5° *Toucher*.

SENSUALITÉ. — 1° Jasmin d'Espagne. — 2° Marronnier d'Inde.

SENTIMENTS DÉLICATS. — Sensitive. Cette plante au moindre attouchement laisse retomber ses folioles.

SÉPARATION. — Jasmin de Virginie.

SEPT. Nombre des péchés capitaux. Nombre de la charité qui fait sept œuvres de miséricorde. Nombre de la lumière car il y a sept planètes. Les israélites ont pour les éclairer le chandelier à sept branches.

SEPTEMBRE. Neuvième mois de l'année correspondant au signe de la balance dans le zodiaque. Le moyen âge le représentait faisant les vendanges. Dans la mythologie **Vulcain** préside à ce mois. On le représente tenant un **lézard** et couronné de **raisins**.

SÉRAPHINS. Anges du premier chœur. Ils sont entièrement rouges, visages et ailes, et expriment ainsi l'étymologie de leur nom qui en hébreu veut dire brûler. — 1° **Ailes** au nombre de six. — 2° **Chandelier** allumé. — 3° **Épée flamboyante**. — 4° **Escarboucle**, pierre d'un rouge foncé qui leur est dédiée. — 5° **Flammes**. — 6° **Rouge**, couleur qui leur est attribuée. — Voir *François d'Assise (saint)*.

SÉRÉNADE. — Mûre des haies.

SÉRÉNITÉ. — Arc-en-ciel qui dans le ciel succède à l'orage.

SERINGAT DE LA CAROLINE. Arbrisseau indigène à fleurs blanches très odorantes et servant dans les jardins comme plante d'ornement. — Voir : 1° *Désappointement* — 2° *Mémoire* —

3° *Mon cœur est pénétré de vos bontés.*

SERPENT. Animal de l'ordre des reptiles qui se meut au moyen des replis qu'il fait sur le sol. — Voir : 1° *Bacchus* — 2° *Cérès* — 3° *Christ* — 4° *Christine (sainte)* — 5° *Christofle (saint)* — 6° *Crime* — 7° *Démon* — 8° *Dialectique* — 9° *Église* — 10° *Envie* — 11° *Erreur* — 12° *Esculape* — 13° *Éternité* — 14° *Ève* — 15° *Force* — 16° *Furie* — 17° *Géants* — 18° *Hécate* — 19° *Hercule* — 20° *Hygie* — 21° *Médecine* — 22° *Moïse* — 23° *Obéissance* — 24° *Orgueil* — 25° *Perfidie* — 26° *Prudence* — 27° *Religion* — 28° *Sagesse* — 29° *Terre* — 30° *Vierge* — 31° *Vigilance.*

SERPENTAIRE CACTIER. Sorte de cactus à tige rampante et à grandes fleurs rouges. — Voir : 1° *Horreur* — 2° *Piège.*

SÉSAME. Plante originaire des îles de la Sonde et cultivée aujourd'hui dans les pays chauds à cause de sa graine qui fournit une huile d'une saveur douce, et qui est employée pour la fabrication des savons. — Voir *Ouvrez-moi votre cœur.*

SÉVÉRITÉ. — **Branche d'épine,** hérissée de piquants.

SHAMROCK. — **Légèreté de cœur.**

SIBYLLES. Femmes au nombre de douze qui étaient, chez les anciens, considérées comme inspirées par une divinité et qui se rangent près des prophètes, des apôtres et des vertus.

VÉGÉTAUX. — **Rosier.** Une d'entre elles a pour attribut le rosier.

DIVERS. — 1° **Ange** qui les inspire. — 2° **Livre** des oracles. — 3° **Plume** leur servant à écrire les oracles.

SIFFLETS. — Voir : 1° *Claude (saint)* — 2° *Satire.*

SIGNE. — **Laurier Tin.**

SILENCE. Divinité allégorique représentée sous la forme d'un jeune homme tenant un doigt sur la bouche.

VÉGÉTAUX. — 1° **Belladone** ou *belle dame*; cette plante contenant un poison très violent, celui qui en absorbe est réduit au silence par la mort même. — 2° **Rose blanche.** Le dieu du silence était représenté tenant une rose blanche dans la main. Les anciens sculptaient l'une de ces fleurs sur la porte de la salle des festins pour recommander le silence à tous les convives.

ANIMAUX. — 1° **Coq.** — 2° **Héron** tenant une pierre dans son bec. — Voir *Chéloné.*

SILÈNE. En Mythologie, père nourricier de Bacchus.

VÉGÉTAUX. — **Couronne de lierre.**

ANIMAUX. — **Ane.** L'âne sert de monture à Silène parce que celui-ci est la personnification de l'outre pleine de vin qu'on plaçait sur le dos de l'âne au retour des vendanges.

DIVERS. — 1° **Cornes** qu'il

porte au front. — 2° **Thyrse** sur lequel il s'appuie.

SIMON (Saint). Apôtre. — 1° **Croix**, car il fut crucifié. — 2° **Scie**, instrument de son martyre.

SIMPLICITÉ.

VÉGÉTAUX. — 1° **Églantine d'Amérique**. — 2° **Lis**. — 3° **Rose simple**. La simplicité sert de voile à la beauté et embellit toujours la laideur. Clémence Isaure voulut que le prix de l'éloquence fût une rose simple. — Voir *Poésie*.

ANIMAUX. — **Colombe**.

SIMPLICITÉ INGÉNUE. — 1° **Mouron**. — 2° **Myosotis**.

SIMPLE PARURE.— **Herbe aux perles** ou *Grémil*. Le grémil croît dans les champs et le long des haies. Ses graines d'un gris de perle servaient à faire des colliers.

SINCERITÉ. Allégorie représentée sous la forme d'une femme tenant une **colombe** contre son sein et un **cœur** sur la main.

VÉGÉTAUX. — 1° **Cerfeuil cultivé**. — 2° **Fougère**. Vient de ce que la fougère contient beaucoup de potasse et qu'on utilise ses cendres pour la fabrication du verre. Un vieux dicton prétend que la vérité se trouve au fond du verre; et de là, on a fait de la fougère le symbole de la sincérité.

SINGE. Animal bien connu. — Voir : 1° *Avarice* — 2° *Démon* — 3° *Dialectique* — 4° *Dissimulation* — 5° *Finesse* — 6° *Folie* — 7° *Goût* — 8° *Ignorance* — 9° *Luxure* — 10° *Sanguin* — 11° *Thalie*.

SIRÈNES. En Mythologie, filles du fleuve Achéloüs et de la muse Calliope. Elles avaient le buste de femme et le corps de poisson. Elles avaient comme attributs des **instruments de musique** avec lesquels elles attiraient les voyageurs sur les écueils du détroit de Sicile, pour les y faire périr. Ces instruments se composaient du : 1° **Barbiton**. — 2° **Flûte**. — 3° **Lyre**. Elles symbolisent aussi le : 1° **Démon**. — 2° **Eau**. — 3° **Flatterie**. — 4° **Luxure**.

SISTRE. Plante qui, d'après Aristote, servait à préserver des esprits et des fantômes ceux qui la tenaient à la main. Voir *Sûreté*.

SIX. Nombre parfait car Dieu a créé le monde en six jours. Il symbolise aussi les six âges de l'homme.

SOBRIÉTÉ.

ANIMAUX. — 1° **Ane**. — 2° **Ane sauvage**. — 3° **Caméléon**. — 4° **Chameau**. La sobriété de tous ces animaux est bien connue.

DIVERS. — **Pierre**.

SOCIABILITÉ. — **Giroflée violette**.

SOLDATS. — Voir *Ambroise (saint)*.

SOLEIL ou *Hélios*. — En Mythologie, dieu du jour représenté sous la forme d'un jeune homme ayant : 1° **Chevelure** blonde entourée de rayons. — 2° **Quadri-**

ge de chevaux blancs fougueux qu'il dirige. — 3° **Phénix**, oiseau fabuleux qui renaît de ses cendres sous l'influence de la chaleur du soleil.

SOLEIL. Astre lumineux par lui-même qui éclaire la Terre. Le Soleil représente la jeunesse et les anciens croyaient que cet astre exerçait son influence sur l'estomac. — Voir *Lune*.

Voir : 1° *Apollon* — 2° *Charité* — 3° *Cheval* — 4° *Christ* — 5° *Espérance* — 6° *Pureté* — 7° *Théologie* — 8° *Thomas d'Aquin (saint)* 9° *Trinité* — 10° *Vérité* — 11° *Vierge*.

SOLEIL, *hélianthe* ou *Tournesol*. Plante aux vastes fleurs jaunes qui suivent le soleil dans sa course en tournant toujours leur face vers lui. — Voir : 1° *C'est vous seul que j'aime* — 2° *Fausses richesses* — 3° *Prière*.

SOLEIL GÉANT. — Voir : *Arrogance*. Ce symbole vient de ce que les fleurs de cette plante sont extraordinairement larges et placées à une grande hauteur.

SOLEIL NAIN. — Voir : 1° *Adoration* — 2° *Dévotion*.

SOLIDE PIÉTÉ. — **Géranium sauvage.**

SOLITUDE. Figure allégorique représentée sous la forme d'une femme assise dans un lieu désert et tenant un **livre** entre ses mains. Un **passereau** est auprès d'elle.

VÉGÉTAUX. — 1° **Bruyère.** Cette plante croît dans les lieux écartés et solitaires. — 2° **Lichen.**

SOMMEIL. En Mythologie, fils de l'Érèbe et de la Nuit et père des Songes. On le représente sous la forme d'un jeune homme profondément endormi et ayant la tête appuyée sur des pavots. — **Pavot.** Plante qui possède des propriétés somnifères. — Voir *Langueur*.

SOMMEIL DU CŒUR. — **Pavot blanc.** On exprime de la graine de cette fleur une huile qui provoque le sommeil et calme les sens.

SOPHONIE. Neuvième petit prophète juif et contemporain de Josias. — Voir *Prophètes*.

SORCELLERIE. — **Morelle des sorciers.**

SORTILÈGE. — **Circée.** Cette plante est célèbre dans les évocations magiques. Elle croît dans les lieux humides, ombragés et sur les ruines.

SOTTISE. Figure allégorique représentée regardant une girouette qui excite ses éclats de rire, et ayant auprès d'elle un **dindon**.

VÉGÉTAUX. — 1° **Géranium écarlate,** fleur agréable à voir mais laissant une odeur importune. Pouvant être, de ce fait, comparée à une personne jolie et n'ayant aucun esprit. — 2° **Grenade.**

ANIMAUX. — **Ours.**

SOUCI. Plante annuelle à fleurs jaunes et croissant dans les vignes et les cultures. — Voir : 1° *Cha-*

grin — 2° *Désespoir* — 3° *Inquiétude.*

SOUCI D'AFRIQUE. — Voir *Esprit vulgaire.*

SOULAGEMENT. — **Herbe de Saint Joseph** ou *millefeuilles* ou *achillée millefeuilles.* Saint Joseph s'était blessé grièvement; lorsque l'enfant Jésus appliqua sur la blessure quelques feuilles de cette herbe, celle-ci se cicatrisa aussitôt. — Voir : 1° *Guerre* — 2° *Géranium écarlate.*

SOULIER DE NOTRE-DAME. Plante de la famille des orchidées à belles fleurs bizarres. — Voir *Beauté capricieuse.*

SOUMISSION. — 1° **Gazon** — 2° **Jacinthe des prés.**

SOUPÇON. — 1° **Champignon.** Il existe plusieurs espèces de champignons contenant un poison mortel et on doit toujours prendre les plus grandes précautions avant de les manger. — 2° **Mousseron.**

SOUPLESSE. — **Jonc des champs.**

SOURCE. — Voir : 1° *Isidore* (*saint*) — 2° *Jean-Baptiste* (*saint*).

SOUVENANCE. — **Œillet adonis.**

SOUVENIR. — **Pensée.** Fleur créée pour consoler Io, fille d'Inachus, roi d'Argos. Cette jeune fille, consacrée au service de Junon, devint grande prêtresse de son temple. Jupiter l'aima et s'en fit aimer en lui apparaissant sous la forme d'un berger. Leurs amours furent dévoilées à Junon par une compagne d'Io et la déesse résolut de se venger. Jupiter pour éviter le courroux de sa femme changea Io en génisse et créa un tapis de pensées sur l'herbe où elle était couchée.

SOUVENIR ÉTERNEL. — **Immortelle,** car cette fleur se dessèche, tout en conservant sa forme et sa couleur.

SOUVENIR FIDÈLE. — **Pied de chat d'Amérique.**

SOUVENEZ-VOUS DE MOI. — **Myosotis.** Légende allemande : autrefois deux amants se promenaient au bord du Danube. La jeune fille voit une fleur au bord extrême de l'eau et la désire. L'amant se précipite, la saisit et est englouti. On dit que d'un dernier effort, il jeta la fleur sur le rivage en s'écriant : Ne m'oubliez pas.

SOUVERAINETÉ. — 1° **Lis**, de ce que les Grecs croyaient que le lis était né du lait de Junon. — 2° **Nimbe,** en religion.

SOUVERAINS. — Les souverains ont comme attributs. — 1° **Couronne,** de la puissance. — 2° **Glaive,** de la force armée. — 3° **Globe** crucifère. — 4° **Main de Justice.** — 5° **Manteau** doublé d'hermine. — 6° **Pourpre,** couleur qui leur est dédiée. — 7° **Sceptre,** signe de la toute-puissance. — 8° **Trône** sur lequel ils sont assis. — Voir *Saints.*

SOYEZ A MOI. — **Trèfle à quatre feuilles** qui, dit-on, est un présage de bonheur.

SOYEZ MON APPUI. — **Taminier** ou *racine vierge* ou *sceau de Notre-Dame.* Les tiges de cette plante demandent un soutien et produisent un effet charmant partout où elles s'appuient.

SPHINX. Monstre fabuleux à **corps de lion** et à **tête de femme.**

SPIRÉE ULMAIRE ou *reine des prés.* Plante herbacée vivace, commune dans les prés humides. — Voir *Inutilité.*

SPLEEN. — **Fumeterre.**

SPLENDEUR. — 1° **Asturtium.** — 2° **Reine Marguerite.** — 3° **Sumac de Venise.**

SPORT. — **Jacinthe.** — Voir *Mort.*

STABILITÉ. — **Cresson.**

STATICE MARITIME ou *Toquet.* Plante commune sur les bords de l'eau et dont le nom en grec veut dire : j'arrête. — Voir *Sympathie.*

STÉRILITÉ. — **Arbre desséché.**

STIGMATES. Marques ressemblant à celles des cinq plaies de Jésus-Christ. — Voir *François d'Assise* (*saint*).

STOICISME. — **Buis.** Le buis supporte les plus grandes chaleurs et les froids les plus rigoureux sans que jamais sa verdure soit altérée.

STRAMOINE. Plante à grandes fleurs d'un bel aspect mais renfermant un poison violent. — Voir : 1° *Charmes trompeurs* — 2° *Déguisement.*

STRATAGÈME. — **Noyer.**

STUPIDITÉ. Déesse à laquelle l'**érable** était consacré.

VÉGÉTAUX. — 1° **Amandier commun.** — 2° **Géranium écarlate.**

STYLE. Poinçon pointu par un bout avec lequel les anciens écrivaient sur leurs tablettes de cire. — Voir *Calliope.*

SUAVITÉ. — **Ligurius.**

SUCCÈS (le) **COURONNE VOS VŒUX.** — **Coronille.**

SUFFISANCE. — **Grenadier.** Arbres aux fleurs brillantes mais inodores.

SUMAC DE VENISE. Plante de la famille des térébinthacées, cultivée en Italie et servant au tannage des peaux et à la teinture des cuirs de Cordoue. — Voir : 1° *Splendeur* — 2° *Supériorité intellectuelle.*

SUPERBE. — **Faucon.**

SUPÉRIORITÉ INTELLECTUELLE. — **Sumac de Venise.**

SUPÉRIORITÉ SANS PRÉTENTION. — **Camélia rouge du Japon.**

SUPERSTITION. Allégorie représentée sous la forme d'une vieille femme portant des amulettes au cou et contemplant un tableau où sont tracées des étoiles dont elle croit les influences dangereuses.

VÉGÉTAUX. — 1° **Aloès.** — 2° **Grenadille.** — 3° **Herbe de Saint-Jean.**

SUREAU. Arbuste à rameaux pourvus d'une moelle blanche très abondante, qui après dessication sert à fabriquer des jouets d'enfants. Les fleurs sont employées en médecine. — Voir *Zèle.*

SURELLE. Plante herbacée commune dans les bois. — Voir *Tendresse maternelle.*

SURETÉ. 1° **Herbe aux gueux.** — 2° **Sistre.** Aristote assure que cette plante préserve des esprits et des fantômes ceux qui la tiennent à la main.

SURPLIS. — Voir *Louis de Gonzague (saint).*

SURPRISE. — 1° **Bétoine.** On prétendait autrefois que les parties volatiles s'élevant de cette plante étaient si vives que les personnes qui l'arrachaient devenaient ivres en les respirant. — 2° **Pavot panaché.** — 3° **Truffe.** La truffe est un véritable objet de surprise pour les botanistes, car elle n'a ni tiges, ni racines, ni feuilles.

SURPRISE DU CŒUR. — **Pavot blanc.**

SURVEILLANCE. — **Campanule.** Cette fleur dont le nom en latin signifie clochette symbolise la surveillance, par allusion à la cloche pendue au cou des animaux et qui dans certains pays sert à les surveiller.

Elle est aussi le symbole du travail parce que sa fleur renversée a la forme d'un dé à coudre.

SUSCEPTIBILITÉ. — **Tige de lin** à cause de sa finesse.

SUZANNE (Sainte). — 1° **Couronne** qu'elle foule aux pieds, elle a refusé d'épouser le fils de Dioclétien. — 2° **Épée** avec laquelle elle fut martyrisée. — 3° **Idole** qu'elle renverse en refusant de l'adorer.

SYCOMORE. Autre nom de l'érable ou faux platane. — Voir *Curiosité.*

SYMPATHIE. — **Toquet** ou *statice maritime.* Le nom de cette plante vient du grec statikos qui exprime la propriété d'arrêter, d'unir et de retenir. Cette plante croissant au bord de la mer lie les sables par ses nombreuses racines.

SYNAGOGUE. Ensemble de ceux qui pratiquaient la religion juive avant Jésus-Christ.

ANIMAUX. — 1° **Ane** qui symbolise la marche lente de la synagogue qui est représentée par une femme âgée. — 2° **Bouc** symbolisant les sacrifices. — 3° **Scorpion.** — 4° **Rats** qui la rongent.

DIVERS. — 1° **Bandeau** qui lui couvre les yeux. — 2° **Bannière brisée.** — 3° **Calice renversé.** — 4° **Couteau** qui lui sert pour la circoncision et les sacrifices. — 5° **Jaune,** couleur qui lui est attribuée. — 6° **Lune** à cause de ses changements perpétuels.

SYRINGA. Autre nom du lilas. — Voir *Amour fraternel.*

T. Vingtième lettre de l'alphabet français et symbole de la **vie** chez les gyptiens.

TABLES DE LA LOI. — Voir *Moïse*.

TABLETTES. Planchettes de bois enduites de cire sur lesquelles les anciens écrivaient. — Voir : 1° *Calliope* — 2° *Géométrie*.

TAILLE DE GÉANT. — Voir *Christofle (saint)*.

TALENT. — **Œillet blanc**.

TALENT MODESTE ET VÉNÉRÉ. — **Camellia**. Cet arbre est originaire du Japon et sa fleur a été rapportée en Europe par le père Camelli en 1739.

TAMARIS. Arbrisseau au feuillage très léger croissant au bord de la mer et particulièrement dans la région méditerranéenne. — Voir *Crime*.

TAMBOUR DE BASQUE. Sorte de petit tambour orné de grelots et n'ayant une peau tendue que sur un côté. — Voir *Danse*.

TAMINIER, racine vierge ou sceau de Notre-Dame. — **Soyez mon appui**. Les tiges de cette plante s'enroulent autour des branches d'arbre qui peuvent la soutenir.

TANAISIE. Plante herbacée poussant dans les lieux incultes et exhalant une odeur désagréable servant à chasser les insectes. Elle renferme un principe amer, qui, pris à forte dose, produit les mêmes effets que l'absinthe. — Voir : 1° *Dehors trompeurs* — 2° *Guerre déclarée*.

TASSE. — Voir *Août*.

TAU. Nom du **t** en grec. — Voir *Antoine (saint)*.

TAUPE. Petit mammifère vivant dans des galeries qu'il se creuse sous terre. — Voir : 1° *Avarice* — 2° *Démon* — 3° *Mensonge*.

TAUREAU. Mammifère ruminant qui est le mâle de la vache. — Voir : 1° *Adolphe (saint)* — 2° *Avril* — 3° *Colère* — 4° *Jésus-*

Christ — 5° *Neptune* — 6° *Zodiaque.*

TEINT ÉCLATANT. — **Rose de Damas.**

TÉLESCOPE. Instrument qui fait voir les images grossies des astres. — Voir *Astronomie.*

TEMPÉRANCE.

VÉGÉTAUX. — 1° **Azalée.** — 2° **Olivier,** symbole de paix. — 3° **Palmes** symbolisant la victoire sur les passions.

ANIMAUX. — 1° **Agneau.** — 2° **Éléphant.**

DIVERS. — 1° **Aiguière,** contenant de l'eau. — 2° **Arc** du chasseur qui gagne sa nourriture. — 3° **Bassin** où se verse l'eau de l'aiguière. — 4° **Bride** pour contenir les passions. — 5° **Compas** pour mesurer. — 6° **Coupe** pour boire l'eau. — 7° **Couronne** qui est la récompense de ses mérites. — 8° **Courroie** qui lui serre les reins. — 9° **Épée** pour combattre. — 10° **Frein** pour contenir les passions. — 11° **Horloge** qui mesure et règle le temps. — 12° **Joug,** car elle soumet les vices. — 13° **Livre** où elle puise de bons préceptes. — 14° **Miroir.** — 15° **Mors** qui l'arrête. — 16° **Moulin.** — 17° **Pain,** nourriture sobre par excellence. — 18° **Sablier.** — 19° **Tenailles** avec lesquelles elle arrache les vices. — 20° **Tête de mort** qu'elle contemple. — 21° **Vases,** au nombre de deux contenant l'un du vin, l'autre de l'eau.

TEMPLE. Édifice bâti par Salomon à Jérusalem. — Voir : 1° *Denis* (*saint*) — 2° *Religion* — 3° *Salomon.*

TEMPS. Le Temps ou *Kronos* que l'on confond avec Saturne est représenté dans l'art moderne avec une faux; mais il n'a jamais eu comme attribut que le **harpe,** sorte de couteau recourbé qui lui servit à mutiler son père.

Aujourd'hui on donne au Temps la figure d'un vieillard décrépit ayant la barbe longue et ne portant presque pas de vêtement.

Il a : 1° **Ailes,** marquant la rapidité de sa course. — 2° **Balance,** car il est toujours égal. — 3° **Cadran,** qui sert à montrer le chemin qu'il parcourt. — 4° **Clepsydre** marquant la durée des heures. — 5° **Compas** qui mesure l'espace. — 6° **Faux,** car il détruit. — 7° **Roue** tournant sans cesse, car il ne s'arrête jamais. — 8° **Sablier.** — 9° **Signes du Zodiaque,** montrant le chemin qu'il parcourt.

VÉGÉTAUX. — 1° **Épicéa.** — 2° **Peuplier blanc.** Les anciens avaient consacré cet arbre au Temps parce que ses feuilles, blanches d'un côté et brunes de l'autre, sont dans une continuelle agitation et qu'elles font penser à l'alternative du jour et de la nuit.

TENAILLES. Outil de fer composé de deux branches et qui sert à arracher les objets. — Voir : 1° *Christine* (*sainte*) — 2° *Martyre.*

TENDRESSE.

VÉGÉTAUX. — 1° **Crocus.** La tige de cette plante se brise très facilement. — 2° **If.**

TENDRESSE MATERNELLE.

VÉGÉTAUX. — **Surelle.**

ANIMAUX. — **Poule** qui se dévoue pour ses petits.

TÉNÈBRES.

ANIMAUX. — 1° **Chauve-souris**, symbole des ténèbres. — 2° **Chouette**, animal ne sortant que la nuit.

DIVERS. — **Noir**, couleur des ténèbres.

TENEZ VOS PROMESSES. — **Prunier.** Cet arbre se couvre d'une grande quantité de fleurs, mais si on ne lui en retire pas une grande partie il ne donne presque pas de fruits.

TENTATION.

VÉGÉTAUX. — 1° **Coing.** Ce fruit ayant l'apparence d'une poire mal faite tente souvent les enfants. — 2° **Figuier**, arbre qui après la tentation d'Adam et Ève leur servit à se couvrir de ses feuilles. — 3° **Pomme**, fruit de la tentation d'Ève. — 4° **Pommier.**

ANIMAUX. — **Aspic**, rappelant le serpent qui tenta la première femme.

TERPSICHORE. Muse de la danse ayant comme attribut une **lyre.** — Voir *Muses.*

TERRE ou **GŒA.**

VÉGÉTAUX. — 1° **Arbre.** — 2° **Fleurs.** — 3° **Fruits**, attributs de la terre.

ANIMAUX. — 1° **Aigle.** — 2° **Bœuf**, qui laboure. — 3° **Lion**, conduisant le char de la terre. — 4° **Mouton.** — 5° **Perdrix** affrontées qui ne peuvent s'élever au-dessus du sol. — 6° **Serpent**, qui est attaché à la terre. — 7° **Taureau.**

On donne comme attributs à la terre : 1° **Bêche.** — 2° **Buste** seul sortant de la terre. — 3° **Cheveux épars** avec lesquels elle est représentée. — 4° **Corne d'abondance**, à cause de la richesse de ses biens. — 5° **Couronne murale.** — 6° **Globe**, sur lequel elle est assise. — 7° **Jaune**, couleur qui lui est dédiée. — 8° **Mamelles**, car de son sein sortent toutes les choses nécessaires à la vie de l'homme. — 9° **Trompette.**

TÊTE. — Voir *Vierges folles.*

TÊTE COUPÉE. — Voir : 1° *David* — 2° *Denis (saint)* — 3° *Jean-Baptiste (saint)* — 4° *Judith.*

TÊTE DE CHIEN. — Voir *Christofle (saint).*

TÊTE DE MORT. — Voir : 1° *Adam* — 2° *Bruno (saint)* — 3° *Espérance* — 4° *François d'Assise (saint)* — 5° *Humilité* — 6° *Jérôme (saint)* — 7° *Madeleine (sainte)* — 8° *Pénitence* — 9° *Prudence* — 10° *Religion* — 11° *Tempérance.*

THADÉE (Saint). Apôtre. — Voir *Jude (saint).*

THALIE. En mythologie, muse présidant à la comédie. Elle a comme attributs : 1° **Bâton** pastoral recourbé ou **pedum.** — 2° **Brodequins** aux pieds. — 3° **Couronne de lierre.** — 4° **Masque** comique qu'elle tient à la main. — 5° **Singe** placé à ses côtés et qui symbolise l'imitation.

THANATOS. En mythologie autre nom de la mort, frère d'Hypnos (le sommeil). L'antiquité les différenciait peu l'un de l'autre et les représentait **ailés**.

THÉATRE. — **Jacinthe.** D'après la fable, Hyacinthe, jeune homme aimé d'Apollon et de Zéphire, jouait au palet avec eux. Croyant qu'Hyacinthe favorisait Apollon, Zéphire lui lança son palet à la tête et le tua. Apollon pleura son ami et afin d'en perpétuer le souvenir le changea en la fleur qui porte son nom.

THÉMIS. En mythologie, déesse de la Justice. On la représente les **yeux bandés** et tenant une **balance.**

THÉOLOGIE. Science de Dieu. — 1° **Aigle,** oiseau qui s'élève le plus près des cieux. — 2° **Corne d'abondance.** — 3° **Globe terrestre.** — 4° **Livres saints.** — 5° **Soleil** qui éclaire le monde.

THÉRÈSE (sainte). Carmélite et réformatrice de l'ordre du carmel. — 1° **Ange** qui lui enfonce un trait enflammé dans la poitrine. — 2° **Bourdon,** à cause de ses fréquents voyages au Carmel. — 3° **Cœur** de la sainte percé par un dard enflammé. — 4° **Collier** que Notre-Seigneur et la Sainte-Vierge lui passent autour du cou. — 5° **Colombe** indiquant qu'elle est assistée par le Saint-Esprit. — 6° **Croix** tenant au collier que Notre-Seigneur lui mit au cou. — 7° **Livre** de la règle du Carmel. — 8° **Plume,** car elle écrivit des ouvrages. — 9° **Trait enflammé** dont un ange lui perça le cœur.

THÉTIS. En mythologie, fille de Nérée et de Daris, épouse de Pélée, mère d'Achille et la plus belle des Néréides. — **Alcyon.** Cet oiseau lui est consacré parce qu'il fait son nid sur le bord de la mer.

THLASPI ou *ibéride de Perse.* Plante cultivée dans nos jardins. — Voir : 1° *Indifférence* — 2° *Je brise les obstacles.*

THOMAS (saint). Apôtre. — 1° **Ceinture** de la Vierge qui lui reste aux mains le jour de l'Assomption. — 2° **Doigt** qu'il enfonce dans la plaie de Notre-Seigneur. — 3° **Équerre,** car il était architecte. — 4° **Lance** dont il fut transpercé. — 5° **Main** coupée de son hôte qui lui fut rapportée parce que celui-ci l'avait frappé au visage. — 6° **Règle** qui lui servait pour l'architecture.

THOMAS D'AQUIN (saint). Dominicain.

VÉGÉTAUX. — **Lis,** symbole de pureté.

ANIMAUX. — 1° **Bœuf,** surnom que ses condisciples lui donnèrent à cause de sa lenteur d'esprit. — 2° **Colombe,** symbolisant l'Esprit-Saint qui l'assiste.

DIVERS. — 1° **Ailes,** on l'a surnommé le docteur angélique. — 2° **Collier** au cou à cause d'un de ses livres dont le titre est la chaîne d'or. — 3° **Cordon** qu'un ange lui mit autour des reins. — 4° **Croix** qu'on bénit en son honneur. — 5° **Fenêtre** par laquelle il échappe à ses parents. — 6° **Livres** qu'il écrivit. — 7° **Mitre**, parce qu'il refusa l'épiscopat. — 8° **Ostensoir**, parce qu'il composa l'office du Saint-Sacrement. — 9° **Plume** qui lui servit à écrire. — 10° **Soleil** qui apparut au-dessus de lui quand il mourut.

THOR. Divinité scandinave très puissante, fils d'Odin et de Fricka. On le représente avec : 1° **Barbe rouge**. — 2° **Ceinture** magique qu'il porte. — 3° **Chariot** traîné par deux chèvres. — 4° **Couronne d'étoiles**. — 5° **Marteau** avec lequel il fait le tonnerre, car il excite ou apaise les tempêtes.

THUYA ou *arbre de vie*. Arbrisseau résineux toujours vert, dont la racine est employée en ébénisterie. — Voir : 1° *Age* — 2° *Avarice* — 3° *Vivez pour moi*.

THYM. Plante vivace à tiges ramifiées et formant un gazon épais et renfermant une huile lui donnant une odeur agréable et pénétrante. — Voir : 1° *Activité* — 2° *Diligence* — 3° *Vous embaumez l'air où vous respirez*.

THYMÉLÉE. — Voir *Désir de plaire*.

THYRSE. Javelot entouré de pampres et de lierre et terminé par une pomme de pin. — Voir : 1° *Allégresse* — 2° *Bacchus* — 3° *Danse* — 4° *Silène*.

TIARE. Coiffure que porte le pape dans les grandes cérémonies religieuses. — Voir : 1° *Benoît (saint)* — 2° *Dieu* — 3° *Foi* — 4° *Pape* — 5° *Pierre* — 6° *Saint*.

TIGE DE FROMENT. — **Richesse**.

TIGRE. Animal carnassier dont la taille dépasse parfois celle du lion. — Voir : 1° *Amérique* — 2° *Colère*.

TILLEUL. Arbre, pouvant atteindre une hauteur de quinze à vingt mètres, au port majestueux et dont les fleurs répandent une odeur agréable. — Voir *Amour conjugal*.

TILLEUL D'AMÉRIQUE. — Voir **Mariage**.

TIMIDITÉ.

VÉGÉTAUX. — 1° **Amaryllis**. — 2° **Belle de jour**. — 3° **Belle de nuit**. — 4° **Pivoine**. Allusion à la jeune fille qui devient aussi rouge que cette fleur par excès de timidité.

ANIMAUX. — 1° **Cerf**. — 2° **Lièvre**.

TINETTE. — Sorte de hotte de bois dont se servent les vignerons. — Voir *Jean (saint)*.

TOBIE, fils de Tobie. **Poisson** avec le fiel duquel il rendit la vue à son père.

TOMBEAU. — Voir : 1° *Catherine d'Alexandrie (sainte)* — 2° *Clotilde (sainte)*.

TONSURE. — Voir *Pierre (saint)*.

TOPAZE. Pierre précieuse de

couleur jaune. — Voir : 1° *Amour ardent* — 2° *Amour divin* — 3° *Bonnes œuvres* — 4° *Chérubins* — 5° *Sagesse*.

TOQUET ou *statice maritime*. — Voir *Sympathie*.

TORCHE. Sorte de bâton résineux qui sert à éclairer lorsqu'on l'enflamme. — Voir : 1° *Amour* — 2° *Anarchie* — 3° *Aurore* — 4° *Calomnie* — 5° *Cérès* — 6° *Cupidon* — 7° *Décembre* — 8° *Diane* — 9° *Feu* — 10° *Furies* — 11° *Juin* — 12° *Mort* — 13° *Vie*.

TORTUE. Animal de l'ordre des Chéloniens. — Voir : 1° *Amérique* — 2° *Chéloné* — 3° *Esculape* — 4° *Force* — 5° *Mercure* — 6° *Nonchalance* — 7° *Paresse* — 8° *Toucher*.

TOUCHER. Un des sens représenté sous la forme d'une femme portant un oiseau, une tortue et une fleur de sensitive. — Voir *Sens*.

TOUJOURS. — Immortelle. Cette plante garde ses fleurs, qui, desséchées, ne se fanent pas et conservent leur forme et leur couleur.

TOUJOURS CHARMANTE. — Œillet d'Inde double.

TOUJOURS GAI. — Coréopsis.

TOUJOURS HEUREUX. — Marjolaine. En Orient, on croit qu'une personne qui porte toujours sur elle une branche de marjolaine est préservée du malheur.

TOUR. — Voir : 1° *Barbe (sainte)* — 2° *Espérance* — 3° *Vierge*.

TOUR ENFLAMMÉE. — Voir *Christine (sainte)*.

TOURNESOL. *Soleil, hélianthe*. Plante à grandes fleurs jaunes. Celles-ci ont la propriété de tourner leur face vers le soleil, et d'en suivre ainsi le rayonnement. — Voir : 1° *Apollon* — 2° *C'est vous seul que j'aime* — 3° *Fausses richesses* — 4° *Prière*.

TOURTERELLE. Oiseau ressemblant beaucoup au pigeon. — Voir : 1° *Chasteté* — 2° *Erato* — 3° *Vierge*.

TRAHI. — Attrape-mouche blanche. Cette plante attire les mouches avec un liquide sucré qu'elle secrète. Lorsque l'insecte se pose sur elle, la plante se replie et enserre ainsi la mouche qui se trouve prisonnière.

TRAHISON.

VÉGÉTAUX. — 1° **Arbre de Judas**. — 2° **Ciguë**. Les Athéniens condamnèrent injustement à mort Socrate et l'empoisonnèrent avec la ciguë. — 3° **Myrtile**. Oenomaüs avait pour écuyer Myrtile, fils de Mercure. Pelops voulant obtenir la main d'Hippodamie, fille d'Oenomaüs, devait, pour cela, disputer le prix des chars à Oenomaüs. Il promit à Myrtile une grande récompense s'il voulait enlever la clavette qui retenait les roues du char de son maître. Myrtile y consentit et fut puni de sa trahison en étant jeté par Pelops à la mer. Les eaux ayant rejeté son corps sur le rivage, Mercure le changea en l'arbuste qui porte son nom.

ANIMAUX. — **Alouette.** Minos assiégeait Nisa où régnait Nisus, père de Scylla. Celle-ci, amoureuse de Minos, coupa à son père pendant son sommeil un cheveu pourpre duquel son sort dépendait et le porta à son amant. Minos, qu'une telle trahison avait épouvanté, chassa l'odieuse princesse qui alla se jeter dans la mer. Les dieux la changèrent en alouette et son père, métamorphosé en épervier, la poursuit sans cesse et la déchire à coups de bec.

TRAIT ENFLAMMÉ. — Voir : 1° *Thérèse (sainte)* — 2° *Raillerie.*

TRANQUILLITÉ. — 1° **Alysse des rochers.** D'après les anciens, cette plante, appelée vulgairement corbeille d'or, avait la propriété de guérir la rage. — 2° **Orpin.** — 3° **Petit plantain d'eau.**

TRANSPORT DE JOIE. — **Jasmin du Cap.**

TRAVAIL. En mythologie, fils de l'Érèbe et de la Nuit. Dans ses mains sont des instruments de travail.

VÉGÉTAUX. — **Épis**, que produit la terre par le travail de l'homme.

ANIMAUX. — 1° **Abeille**, qui travaille et amasse sans cesse. — 2° **Bœuf.** — 3° **Fourmi.** Ces trois animaux sont par excellence le symbole du travail.

DIVERS. — 1° **Bêche**, qui sert à cultiver la terre. — 2° **Fer**, métal qui sert à faire la plupart des instruments de travail.

TRÈFLE. Plante herbacée composée de trois folioles et de petites fleurs, et mangé par les bestiaux. — Voir : 1° *Empressement* — 2° *Pensez à moi* — 3° *Prévoyance* — 4° *Repos complet* — 5° *Représailles* — 6° *Revanche* — 7° *Trinité.*

TRÈFLE A QUATRE FEUILLES. — Voir *Soyez à moi.*

TREIZE. Nombre de la prévarication en rappel de la trahison de **Judas**, le treizième des apôtres auprès de Jésus-Christ.

TREMBLEMENT. — **Églantine rouge.**

TREMELLE NOSTOC. Sorte de champignon de forme indéterminée et croissant sur le bois pourri. — Voir *Résistance.*

TRÉPIED. Siège à trois pieds sur lequel s'asseyait la pythie quand elle recevait des oracles au temple de Delphes. — Voir : 1° *Apollon* — 2° *Foi.*

TRÈS JEUNE AMOUR. — **Attrape-mouche rouge.** Plante qui attire les mouches au moyen d'un suc qu'elle secrète, et qui les retient prisonnières ensuite.

TRIANGLE. — Voir : 1° *Prudence* — 2° *Trinité.*

TRIDENT. Fourche à trois dents servant aux pêcheurs. — Voir *Amphitrite.*

TRILLIUM PICTUM. — Voir *Beauté modeste.*

TRINITÉ. Réunion de trois personnes en un seul Dieu. La Trinité a comme symboles : 1° **Cercles** enlacés au nombre de trois. — 2° **Cierges** au nombre de trois. — 3° **Couleurs** au nombre de trois : **Blanc** pour le Père, **Bleu** pour le Fils, **Rouge** pour le Saint-Esprit. — 4° **Croix** au nombre de trois. — 5° **Soleils** au nombre de trois. — 6° **Trèfle**, dont la feuille a trois folioles. — 7° **Triangle.**

TRISTESSE. Figure allégorique représentée sous les traits d'une femme éplorée ayant un serpent qui lui ronge le sein.

VÉGÉTAUX. — 1° **Feuilles mortes** qui annoncent la mauvaise saison et les temps mélancoliques. — 2° **If.** Les Grecs affectés du triste aspect de cet arbre avaient imaginé que la malheureuse Smilax, qui vit son amour méprisé par Crocus, était renfermée dans son écorce. Les branches d'if empoisonnent les ânes et les chevaux et son suc est dangereux pour l'homme.

ANIMAUX. — **Corbeau**, symbole de la tristesse à cause de son plumage noir.

DIVERS. — **Noir**, couleur affectée à la tristesse.

TRITONS. En mythologie, demi-dieux marins qui accompagnent le char de Neptune. Ils ont : 1° **Conques marines** dans lesquelles ils soufflent. — 2° **Queues de poissons.**

TROENE. Arbrisseau de la famille de l'olivier, supportant des fleurs blanches très odorantes. Les tiges peuvent servir à faire des liens. — Voir : 1° *Défense* — 2° *Empêchement.*

TROIS. Nombre divin. — Voir : 1° *Archanges* — 2° *Trinité* — 3° *Vertus théologales.*

TROMPERIE.

VÉGÉTAUX. — 1° **Apocyn tue-chien.** Plante qui attire les mouches par un liquide sucré, et se repliant ensuite sur elle-même, les enserre et les retient prisonnières. — 2° **Clématite.** Les mendiants d'autrefois pour exciter la commisération se faisaient au moyen de cette plante des ulcères factices qu'ils faisaient ensuite passer en éluvant la partie malade avec de l'eau, ou encore en y appliquant des feuilles de betterave. — 3° **Piège de Vénus.**

ANIMAUX. — **Renard.** Animal renommé pour sa fourberie et sa ruse.

TROMPETTE. Instrument à vent. — 1° *Calliope* — 2° *Clio* — 3° *Gloire* — 4° *Prédication* — 5° *Rhétorique* — 6° *Vérité.*

TRONE. Siège d'apparat des souverains. — Voir : 1° *Dieu* — 2° *Souverains.*

TRONES. Un des neuf chœurs d'anges. Leurs attributs sont : 1° **Ailes** au nombre de six couvertes d'yeux. — 2° **Crysolithe**, pierre précieuse qui leur est dédiée. — 3° **Roue** sur laquelle le trône est debout. — 4° **Vert et or**, couleurs qui lui sont attribuées.

TROPHÉE DE GUERRE. — **Cresson de l'Inde.** — Voir *Victoire.*

TROUPEAU. — Voir 1° *Geneviève (sainte)* — 2° *Marguerite (sainte).*

TRUFFE. Sorte de champignon sans pied poussant à l'intérieur du sol. — Voir *Surprise.*

TRUIE. — Voir : 1° *Cérès* — 2° *Cybèle.*

TUBÉREUSE. Plantes à grandes fleurs blanches et à odeur suave. — Voir : 1° *Plaisir dangereux* — 2° *Volupté.*

TUE-CHIEN ou *colchique.* Belle fleur violette très vénéneuse qui fleurit à l'automne. — Voir *Mes beaux jours sont passés.*

TUE-LOUP ou *aconit napel.* Plante très vénéneuse dont les fleurs sont en forme de casque. — Voir : 1° *Chevalerie* — 2° *Misanthropie.*

TULIPE. Plante herbacée à fleurs assez grandes en forme de clochette. — Voir : 1° *Amour sans espoir* — 2° *Beaux yeux* — 3° *Déclaration d'amour* — 4° *Magnificence* — 5° *Renommée* — 6° *Vierge.*

TUNIQUE. Sorte de manteau. — Voir *Pierre (saint).*

TURBAN. Coiffure des Orientaux. — Voir *Arrogance.*

TURQUOISE. Pierre précieuse de couleur bleue. — Voir : 1° *Courage* — 2° *Espérance.*

TUSSILAGE. Plante herbacée dont les fleurs se montrent avant les feuilles. On l'emploie en médecine contre la toux. — Voir *On vous rendra justice.*

TYMPANON. Instrument de musique à cordes usité autrefois chez les anciens. — Voir *Cybèle.*

TYPHON. En mythologie, fils du Tartare et de la Terre qui eut pour enfants tous les monstres de la Fable. Il personnifiait l'ouragan et fut enseveli par Jupiter sous le mont Etna. Il avait sur les épaules **cent têtes** de serpents.

TYRANNIE. Allégorie que l'on représente portant : 1° **Chaînes.** — 2° **Couronne de fer.** — 3° **Épée.** — 4° **Joug.**

UN. Nombre de l'unité rappelant l'unité de Dieu.

UNANIMITÉ. — **Phlox**.

UNION. — 1° **Baguettes liées**. — 2° **Couronne d'olivier** en signe de paix. — 3° **Grenades** au nombre de deux. — 4° **Myrte**, symbole d'allégresse. — 5° **Paille entière**, par opposition à la paille brisée qui signifie rupture. — 6° **Rose blanche** et **rose rouge** réunies, allusion à la guerre des deux roses.

URANIE. En mythologie, une des muses et spécialement celle de l'astronomie. — 1° **Compas**. — 2° **Globe céleste**.

URNE. Sorte de vase. — Voir : 1° *Abondance* — 2° *Amitié* — 3° *Eau* — 4° *Février*.

USURE. — **Bourse** où elle resserre son argent.

UTILITÉ. — **Graminées**. Plante à espèces innombrables parmi lesquelles on compte la plupart des plantes utiles : **blé, orge, seigle, avoine, millet**, etc.

VACHE. — Femelle du taureau. — Voir : 1° *Joseph* — 2° *Lune.*

VAGABONDAGE. — **Chèvre,** cet animal aime à errer de tous côtés.

VAISSEAUX. — Voir : 1° *Albert (saint)* — 2° *François Xavier (saint)* — 3° *Madeleine (sainte)* — 4° *Nicolas (saint).*

VALÉRIANE. Plante herbacée répandant, lorsqu'elle est sèche, une odeur ayant la propriété d'attirer les chats. — Voir : 1° *Facilité* — 2° *J'en aurai la force* — 3° *Rupture.*

VALISNERIE SPIRALE. Plante d'eau douce dont les fleurs femelles sont supportées par un pédoncule en spirale et qui une fois fécondées rentrent sous l'eau pour y mûrir leur fruit. — Voir *Amour coquet.*

VAN. Instrument d'osier dans lequel on met le blé et qui sert à le purifier. — Voir *Chasteté.*

VANITÉ.

VÉGÉTAUX. — **Narcisse,** symbole tiré de la Fable où Narcisse ne pouvant s'éloigner d'une fontaine où il admirait son image reflétée mourut dans cette position. Amour, que Narcisse avait méprisé par vanité, le changea en la fleur qui porte son nom.

ANIMAUX. — 1° **Dragon.** Ce monstre fabuleux fut terrassé par saint Georges malgré sa vanité. — 2° **Huppe.**

DIVERS. — 1° **Miroir,** dans lequel on tire vanité de son image. — 2° **Plumes.**

VARIÉTÉ.

VÉGÉTAUX. — 1° **Aster de la Chine.** — 2° **Reine marguerite.** Cette fleur, dont la graine a été envoyée de Chine par un père missionnaire, s'est propagée énormément dans nos pays. La culture varie à l'infini les demi-fleurons qui couronnent son disque.

VASE. — Voir : 1° *Autorité* — 2° *Baptême* — 3° *Charité* — 4° *Hiver* — 5° *Jeanne de Chusa* (*sainte*) — 6° *Laurent* (*saint*) — 7° *Madeleine* (*sainte*) — 8° *Piété* — 9° *Tempérance* — 10° *Vierge*.

VAUTOUR. Oiseau de proie. — Voir : 1° *Apollon* — 2° *Démon* — 3° *Gourmandise* — 4° *Paresse* — 5° *Rapacité* — 6° *Remords*.

VEAU. Animal domestique. — Voir *Christ*.

VEAU D'OR. Figure en or, représentant un veau que les Israélites adoraient dans le désert. — Voir *Idolâtrie*.

VÉLOCITÉ. — **Ailes**, les ailes étant le moyen de locomotion le plus rapide.

VENGEANCE.

VÉGÉTAUX. — 1° **Chardon**, symbole de la vengeance parce qu'il est hérissé de piquants. — 2° **Pied d'oiseau**. Cette plante qui ferait d'excellent fourrage met une sorte de vengeance à n'en pas servir car elle laisse échapper sa graine quand le fruit est arrivé à maturité.

VENTRE. — Voir *Judas*.

VENTRE OUVERT. — Voir *Anne* (*sainte*).

VENTS. En mythologie, divinités poétiques dont Éole est le roi. Ils sont quatre principaux : 1° **Aquilon**, qui est représenté âgé portant des **cheveux blancs** et ayant une queue de **serpent**. — 2° **Auster**, qui personnifie le vent du Sud. — 3° **Eurus**, vent du matin et de l'est. — 4° **Zéphir**, vent du soir et de l'ouest. Ces quatre divinités portent des **ailes** à la tête et aux épaules et sont représentées soufflant.

VÉNUS ou *Aphrodite*. En mythologie, une des divinités les plus célèbres.

VÉGÉTAUX. — 1° **Couronne de myrte et de roses**. — 2° **Pavot**. — 3° **Pomme**, symbole de la fécondité. — 4° **Rosier**. Les fleurs croissaient sous les pas de cette divinité, mais la rose lui est plus spécialement attribuée. Vénus, la plus belle de toutes les divinités, était représentée à demi-nue et Cupidon, son fils, est à ses côtés.

ANIMAUX. — 1° **Bouc** qui symbolise la luxure. — 2° **Colombes** qui se becquètent, attribut de Vénus à cause des tendres rapports qui existent entre ces oiseaux. — 3° **Cygne**. — 4° **Dauphin** qu'on voit à côté de la déesse pour rappeler qu'elle est née de l'écume de la mer. — 5° **Moineau**. — 6° **Pigeon** qui roucoule constamment.

DIVERS. — 1° **Ceinture** qu'elle porte. — 2° **Char** traîné par des cygnes. — 3° **Émeraude**, pierre précieuse qui lui est dédiée.

Vénus, astre connu sous le nom d'étoile du berger, exerçait son influence sur le **rein**. Dans les livres d'heures gothiques, un corps humain est figuré entr'ouvert et les sept planètes dardant un rayon sur une partie différente de ce corps. On indiquait par là la croyance que les organes divers étaient soumis à l'influence des astres.

Vénus représente aussi l'**adolescence**.

VÉRACITÉ. — **Perdrix**, symbole de la véracité.

VERDURE. — Voir *Joie.*

VERGE d'OR. Plante herbacée dont les fleurs jaunes réunies en grappe forment une sorte d'épi. On l'emploie en médecine parce qu'elle renferme du tanin. — Voir *Précaution.*

VERGES. Sorte de baguette. — Voir : 1° *Benoît (saint)* — 2° *Concorde* — 3° *Critique* — 4° *Discipline* — 5° *Foi* — 6° *Justice* — 7° *Moïse* — 8° *Pénitence.*

VÉRITABLE AMOUR. — **Myosotis.** La légende allemande raconte que deux fiancés se promenaient sur les bords du Danube, lorsque la jeune fille voit une fleur de myosotis placée au bord extrême de l'eau. Le jeune homme se précipite pour la lui donner et se noie. Il eut cependant la force de la lui jeter en lui disant : ne m'oubliez pas.

VÉRITÉ. Figure allégorique représentée sous la forme d'une femme nue tenant un flambeau ou un miroir et sortant d'un puits.

VÉGÉTAUX. — 1° **Chrysanthème blanc.** — 2° **Laurier** qui symbolise le triomphe de la vérité. — 3° **Morelle douce amère,** la vérité est parfois aigre à entendre.

DIVERS. — 1° **Glaive** avec lequel elle chasse l'erreur. — 2° **Masque** qu'elle retire. — 3° **Miroir** dans lequel elle se reflète. — 4° **Onyx,** de ce qu'autrefois on avait recours à certaine divination qui se faisait par le moyen des ongles et qu'on appelait onychomantie (d'onyx, ongle). On frottait avec de la cire les ongles d'un jeune garçon, et les exposant au soleil on y voyait des figures représentant ce qu'on désirait savoir. — 5° **Puits** d'où elle sort pure et sans tache. — 6° **Saphir,** pierre qui lui est dédiée. — 7° **Soleil,** car la vérité éclaire le monde.

VERNIS DU JAPON ou *ailanthe.* Grand arbre de la famille des thérébintacées qui orne nos avenues. — Voir *Bienfait du ciel.*

VÉRONIQUE. Plante herbacée vivace poussant sur les coteaux arides et cultivée pour ses fleurs qui sont d'une jolie couleur bleue. On la désigne sous ce nom : plus je te vois plus je t'aime. — Voir : 1° *Fidélité* — 2° *Votre image est gravée dans mon cœur.*

VÉRONIQUE. (Sainte). — **Sainte Face de Notre-Seigneur** qui resta imprimée sur le linge avec lequel la sainte lui essuya le visage, lorsqu'il montait au Calvaire.

VERSEAU. Signe du Zodiaque représenté sous la forme d'un jeune homme versant l'eau contenue dans un vase et correspondant au mois de Janvier.

VERT. Couleur et symbole de l'espérance. — Voir : 1° *Anges* — 2° *Baptême* — 3° *Démon* — 4° *Espérance* — 5° *Paradis* — 6° *Prière* — 7° *Puissances* — 8° *Trônes* — 9° *Récompense céleste.*

VERTU.

VÉGÉTAUX. — 1° **Lavande.** Plante aromatique d'un usage fréquent. — 2° **Menthe,** plante employée en médecine comme stimulant.

En religion on représente la vertu avec un nimbe **rond**; elle porte : 1° **Bouclier**, qui la préserve des atteintes du mal. — 2° **Branche verte**. — 3° **Casque**.

On distingue aussi les trois vertus théologales qui sont la : 1° **Charité**. — 2° **Espérance**. — 3° **Foi** (Voir à ces mots).

Et les quatre vertus cardinales qui sont la : 1° **Force**. — 2° **Justice**. — 3° **Prudence**. — 4° **Tempérance**. (Voir à ces mots.)

VERTU DOMESTIQUE. — **Sauge**.

VERTUMNE. En mythologie, divinité qui faisait mûrir les fruits des jardins. Il a comme attributs : 1° **Corne d'abondance**. — 2° **Couronne de foin**.

VERTUS. Un des neuf chœurs d'anges faisant partie de la famille des Gouverneurs. Les vertus ont pour attributs : 1° **Aube**. — 2° **Bleu**, couleur qui leur est dédiée. — 3° **Ceinture d'or**. — 4° **Étole**. — 5° **Globe**. — 6° **Saphir**, pierre qui leur est dédiée. — 7° **Sceau de Dieu**. — 8° **Sceptre** terminé par une croix.

VERVEINE. Plante herbacée employée autrefois par les sorciers du moyen âge et dans les cérémonies religieuses par les Gaulois. — Voir : 1° *Enchantement* — 2° *Inspiration* — 3° *Poésie*.

VESTA ou *Hestia*. En mythologie, fille de Saturne, déesse du feu ou du foyer, symbole de la religion domestique. Son culte consistait à garder le feu qui lui était consacré et à prendre garde qu'il ne s'éteignît. On la représente tenant un **flambeau** et un **sceptre**.

VÊTEMENTS DÉCHIRÉS. — Voir *Anarchie*.

VEUVAGE. — **Scabieuse**. On plantait autrefois cette fleur sur les *tombeaux*.

VICE.

VÉGÉTAUX. — 1° **Ivraie**. Graminée, d'autant plus nuisible qu'elle pousse dans le blé, et que sa graine mêlée à celle de celui-ci donne au pain des qualités pernicieuses. — 2° **Ray-grass** ou *fromental*.

VICTOIRE. Les Grecs faisaient de la victoire une divinité.

VÉGÉTAUX. — 1° **Citronnier**, symbole de fécondité. — 2° **Lauriers** dont elle est couronnée. — 3° **Olivier**, symbole de paix. — 4° **Palmes** qu'elle tient en main.

DIVERS. — 1° **Ailes**, car sa marche est rapide. — 2° **Armure**. — 3° **Trophées d'armes**.

VICTOR (Saint).

ANIMAUX. — **Cheval**, il était chevalier romain.

DIVERS. — 1° **Armure**, pour la même raison. — 2° **Étendard**. — 3° **Idole** de Jupiter qu'il renversa. — 4° **Meule** de *moulin* qu'on lui attacha au cou. — 5° **Pied** coupé. — — 6° **Roue**, instrument de torture.

VIE.

VÉGÉTAUX. — **Luzerne**, la luzerne reste longtemps dans le

même terrain, mais lorsqu'elle le quitte, c'est pour toujours.

ANIMAUX. — **Cheval** qui symbolise la course de la vie.

DIVERS. — **Torche**. Les anciens représentaient comme symbole de la vie un génie tenant une torche dont la flamme s'élève dans les airs.

VIE DU GENTILHOMME.

— **Faucon**, animal spécialement destiné à la chasse qui est un des passe-temps favoris du gentilhomme.

VIEILLESSE.

VÉGÉTAUX. — **Rose de Gueldre**.

DIVERS. — **Jupiter**, astre qui représente la vieillesse.

VIERGE (Sainte).

VÉGÉTAUX. — 1° **Anémone**. — 2° **Cèdre**. — 3° **Cyprès**. — 4° **Lis** symbolisant spécialement sa pureté. Il est souvent entouré d'épines pour indiquer les épreuves qu'elle traverse. — 5° **Olivier**, symbole de paix. — 6° **Palmier**, car souvent elle tient une palme à son assomption. — 7° **Platane**. — 8° **Pommier**. — 9° **Rosier** symbolisant spécialement la maternité de la Vierge. — 10° **Tulipe**. — 11° **Vigne**.

ANIMAUX. — 1° **Abeille**. — 2° **Agneau** symbolisant la douceur et la pureté. — 3° **Colombe** qui se tient solitaire sur un arbre. — 4° **Dauphin**. — 5° **Éléphant**, symbolisant la chasteté. — 6° **Licorne**, symbolisant la virginité. — 7° **Panthère**, symbole de chasteté. — 8° **Salamandre**, rappelant sa virginité. — 9° **Serpent** dont elle écrase la tête sous son pied. — 10° **Tourterelle**.

On la représente montée sur un char traîné par une licorne, une panthère et un éléphant; ces trois animaux symbolisant la chasteté.

DIVERS. — 1° **Arc-en-ciel**, symbole d'union entre le ciel et la terre. — 2° **Blanc**, couleur qui lui est dédiée et qui symbolise la pureté. — 3° **Bleu**, couleur qui symbolise la grâce divine. — 4° **Ceinture** à la taille, symbolisant la virginité. — 5° **Enclume**. — 6° **Étoile** rappelant l'invocation des litanies « étoile du matin »; son nimbe est souvent formé de douze étoiles. — 7° **Fontaine jaillissante**. — 8° **Fournaise**. — 9° **Lune**. — 10° **Maison d'or** rappelant l'invocation des litanies. — 11° **Miroir** rappelant l'invocation des litanies « miroir de justice ». — 12° **Navire**. — 13° **Soleil**, car sa vertu rayonne sur le monde entier. — 14° **Tour d'ivoire** ou *Tour de David* rappelant l'invocation des litanies. — 15° **Vase d'encens**. — 16° **Vase d'honneur** rappelant l'invocation des litanies. — Voir : 1° *Alphonse de Liguori (saint)* — 2° *Bernard (saint)* — 3° *Colette (sainte)* — 4° *Dominique de Guzman (saint)* — 5° *Jean (saint)*.

VIERGES.

VÉGÉTAUX. — 1° **Lis**, symbole de pureté et attribut des vierges en général. — 2° **Rose**, symbole de beauté.

ANIMAUX. — **Licorne**, symbole de chasteté.

DIVERS. — **Blanc**, couleur qui leur est réservée.

Dans le Zodiaque le signe de la Vierge correspondant au mois d'août est représenté par une jeune fille tenant à la main un **épi** rappelant les moissons qui se font à cette époque. — Voir *Zodiaque*.

En religion on distingue les vierges sages et les vierges folles.

VIERGES SAGES. — 1° **Voile** qui leur couvre la tête en signe de modestie. — 2° **Lampe allumée** qu'elles tiennent à la main. — 3° **Olivier**, symbolisant la Sagesse. — 4° **Église** à porte ouverte car la récompense céleste leur est réservée.

VIERGES FOLLES. — 1° **Tête nue** en signe d'immodestie. — 2° **Lampe renversée**. — 3° **Olivier desséché**, car la Sagesse les a quittées. — 4° **Église fermée**, car l'Église les rejette hors de son sein.

VIGILANCE. Figure allégorique.

ANIMAUX. — 1° **Autruche**. — 2° **Chouette** qui veille la nuit. — 3° **Cigogne** perchée sur un arbre et tenant une pierre dans sa patte afin de lutter contre le sommeil. — 4° **Coq** qui se réveille lorsque le jour commence à poindre. — 5° **Grue**. — 6° **Héron**. — 7° **Oie**, en souvenir des oies du Capitole. — 8° **Serpent** guettant sa proie.

DIVERS. — 1° **Chrysolite**, pierre qui lui est dédiée. — 2° **Éperon**. — 3° **Horloge**. — 4° **Lampe**. Ces trois derniers mots symbolisent l'activité et sont pour cela attribués à la vigilance.

VIGNE. Arbrisseau dont le fruit appelé raisin sert à la fabrication du vin. — Voir : 1° *Automne* — 2° *Bacchus* — 3° *Bienfaisance* — 4° *Christ* — 5° *Église* — 6° *Eucharistie* — 7° *Fécondité* — 8° *Fureur* — 9° *Ivresse* — 10° *Je perds la raison* — 11° *Lierre* — 12° *Noé* — 13° *Vierge*.

VIGUEUR RENAISSANTE. — **Gainier**. Au début du printemps, cet arbre se couvre de fleurs rouges avant d'avoir porté ses feuilles.

VILLES. Elles ont comme attributs : **Couronnes murales**. — Voir : 1° *Daniel (saint)* — 2° *Eugène (saint)*.

VINCENT DE PAUL (Saint). Prêtre et Fondateur de l'Institut de la Mission : 1° **Enfants**, car il fonda un hospice pour les enfants trouvés. — 2° **Cœur**. — 3° **Globe enflammé** dans lequel il vit l'âme d'une sainte pendant qu'il célébrait la messe.

VIOLENCE. — **Ours**, symbole de la violence.

VIOLET. Couleur dédiée à : 1° **Archanges**. — 2° **Épiscopat**. — 3° **Humilité**. — 4° **Pénitence**.

VIOLETTE. Plante aux fleurs violettes répandant un parfum suave et fleurissant à l'approche du printemps. — Voir : 1° *Christ* — 2° *Fidélité* — 3° *Humilité* — 4° *Modestie* — 5° *Pudeur*.

VIOLETTE BLANCHE. — Voir : 1° *Bonheur* — 2° *Candeur* — 3° *Innocence*.

VIOLETTE DOUBLE. — Voir *Amitié réciproque.*

VIORNE D'AMÉRIQUE. Arbrisseau portant des fruits rouges qui servent d'appât pour attraper les oiseaux et dont le bois est employé dans la fabrication de la poudre à canon. — Voir *Rigueurs.*

VIORNE LAURIER TIN. — Voir : *Je meurs si on me néglige.*

VIPÈRE. Serpent dont la morsure est dangereuse car elle peut amener la mort. — Voir : 1° *Démon* — 2° *Juifs* — 3° *Médisance.*

VIRGINITÉ.

VÉGÉTAUX. — **Lis,** symbole de pureté et d'innocence.

ANIMAUX. — 1° **Colombe,** symbole de candeur et de simplicité. — 2° **Licorne,** qui ne se laisse prendre que par une vierge.

DIVERS. — 1° **Couronne,** symbolisant la récompense céleste. — 2° **Émeraude,** pierre qui lui est dédiée. — 3° **Harpe.**

VITESSE. Figure allégorique représentée avec un **dauphin** à ses pieds, un **épervier** sur la tête et tenant une **foudre** à la main.

VIVACITÉ. — **Joubarbe.** Cette plante pousse avec une rapidité étonnante.

VIVEZ POUR MOI. — **Arbre de vie.**

VIVRE SANS AIMER. — **Agnus castus.** D'après Pline, les prêtresses de Cérès formaient leur couche de cette plante odorante afin de conserver leur chasteté.

VOCATION D'ERMITE. — **Polygala.**

VOILE. — Voir : 1° *Conscience* — 2° *Espérance* — 3° *Geneviève (sainte)* — 4° *Médisance* — 5° *Modestie* — 6° *Occasion* — 7° *Pudeur* — 8° *Pureté* — 9° *Vierges sages.*

VOILE DE GAZE. — Voir *Allégorie.*

VOLUBILIS. Plante à fleurs en forme de clochettes et qui en s'enroulant autour des choses qui la supportent semble les caresser. — Voir *Caresses.*

VOLUPTÉ.

VÉGÉTAUX. — 1° **Châtaignier.** — 2° **Marronnier d'Inde.** — 3° **Tubéreuse.** Cette plante est en Perse l'emblème de la volupté. — Voir *Frica.*

VORACITÉ. — **Lupin.**

VOS CHARMES SONT TRACÉS DANS MON CŒUR. — **Fusain.** Le bois de cet arbuste sert à faire des crayons et peut aider à reproduire le portrait d'une personne qui vous est chère.

VOS QUALITÉS SURPASSENT VOS CHARMES. — **Réséda.** Plante dont la couleur verte n'attire pas le regard mais dont l'odeur est délicieuse.

VOS YEUX ME GLACENT. — **Ficoïde cristal-**

line. Les feuilles de cette plante sont couvertes de vésicules transparentes et pleines d'eau. Elles semblent parsemées de cristaux brillant avec beaucoup d'éclat quand on les regarde au soleil.

VOTRE AMITIÉ EST DOUCE ET PRÉCIEUSE. — Glycine. En Chine et au Japon, cette fleur prépare les réconciliations. Celui qui trouve une branche de glycine à sa porte court chez son ennemi et la réconciliation est faite.

VOUS BRILLEZ ENTRE TOUTES. — Ficoïde éclatante. Cette fleur ne s'épanouit qu'aux rayons du soleil et brille d'un éclat particulier.

VOUS EMBAUMEZ L'AIR OU VOUS RESPIREZ. — Thym. Le nom de cette plante vient du grec et signifie : je parfume.

VOUS ÊTES AUSSI PURE QUE BELLE. — Fleur d'oranger dont les jeunes filles se parent le jour de leur mariage pour symboliser leur pureté.

VOUS ÊTES BRILLANTE D'ATTRAITS. — Renoncule asiatique. Allusion à la variété de jolis coloris de cette fleur.

VOUS ÊTES FROIDE. — Hortensia. Fleur sans odeur qui, malgré sa beauté, lasse rapidement.

VOUS ÊTES MA DIVINITÉ. — 1° Gyroselle. Linné a donné à cette plante le nom de Dadecathéon qui signifie « douze divinités ». De là vient son symbole. — 2° **Primevère d'Amérique.**

VOUS ÊTES PARFAITE. — Ananas. Le fruit de l'ananas atteint la perfection parce qu'il est beau, bon et odorant.

VOUS ÊTES SANS PRÉTENTION. — Coquelourde ou *fleur de Jupiter* ou *couronne des champs.*

VOUS M'ATTIREZ. — Jonc fleuri ou *butome en ombelle.*

VOUS ME RENDEZ LE CALME. — Pivoine. Fleur dédiée à Péon, médecin des dieux. Sa racine est employée contre l'épilepsie.

VOUS N'AVEZ PLUS MON CŒUR. — Fleur de lotus.

VOUS RENDEZ LE CALME A MON AME. — Lupin varié. On dit que les graines de lupin employées comme aliment sont un calmant.

VOUS SEREZ MA MORT. — Ciguë. Lorsqu'on absorbe le poison contenu dans cette plante les extrémités s'engourdissent et la mort arrive ensuite lentement.

VUE. — Un des cinq sens. Elle est représentée par un jeune homme ayant près de lui : 1° **Aigle** qui fixe le soleil. — 2° **Arc-en-ciel** placé derrière lui. — 3° **Hérisson.** — 4° **Hermine** pour indiquer le contraste de ces deux animaux. — 3° **Miroir** qu'il tient à la main. — Voir *Sens*.

VULCAIN ou *Hêphaistos*. En mythologie, dieu du feu. Le travail des métaux a commencé avec la découverte du feu. Vulcain dont le nom veut dire volcan est la personnification du feu. On le représente petit et chétif à sa naissance pour indiquer que le feu commence par une étincelle. Il fut précipité du ciel par Junon par allusion à la foudre. Il est représenté boiteux parce que la flamme ne s'élève jamais droite. Il a comme attributs : 1° **Bonnet pointu** ou *pilos conique* qui est sa coiffure. — 2° **Ciseaux**. — 3° **Enclume**. — 4° **Hache**. — 5° **Marteau**. — 6° **Tenailles**. Tous instruments propres aux travaux des forgerons. — 7° **Tunique** courte ou exomis, vêtement que portaient les ouvriers.

ANIMAUX. — **Lion** qui lui est consacré et qui semble vomir des flammes.

WALKYRIES. Filles d'Odin, leur mission consiste à aller chercher les guerriers morts sur le champ de bataille et à les transporter dans le Walhalla où elles leur offrent la bière et l'hydromel. Elles portent une **armure**.

XANTHIUM ou *petite bardane*. Plante herbacée portant deux sortes de capitules de fleurs; les uns globuleux et tous mâles; les autres ovoïdes et tous femelles. — Voir : 1° *Impolitesse* — 2° *Obstination*.

XÉRANTHÉNUM. Genre de plante de la famille des composées qu'on appelle vulgairement immortelle annuelle et qui conserve en séchant ses fleurs et ses couleurs. Elle apporte ainsi un peu de gaîté en réjouissant la vue. — Voir *Gaîté dans le malheur*.

YEUX. — Voir *Lucie (sainte)*.

ZACHARIE. Un des douze petits prophètes Juifs. — Voir *Prophètes*.

ZÈLE.

VÉGÉTAUX. — **Sureau** qui symbolise le zèle par excellence car dans cette plante tout est utile : les fleurs, les fruits, la moelle et le bois.

En mythologie, le Zèle est fils du Styx et de Pallas ; on le représente avec : 1° **Épées** au nombre de deux qu'il tient dans chaque main. — 2° **Fouet** pour stimuler. — 3° **Lampe** qui éclaire ses veilles.

ZÉPHIR. Vent du soir et de l'ouest. On le représente sous la forme d'un jeune homme ayant l'air doux et portant une couronne de fleurs. Ce symbole exprime l'influence bienfaisante de ce vent. Son nom vient de deux mots grecs qui signifient vivre et porter; il porte la vie dans les endroits sur lesquels il souffle. — Voir *Vents*.

ZEUS. En mythologie, autre nom de Jupiter. — Voir *Jupiter*.

ZINNIA. Plante originaire de l'Amérique tropicale et qui fleurit à l'automne.. — Voir *Pensons aux amis absents*.

ZODIAQUE. Espace du ciel que le soleil parcourt pendant l'année. Zodiaque en grec signifie animal ; aussi les signes du zodiaque sont-ils presque tous figurés par des animaux. Ce sont : **Bélier**, qui correspond au mois de **mars**. — **Taureau**, qui correspond au mois d'**avril**. — **Gémeaux**, correspondant au mois de **mai**. — **Cancer**, ou écrevisse correspondant à **juin**. — **Lion**, qui correspond au mois de **juillet**. — **Vierge**, correspondant au mois d'**août**. — **Balance**, correspondant au mois de **septembre**. — **Scorpion**, correspondant au mois d'**octobre**. — **Sagittaire**, correspondant à **novembre**. — **Capricorne**, correspondant à **décembre**. — **Verseau**, qui correspond à **janvier**. — **Poissons**, qui correspondent à **février**. — Voir à chacun de ces mots.

Voir *Temps*.

H. LAURENS, ÉDITEUR, 6, RUE DE TOURNON, PARIS.

Le premier numéro a paru le 1er janvier 1894

Le Modèle

RECUEIL BIMENSUEL
DE
DOCUMENTS ET IDÉES ARTISTIQUES INÉDITS
Faciles à appliquer ou à transformer
ET DESTINÉS
AUX AMATEURS, AUX ARTISTES ET AUX INDUSTRIELS

Directeur : G. FRAIPONT
PROFESSEUR A LA LÉGION D'HONNEUR

Chaque numéro de cette publication, de format in-4 raisin, renferme 4 pages de compositions artistiques absolument inédites.

Le journal paraît le 1er et le 15 de chaque mois. — Les abonnements partent du 1er de chaque trimestre.

PARIS ET DÉPARTEMENTS : UN AN, 12 FR. ; SIX MOIS, 6 FR. ; TROIS MOIS, 3 FR.
UNION POSTALE : 14 FR.

Le Numéro : 60 centimes. — L'année parue : 15 fr.

Toute personne s'abonnant à l'année courante peut se procurer pour 12 fr. les numéros des années antérieures.

De façon que les abonnés au MODÈLE soient sûrs en s'abonnant de ne trouver que des choses nouvelles, tout ce qui paraît dans le journal est absolument inédit. Cette publication cherche avant tout à être pratique et utile, d'être suggestive (pour employer un mot à la mode) et de répondre à ce qu'annonce son sous-titre, en ne donnant pas seulement des dessins à copier, mais bien des documents et des idées artistiques faciles à appliquer ou à transformer.

Le MODÈLE s'adresse aux jeunes filles, aux professeurs de dessin et aux élèves, aux artistes amateurs ou professionnels, aux industriels et aux ouvriers d'art. Le plan de cette revue permet en effet à tout le monde d'en tirer profit ; on y trouve des modèles d'ornement et de décoration, des compositions et des scènes de genre auprès d'études de figures ou de paysages prises d'après nature. A côté du sérieux, il faut de la fantaisie; c'est pourquoi les numéros renferment souvent une composition toute faite, prête à être copiée et s'appliquant tantôt à un abat-jour ou à une boîte à jeu, tantôt à des menus, à des éventails, à des écrans, etc. En même temps que des planches données sans idée de suite, LE MODÈLE entreprend d'après un plan fixé à l'avance des séries qui, à un moment donné, forment un ensemble précieux et un véritable cours.

Contre 75 centimes en timbres, 3 numéros sont envoyés à titre de spécimen.

MACON, PROTAT FRÈRES, IMPRIMEURS.

Original en couleur

NF Z 43-120-8

www.ingramcontent.com/pod-product-compliance
Ingram Content Group UK Ltd.
Pitfield, Milton Keynes, MK11 3LW, UK
UKHW020324230726
13925UKWH00002B/605

9 782013 626521